巻頭特集

漢字の知識

字体について

一般の書籍、新聞、雑誌、中学以上の教科書などに使われている基本的な文字の書体を明朝体という。よく目にする書体だが、手書きの楷書とは違うところがたくさんある。その違いは、字体（文字の骨組み）の違いではなく、デザインの違い、表現の違いである。同じではないからといって誤りではない。次の例はどれも正しい。

（平成二二年一一月三〇日内閣告示第二号「常用漢字表（付）字体についての解説」による）

1　明朝体に特徴的な表現の仕方があるもの

(1) 折り方に関する例

衣－衣　去－去　玄－玄

(2) 点画の組合わせ方に関する例

人－人　家－家　北－北

(3) 「筆押さえ」等に関する例

芝－芝　史－史　入－入　八－八

(4) 曲直に関する例

子－子　手－手　了－了

(5) その他

辶・辶－辶　⺮－⺮　心－心

2　筆写の楷書では、いろいろな書き方があるもの

(1) 長短に関する例

雨－雨雨　無－無無

戸－戸戸戸

(2) 方向に関する例

風－風風　比－比比

仰－仰仰　糸－糸糸

ネ－ネネ　衤－衤衤

言－言言　主－主主

年－年年年

(3) つけるか、はなすかに関する例

又－又又　文－文文

月－月月　条－条条

保－保保

(4) はらうか、とめるかに関する例

奥－奥奥　公－公公

角－角角　骨－骨骨

(5) はねるか、とめるかに関する例

切－切切切　改－改改改

酒－酒酒　陸－陸陸陸

穴－穴穴穴　木－木木

来－来来　糸－糸糸

牛－牛牛　環－環環

(6) その他

令－令令　外－外外外

女－女女　叱－叱叱叱

注意

2(1) **長短に関する例**

「土」「士」、「未」「末」は横画の長さに注意。逆にすると別の字になってしまう。

2(3) **つけるか、はなすかに関する例**

「東」「来」などは字形がおかしくなるので、はなさないのが普通。

送り仮名の付け方

送り仮名は、漢字の読み方をはっきりさせるために付けるもので、基本的なきまりがある。
（昭和四八年六月一八日内閣告示第二号「送り仮名の付け方」、平成二二年一一月三〇日内閣告示第三号（一部改正）による）

単独の語／1 活用のある語（動詞・形容詞・形容動詞）

通則1

本則

活用のある語は、活用語尾を送る。（通則2を適用する語を除く）

例 書く 実る 生きる 考える 荒い 潔い 濃い 主だ

例外

(1) 語幹が「し」で終わる形容詞は、「し」から送る。

例 著しい 惜しい 悔しい 恋しい 珍しい

(2) 活用語尾の前に「か」「やか」「らか」を含む形容動詞は、その音節から送る。

例 暖かだ 静かだ 穏やかだ 健やかだ 明らかだ 柔らかだ

(3) 次の語は、次に示すように送る。

明らむ 味わう 哀れむ 慈しむ 教わる 脅かす 脅かす
関わる 食らう 異なる 逆らう 捕まる 群がる 和らぐ
揺する 明るい 危ない 危うい 大きい 少ない 小さい
冷たい 平たい 新ただ 同じだ 盛んだ 平らだ 懇ろだ
惨めだ 哀れだ 幸いだ 幸せだ 巧みだ

（注意）語幹と活用語尾との区別がつかない動詞は、「着る」、「寝る」、「来る」などのように送る。

通則2

本則

活用語尾以外の部分に他の語を含む語は、含まれている語の送り仮名の付け方によって送る。（含まれている語を〔 〕の中に示す）

(1) 動詞の活用形又はそれに準ずるものを含むもの。

例 動かす〔動く〕 生まれる〔生む〕 恐ろしい〔恐れる〕

(2) 形容詞・形容動詞の語幹を含むもの。

例 重んずる〔重い〕 悲しむ〔悲しい〕 細かい〔細かだ〕

(3) 名詞を含むもの。

例 春めく〔春〕 男らしい〔男〕 後ろめたい〔後ろ〕

単独の語／2 活用のない語

通則3

本則

名詞は、送り仮名を付けない。（通則4を適用する語を除く）

例 月 鳥 花 山 男 女 彼 何

例外

(1) 次の語は、最後の音節を送る。

辺り 哀れ 勢い 幾ら 後ろ 傍ら 幸い 幸せ 全て
互い 便り 半ば 情け 斜め 独り 誉れ 自ら 災い

(2) 数をかぞえる「つ」を含む名詞は、その「つ」を送る。

例 一つ 二つ 三つ 幾つ

単独の語／2 活用のない語（名詞・副詞・連体詞・接続詞）

通則4

本則

活用のある語から転じた名詞及び活用のある語に「さ」、「み」、「げ」などの接尾語が付いて名詞になったものは、もとの語の送り仮名の付け方によって送る。

(1) 活用のある語から転じたもの。

例 動き 願い 晴れ 当たり 答え 香り 初め 近く

(2) 「さ」、「み」、「げ」などの接尾語が付いたもの。

例 暑さ 大きさ 正しさ 明るみ 重み 憎しみ 惜しげ

例外

次の語は、送り仮名を付けない。

謡 虞 趣 氷 印 頂 帯 畳 卸 煙 恋 志 次 隣
富 恥 話 光 舞 折 係 掛 組 肥 並 巻 割

通則5

本則

副詞・連体詞・接続詞は、最後の音節を送る。

例 必ず 更に 少し 再び 全く 最も 来る 去る 及び

例外

(1) 次の語は、次に示すように送る。

明くる 大いに 直ちに 並びに 若しくは

(2) 次の語は、送り仮名を付けない。

又

(3) 次のように、他の語を含む語は、含まれている語の送り仮名の付け方によって送る。

例 至って〔至る〕 例えば〔例える〕 互いに〔互い〕

複合の語

通則6

本則

複合の語の送り仮名は、その複合の語を書き表す漢字の、それぞれの音訓を用いた単独の語の送り仮名の付け方による。（通則7を適用する語を除く）

(1) 活用のある語

例 書き抜く 聞き苦しい 心細い 若々しい 望み薄だ

(2) 活用のない語

例 石橋 後ろ姿 落書き 入り江 行き帰り 休み休み

通則7

複合の語のうち、次のような名詞は、慣用に従って、送り仮名を付けない。

(1) 特定の領域の語で、慣用が固定していると認められるもの。

例 関取 取締役 （博多）織 書留 切手 取引（所） 申込（書）

(2) 一般に、慣用が固定していると認められるもの。

例 木立 試合 番組 植木 立場 建物 受付 絵巻物

筆順の原則

筆順は、字形を整え、正しく、速く、美しい文字を書くためのものである。一つの漢字に一つの筆順と決められないものもあり、ここでは原則を示してある。

（文部省編「筆順指導の手びき」（昭和三三年三月）による）

大原則1　上から下へ 上の部分から下の部分へ書いていく。	三→一 二 三　言→、 亠 言 言　丁　己　弓 富→宀 宀 富 富　営　愛　喜　景　客　築　菜
大原則2　左から右へ 左の部分から右の部分へ書いていく。	川→丿 川 川　州→、 州 州 州　学→、 ⺍ 学 帯→一 卄 卌 卌 帯　挙　魚　斉→亠 产 斉 斉 林　心→、 心 心 心　側　湖
原則1　横画が先 横画と縦画が交差する場合は、ほとんどの場合は、横画を先に書く。	十→一 十　土　士　去　古　支　七　大　寸 共→一 十 廾 共　花→一 十 艹 花　散　荷　帯 用→冂 月 月 用　通　末→一 二 末　夫　春　実 耕→一 二 三 耕　井→一 二 ナ 井　囲 **例外**　座→广 座 座　升→ノ 千 升 丘→ノ 亻 仁 丘
原則2　横画が後 横画と縦画が交差したときは、次の場合に限って、横画を後に書く。	田→口 田 田　男　異　町　細 由→口 巾 由 由　黄　角→⺈ 角 角 角　再　構 王→丅 干 王　主　玉　生→⺧ 牛 牛 生　麦　表 馬→一 厂 F 馬　進　寒
原則3　中が先 中と左右があって、左右が一、二画のときは中を先に書く。	小→亅 小 小　水→亅 水 水　少　示　京　糸 赤→亠 赤 赤　承→手 承 承　変　業　楽　率 **例外**　性→、 忄 性　火→、 丷 火 兆→丿 兆 兆 兆　非→丿 非 非 非
原則4　外側が先 「くにがまえ」のように囲む形をとるものは、先に書く。	国→冂 国 国　四　図　囲　同→冂 同　円　内 間→門 間　開　関　句→勹 句　司→𠃌 司 日→冂 日　月→冂 月　目→冂 目　田→冂 田 田 **例外**　区→一 又 区　医　匹　凶→メ 凶 凶 巨→丨 厂 巨 巨 巨　臣　可→一 可 可
原則5　左払いが先 左払いと右払いとが交差する場合は、左払いを先に書く。	父→八 ク 父　文→亠 ナ 文　丈　史　又　支 人→ノ 人　入→ノ 入　欠　久　合　木　沢 祭→夕 タ 祭 祭　発→フ 癶 癶 発
原則6　貫く縦画は最後 字の全体を貫く縦画は、最後に書く。上下につきぬけない縦画は、上部・縦画・下部の順に書く。	中→口 中　申　神　車　半　事　律　建　制 書→聿 書 書　平→㇀ 平 平　妻　羊　甲　午 里→日 甲 里　重→亩 重 重　黒　野　動　謹 **例外**　上→丨 ト 上　下→一 丅 下　占→ト 占 企→人 个 企　収→丨 収
原則7　貫く横画は最後 字の全体を貫く横画は、最後に書く。	女→く 女 女　子→乛 了 子　母→𠃋 母 母 舟→舟 舟 舟　与→一 与 与　冊→冂 冊 冊 **例外**　世→一 十 廿 世
原則8　横画と左払い 払いを先に書くものと、払いを後で書くものとがある。	払いが先…右→ノ ナ 右　有→ノ ナ 有　布　希 九→ノ 九　乃　及　秀 払いが後…左→一 ナ 左　友　存　在 カ→フ カ　刃　万　方　別　励
原則9　「にょう」 先に書くものと、後で書くものとがある。	先に書く…起→走 起　超　越　趣　赴 題→是 題　処　勉 後で書く…近→斤 近　道　造　進　遠　遅 建→聿 建　延　廷
筆順が二つ以上あるもの いずれも右側の筆順が適切とされている。下の例のほかにも多数ある。	上｛丨 ト 上／一 ト 上｝　出｛丨 中 出／凵 中 出｝　馬｛丨 F 馬／一 F 馬｝ 耳｛丅 E 耳／丅 耳 耳｝　感｛后 咸 感／后 咸 感｝　必｛丶 丷 必 必／ノ 乂 必｝ 発｛ア 癶 発／癶 発｝　無｛⺧ 無 無／⺧ 無｝　飛｛⺄ 飞 飛／⺄ 飞 飛｝

熟語の組み立て

熟語とは、二つ以上の単語が結合してできた言葉。その結び付き方を分類すると、次のようになる。

1　二字熟語の組み立て

同じような意味の漢字を重ねたもの	永久　豊富　貧乏　濃厚　軽薄　詳細 道路　河川　岩石　森林　身体　絵画 上昇　過去　満足　禁止　建設　尊敬
反対または対応する意味の漢字を重ねたもの	高低　強弱　明暗　苦楽　寒暖　大小 前後　勝敗　吉凶　表裏　縦横　経緯 送迎　攻守　断続　集散　愛憎　貸借
上の字が下の字の意味を修飾しているもの	高地　悪人　弱点　強敵　美談　重視 売店　会員　国語　山道　地面　珍品
下の字が上の字の目的・対象などを示すもの	読書　作文　登山　乗車　着席　出陣 失恋　決意　消灯　開会　防災　免罪 覆面　注意　換気　提案　就職　渡米
上の字が主語、下の字が述語の関係になっているもの	地震　日没　雷鳴　人造　人為　年長 国有　県営　市立　私設
上の字が下の字に対し、打ち消しているもの、敬意を添えているもの	不幸　不正　不信　不朽　無限　無断 無用　無事　未定　未明　未知　未熟 非常　非力　非凡　否定　否決　否認 御恩　御礼　貴殿　芳志　小社　拙宅
下の字が接尾語としてついたもの	強化　俗化　進化　美的　詩的　静的 陽性　野性　慢性　突然　平然　偶然
同じ字を重ねたもの	人人　堂堂　転転　洋洋　刻刻　少少
長い熟語を省略したもの	特急　私鉄　国連　高校　原爆　入試

2　三字熟語の組み立て

一字＋一字＋一字		市町村　松竹梅　衣食住　天地人　雪月花
一字＋二字	修飾	大問題　最高潮　初対面　公文書　再出発
	打ち消し	不可能　不合理　不作法　無意識　無愛想 未完成　未解決　非常識　非公式　非合法
二字＋一字	修飾	管理人　参考書　優越感　自由権　埋蔵量
	接尾語	近代化　具体化　簡素化　省力化　機械化 合理的　本格的　進歩的　平均的　社交的 生産性　協調性　必然性　国民性　柔軟性

3　四字熟語の組み立て

一字＋一字＋一字＋一字		都道府県　花鳥風月　山川草木　春夏秋冬
二字＋二字	修飾	住宅不足　天気予報　事実無根　前代未聞
	似た意味	公明正大　自由自在　絶体絶命　大言壮語
	同じ字を重ねたもの	平平凡凡　津津浦浦　奇奇怪怪　唯唯諾諾
	反対の意味	有名無実　弱肉強食　針小棒大　半信半疑 栄枯盛衰　喜怒哀楽　古今東西　離合集散
	数字を含んだもの	一朝一夕　一進一退　一長一短　一喜一憂 一宿一飯　一問一答　一期一会　一挙一動 一利一害　一世一代　一石二鳥　一日千秋 一刻千金　一望千里　一騎当千　二束三文 三位一体　三寒四温　三拝九拝　四角四面 四苦八苦　四方八方　七転八倒　九死一生 十年一日　十人十色　百発百中　千載一遇 千差万別　千言万語　千軍万馬　千変万化

目次

日本漢字能力検定　対象漢字数

●漢字表中、誤りやすいと思われる事項は色文字で示しています。
●＊のついた音訓は、原則として都道府県名にのみ用います。

日本漢字能力検定　出題内容

内容／級別	漢字の読み	筆順・画数	部首・部首名	熟語の構成	送り仮名	対義語・類義語	三・四字熟語	同音・同訓異字	誤字訂正	漢字の書取
7級	○	○	○		○	対義語	三字熟語	同音異字		○
6級	○	○	○	○	○	○	三字熟語	○		○
5級	○	○	○	○	○	○	四字熟語	○	○	○
4級	○		○	○	○	○	四字熟語	○	○	○
3級	○		○	○	○	○	四字熟語	○	○	○
準2級	○		○	○	○	○	四字熟語	○	○	○
2級	○		○	○	○	○	四字熟語	○	○	○

7級 アク～ケン 1

漢字	読み	部首・画数	筆順	用例
悪	アク オ わるい	心 11	一 丆 戸 亜 亜 亜 悪 悪	悪事（アクジ） 悪質（アクシツ） 悪寒（オカン） 悪者（わるもの）
茨	いばら	艹 9	一 艹 艹 艹 芍 芍 茨 茨	＊茨城県（いばらき） 茨の道（いばらのみち）
羽	ウ は はね	羽 6	丁 习 习 羽 羽 羽	羽毛（ウモウ） 白羽（しらは） 羽飾り（はねかざり）
栄	エイ さかえる はえ はえる	木 9	丶 丷 ⺍ 兴 兴 学 栄	栄養（エイヨウ） 光栄（コウエイ） 国が栄える（さか）
媛	エン	女 12	女 女 女 妒 妒 娐 娐 媛	才媛（サイエン） ＊愛媛県（えひめ）
遠	エン オン とおい	辶 13	土 吉 吉 声 声 袁 袁 遠	遠足（エンソク） 遠方（エンポウ） 久遠（クオン） 遠出（とおで）
岡	おか	山 8	丨 冂 冂 円 円 円 岡 岡	岡山県（おかやま） 静岡県（しずおか） 福岡県（ふくおか）
音	オン イン おと ね	音 9	亠 亠 立 立 产 音 音 音	発音（ハツオン） 母音（ボイン） 物音（ものおと） 音色（ねいろ）
下	カ ゲ した しも もと さげる さがる くだる くだす くださる おろす おりる	一 3	一 丅 下	下流（カリュウ） 下車（ゲシャ） 下火（したび） 川下（かわしも） 法の下（もと） 値下げ（ねさ） 川下り（くだ） 荷下ろし（にお）

漢字	読み	部首・画数	筆順	用例
化	カ ケ ばける ばかす	匕 4	ノ イ 亻 化	化石（カセキ） 化身（ケシン） お化け（ば）
何	カ なに なん	亻 7	ノ イ 仁 仃 何 何 何	幾何学（キカガク） 何者（なにもの） 何本（なんボン）
夏	カ ゲ なつ	夂 10	一 丆 百 百 頁 頁 夏 夏	初夏（ショカ） 夏至（ゲシ） 真夏（まなつ） 夏服（なつふく）
荷	カ に	艹 10	一 艹 艹 芢 芢 荷 荷 荷	出荷（シュッカ） 入荷（ニュウカ） 荷物（にモツ） 初荷（はつに）
賀	ガ	貝 12	フ カ 加 加 賀 賀 賀 賀	賀正（ガショウ） 祝賀（シュクガ） 年賀状（ネンガジョウ）
回	カイ エ まわる まわす	口 6	丨 冂 冂 回 回 回	回数券（カイスウケン） 回り道（まわ）
会	カイ エ あう	人 6	ノ 人 𠆢 会 会 会	会議（カイギ） 会得（エトク） 人に会う（あ）
外	ガイ ゲ そと ほか はずす はずれる	夕 5	ノ ク 夕 外 外	海外（カイガイ） 外科（ゲカ） 外回り（そと） その外（ほか） 的外れ（まとはず）
各	カク おのおの	口 6	ノ ク 夂 各 各 各	各地（カクチ） 各自（カクジ） 各の家（おのおの）
角	カク かど つの	角 7	ノ ク 角 角 角 角 角	三角（サンカク） 街角（まちかど） 牛の角（つの）

漢字	読み	部首・画数	筆順	用例
覚	カク おぼえる さます さめる	見 12	丶 丷 ⺍ 𰀁 覚 覚 覚	自覚（ジカク） 覚え（おぼ） 目覚め（ざ）
潟	かた	氵 15	氵 氵 氵 泊 泊 潟 潟 潟	干潟（ひがた） 新潟県（にいがた）
間	カン ケン あいだ ま	門 12	丨 𠂆 门 門 門 門 間 間	中間（チュウカン） 世間（セケン） 間のとり方（ま）
気	キ ケ	气 6	ノ 𠂉 气 気 気 気	気温（キオン） 気品（キヒン） 気配（ケハイ） 湯気（ゆげ）
岐	キ	山 7	丨 山 山 屮 岐 岐 岐	岐路（キロ） 多岐（タキ） ＊岐阜県（ぎふ）
記	キ しるす	言 10	丶 亠 言 言 言 記 記 記	記入（キニュウ） 暗記（アンキ） 書き記す（しる）
期	キ ゴ	月（つき） 12	一 十 廾 甘 其 其 期 期	長期（チョウキ） 期末（キマツ） 予期（ヨキ） 最期（サイゴ）
器	キ うつわ	口 15	口 吅 吅 哭 哭 器 器 器	楽器（ガッキ） 器用（キヨウ） 木製の器（うつわ）
機	キ はた	木 16	木 木 村 松 桦 機 機 機	機械（キカイ） 機会（キカイ） 機織り（はたお）
客	キャク カク	宀 9	丶 宀 宀 夕 安 安 客 客	乗客（ジョウキャク） 来客（ライキャク） 旅客（リョカク） 主客（シュカク）
漁	ギョ リョウ	氵 14	氵 氵 氵 泊 泊 渔 漁 漁	漁業（ギョギョウ） 漁港（ギョコウ） 漁師（リョウシ） 大漁（タイリョウ）
強	キョウ ゴウ つよい つよまる つよめる しいる	弓 11	ﾛ 弓 弘 弘 弘 強 強 強	勉強（ベンキョウ） 強化（キョウカ） 強引（ゴウイン） 強情（ゴウジョウ） 強い力（つよ） 酒を強いる（し）

漢字	読み	部首・画数	筆順	用例
競	キョウ ケイ きそう せる	立 20	立 音 音 竞 竞 競 競 競	競争（キョウソウ） 競馬（ケイバ） 競り合う（せ）
業	ギョウ ゴウ わざ	木 13	丶 丷 ⺍ 业 业 业 業	家業（カギョウ） 早業（はやわざ） 自業自得（ジゴウジトク）
極	キョク ゴク きわめる きわまる きわみ	木 12	木 木 木 杧 柯 柯 極 極	南極（ナンキョク） 極力（キョクリョク） 極上（ゴクジョウ） 極楽（ゴクラク） 感極まる（カンきわ） 疲労の極み（きわ）
金	キン コン かね かな	金 8	ノ 人 𠆢 今 今 全 金 金	金庫（キンコ） 黄金（オウゴン） 針金（はりがね） 金具（かなグ）
苦	ク くるしい くるしむ くるしめる にがい にがる	艹 8	一 十 艹 艹 苎 苦 苦 苦	苦労（クロウ） 苦心（クシン） 四苦八苦（シクハック） 見苦しい（ぐる） 苦笑い（にがわら）
空	クウ そら あく あける から	穴 8	丶 丷 宀 穴 穴 空 空 空	空想（クウソウ） 青空（あおぞら） 空き家（あ）
熊	くま	灬 14	厶 ⻊ 育 育 能 能 能 熊	熊手（くまで） 熊本県（くまもと）
群	グン むれる むれ むら	羊 13	フ ヨ ヨ 尹 君 郡 群 群	群衆（グンシュウ） 大群（タイグン） 羊の群れ（む）
結	ケツ むすぶ ゆう ゆわえる	糸 12	𠃋 幺 糸 糸 紅 紅 結 結	結論（ケツロン） 結び（むす） 髪を結う（ゆ）
研	ケン とぐ	石 9	一 ア 不 石 石 石 研 研	研究（ケンキュウ） 研修（ケンシュウ） 研ぎすます（と）

7級

(1) **悪質**な手口。　あくどいこと
(2) **悪者**をつかまえる。
(3) **茨城**県に生まれる。
(4) **白羽**の矢を立てる。　多くの人の中からとくに選ぶ
(5) 身にあまる**光栄**。　名誉・ほまれ
(6) **才媛**の誉れが高い。
(7) **愛媛**県の特産物。
(8) **遠方**より友が来る。
(9) 車で**遠出**しよう。
(10) 出張で**静岡**に行く。
(11) 日本語の五つの**母音**。
(12) 美しい**音色**に耳をすます。
(13) バスを**下車**する。
(14) 荷物を地面に**下**ろす。
(15) 神の**化身**。　神仏が形を変えて現れたもの
(16) **何者**かが外にいる。
(17) **夏至**は六月中にある。　一年で昼が最も長い日
(18) 品物が**入荷**する。
(19) **祝賀**会をもよおす。

(20) **回**り道をして帰る。
(21) 水泳のこつを**会得**する。　理解して自分のものにすること
(22) **外科**に通院する。
(23) お金は**各自**ではらう。
(24) **街角**で友に会う。
(25) 身に**覚**えがない。　経験したことの記憶
(26) **新潟**県へ行く。
(27) **世間**話をする。
(28) **気品**のある人。
(29) **湯気**が立ちのぼる。
(30) 質問が**多岐**にわたる。
(31) 文章を**暗記**する。
(32) **期末**テストが近づく。
(33) 手先が**器用**だ。　こまかい仕事が上手なこと
(34) ちょうどよい**機会**。
(35) **機織**りの音。
(36) **来客**があった。
(37) 活気のある**漁港**。
(38) さんまが**大漁**だ。　魚が多くとれること

(39) 練習を**強化**する。
(40) **競馬**場へ行く。
(41) 目にもとまらぬ**早業**。　すばやくてすばらしいうでまえ
(42) ぜいたくの**極**みをつくす。　これ以上はないところ・終わり
(43) **黄金**のかがやき。
(44) **金具**を取りつける。
(45) **苦心**の末に完成する。
(46) すがすがしい**青空**。
(47) **熊**が冬眠からさめる。
(48) 魚の**大群**。
(49) 作文の**結**びを書く。
(50) **研修**旅行に参加する。

まめ知識

羽

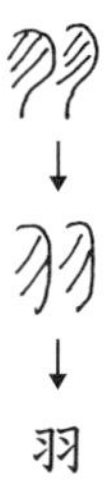

「羽」は鳥の両翼の形をかたどったものです。このように、ものの形をかたどった字を**象形**（しょうけい）**文字**といいます。

山川日月人子女目口手耳木火雨田門鳥犬馬虫

(1) **アクジ**をはたらく。
(2) **いばらき**県に生まれる。
(3) ふわふわした**ウモウ**。
(4) 鳥の**はね**。
(5) 町が**さか**える。（勢いがさかんになること）
(6) **サイエン**の誉れが高い。（教養と才能が備わった女性）
(7) **えひめ**県の特産物。
(8) **エンソク**が楽しみだ。
(9) 出張で**しずおか**に行く。
(10) 英語の**ハツオン**が上手だ。
(11) 川の**カリュウ**に出る。
(12) ブームが**したび**になる。（おとろえること）
(13) **カセキ**を発見する。
(14) 別人に**ば**ける。（なりすます）
(15) えんぴつは**なんボン**あるか。
(16) すがすがしい**ショカ**の風。
(17) **にモツ**を運ぶ。
(18) **ネンガジョウ**をもらう。
(19) **カイスウ**券を買う。

(20) **カイギ**に出席する。
(21) **カイガイ**旅行。
(22) ねらいが**はず**れる。
(23) 全国**カクチ**の天気予報。
(24) **おのおの**の意見。
(25) 牛が**つの**を上げる。
(26) 責任を**ジカク**する。（みずからさとること）
(27) はっと目が**さ**める。
(28) **ひがた**の生き物。（引きしおのときにあらわれるすな地）
(29) せりふの**ま**の取り方。（せりふとせりふのあいだのこと）
(30) 人の**ケハイ**がする。（何となく感じられるようす）
(31) 人生の**キロ**に立つ。（わかれ道）
(32) わくの中に**キニュウ**する。
(33) **ヨキ**せぬできごと。（前もってこうなるだろうと思うこと）
(34) 料理を**うつわ**にもる。
(35) 工場の**キカイ**を動かす。
(36) **リョカク**機に乗る。
(37) 遠洋**ギョギョウ**に出る。
(38) **ゴウイン**なやり方をする。（むりに行うこと）

(39) **キョウソウ**心をあおる。
(40) ライバルどうし**せり**あう。
(41) **ジゴウ**自得。（自分のしたことの報いを自分で受けること）
(42) **ナンキョク**大陸を調査する。
(43) **キンコ**のかぎを開ける。
(44) いいわけに**シクハック**する。
(45) **クウソウ**にふける。
(46) **くま**が冬眠からさめる。
(47) 羊の**む**れを追う。
(48) **ケツロン**を出す。（ろんじつめたしめくくりの考え）
(49) 心を**と**ぎすます。
(50) **ケンキュウ**をする。

まめ知識

末→末　本→本

「末」は木の上に一を加えて、木の上部、こずえの意味を示し、「本」は木の下に一を加えて、木の下部、ねもとの意味を示した字です。このように位置・数量などの抽象的な概念を線や点で表したものを**指事文字**（しじもじ）といいます。

上下中天寸乏甘

1 次の漢字の色の部分は筆順の何画目か、算用数字で書きなさい。

(1) 潟（　）
(2) 角（　）
(3) 極（　）
(4) 機（　）

2 次の太字の読みをひらがなで書きなさい。

(1) 自分の**感覚**を信じる。（　）
(2) 顔を洗って目を**覚**ます。（　）
(3) 百メートル**競走**に出場する。（　）
(4) どちらが力持ちかを**競**う。（　）
(5) 実験の**結果**が出る。（　）
(6) 馬の手綱（たづな）を木に**結**わえる。（　）

3 次の文の□に入る適切な漢字を、後のア～エから一つずつ選び、記号で答えなさい。

(1) 新しい楽□。
ア 期　イ 気　ウ 機　エ 器（　）

(2) すいかを出□する。
ア 加　イ 貨　ウ 荷　エ 何（　）

(3) □数券を買う。
ア 回　イ 改　ウ 会　エ 開（　）

4 次の漢字の読みは、音読み（ア）、訓読み（イ）のどちらか、記号で答えなさい。

(1) 何（なに）（　）
(2) 客（きゃく）（　）
(3) 羽（う）（　）
(4) 業（わざ）（　）
(5) 金（きん）（　）
(6) 間（ま）（　）

5 次の漢字の部首を（　）に、部首名を〔　〕に書きなさい。

(1) 漁（　）〔　〕
(2) 苦（　）〔　〕
(3) 記（　）〔　〕
(4) 悪（　）〔　〕

6 次の――線のところにあてはまる送りがなを書きなさい。

(1) 風雨が**強**――。（　）
(2) ノートに**記**――。（　）
(3) 気温が**下**――。（　）
(4) 席が**空**――。（　）
(5) 目が**覚**――。（　）
(6) 友人と**会**――。（　）

7 次の(1)～(4)の□の中に、それぞれ同じ漢字を一字ずつ入れて熟語を作りたい。その漢字を書きなさい。

(1) □学　□石　変□　消□（　）
(2) 発□　□楽　□信　足□（　）
(3) □待　一学□　一□一会（　）
(4) 産□　作□　自□自得（　）

7級 ❷ ケン～ショウ

漢字	読み	部首・画数	用例
健	ケン、すこ(やか)	亻 11	健全（ケンゼン）、保健（ホケン）、健（すこ）やかだ
験	ケン、ゲン	馬 18	実験（ジッケン）、試験（シケン）、経験（ケイケン）、霊験（レイゲン（ケン））
戸	コ、と	戸 4	戸外（コガイ）、門戸（モンコ）、戸板（といた）、雨戸（あまど）
庫	コ、ク	广 10	倉庫（ソウコ）、文庫（ブンコ）、車庫（シャコ）、庫裏（クリ）
後	ゴ、コウ、のち、うし(ろ)、あと、おく(れる)	彳 9	午後（ゴゴ）、後続（コウゾク）、くもり後（のち）雨、後（うし）ろを見る、後（あと）の祭り
口	コウ、ク、くち	口 3	人口（ジンコウ）、口論（コウロン）、口調（クチョウ）、口数（くちかず）
公	コウ、おおやけ	八 4	公立（コウリツ）、公開（コウカイ）、公（おおやけ）の場
功	コウ、ク	力 5	成功（セイコウ）、功名（コウミョウ）、功労（コウロウ）、功徳（クドク）
交	コウ、ま(じわる)、ま(じえる)、ま(じる)、ま(ざる)、ま(ぜる)、か(う)、か(わす)	亠 6	交流（コウリュウ）、外交（ガイコウ）、人と交（まじ）わる、中に交（ま）じる、交（か）わす言葉

漢字	読み	部首・画数	用例
行	コウ、ギョウ、アン、い(く)、ゆ(く)、おこな(う)	行 6	行進（コウシン）、実行（ジッコウ）、行政（ギョウセイ）、行脚（アンギャ）、行（ゆ）く末、行方（ゆくえ）、行（おこな）い
幸	コウ、さいわ(い)、さち、しあわ(せ)	干 8	幸運（コウウン）、幸（さいわ）い、海の幸（さち）
香	コウ、キョウ、か、かお(り)、かお(る)	香 9	香水（コウスイ）、線香（センコウ）、芳香（ホウコウ）、香車（キョウシャ）、梅の香（か）、香川（かがわ）県
候	コウ、そうろう	亻 10	気候（キコウ）、天候（テンコウ）、候文（そうろうブン）、居候（いそうろう）
黄	コウ、オウ、き、こ	黄 11	黄河（コウガ）、卵黄（ランオウ）、黄色（きいろ）、黄金（こがね）
合	ゴウ、ガッ、カッ、あ(う)、あ(わす)、あ(わせる)	口 6	集合（シュウゴウ）、合流（ゴウリュウ）、合宿（ガッシュク）、合戦（カッセン）、落ち合（あ）う、問い合（あ）わせ
佐	サ	亻 7	補佐（ホサ）、大佐（タイサ）、佐賀（さが）県
埼	さい	土 11	埼玉（さいたま）県

漢字	読み	部首・画数	用例
細	サイ、ほそ(い)、ほそ(る)、こま(か)、こま(かい)	糸 11	細心（サイシン）、子細（シサイ）、細腕（ほそうで）、極細（ゴクぼそ）、こと細（こま）か、細（こま）かい雨
崎	さき	山 11	長崎（ながさき）県、宮崎（みやざき）県
刷	サツ、す(る)	刂 8	印刷（インサツ）、刷新（サッシン）、版画を刷（す）る
産	サン、う(む)、う(まれる)、うぶ	生 11	産業（サンギョウ）、生産（セイサン）、産声（うぶごえ）
氏	シ、うじ	氏 4	氏名（シメイ）、氏族（シゾク）、氏神（うじがみ）
仕	シ、ジ、つか(える)	亻 5	仕事（シごと）、給仕（キュウジ）、宮仕（みやづか）え
矢	シ、や	矢 5	一矢（イッシ）、弓矢（ゆみや）、矢印（やじるし）、矢面（やおもて）
試	シ、こころ(みる)、ため(す)	言 13	試合（シあい）、試験（シケン）、試（こころ）み、試（ため）し
次	ジ、シ、つ(ぐ)、つぎ	欠 6	次回（ジカイ）、次第（シダイ）、次（つぎ）の間
自	ジ、シ、みずか(ら)	自 6	自信（ジシン）、自然（シゼン）、自（みずか）らの手
児	ジ、ニ	儿 7	児童（ジドウ）、＊鹿児島（かごしま）県、小児科（ショウニカ）
滋	ジ	氵 12	滋養（ジヨウ）、滋味（ジミ）、＊滋賀（しが）県

漢字	読み	部首・画数	用例
辞	ジ、や(める)	辛 13	辞書（ジショ）、辞任（ジニン）、辞（や）める
鹿	しか、か	鹿 11	鹿（しか）、＊鹿児島（かごしま）県、鹿（か）の子（こ）
手	シュ、て、た	手 4	選手（センシュ）、助手（ジョシュ）、苦手（にがて）、手綱（たづな）
拾	シュウ、ジュウ、ひろ(う)	扌 9	収拾（シュウシュウ）、拾万（ジュウマン）、拾（ひろ）い物
集	シュウ、あつ(まる)、あつ(める)、つど(う)	隹 12	集会（シュウカイ）、集（つど）い、人集（あつ）め
重	ジュウ、チョウ、え、おも(い)、かさ(ねる)、かさ(なる)	里 9	重大（ジュウダイ）、重要（ジュウヨウ）、貴重（キチョウ）、二重（ふたえ）、口が重（おも）い、重（かさ）ね着
祝	シュク、シュウ、いわ(う)	礻 9	祝日（シュクジツ）、祝言（シュウゲン）、お祝（いわ）い
初	ショ、はじ(め)、はじ(めて)、はつ、うい、そ(める)	刀 7	初心（ショシン）、初日（ショニチ）、年の初（はじ）め、初雪（はつゆき）、初陣（ういジン）、書き初（ぞ）め
商	ショウ、あきな(う)	口 11	商売（ショウバイ）、商業（ショウギョウ）、商（あきな）いを営む
勝	ショウ、か(つ)、まさ(る)	力 12	勝利（ショウリ）、勝手（かって）、男勝（まさ）り

(1) **保健**室で休む。
(2) **試験**を受ける。
(3) **門戸**を開放する。
(4) 学級**文庫**。
(5) **後続**の選手。
(6) **後**ろをふりかえる。
(7) はげしい**口論**になる。
(8) **口数**が多い。
(9) 情報を**公開**する。
(10) けがの**功名**。 まちがいが、よい結果を生むこと
(11) **外交**に力を入れる。
(12) 漢字と仮名が**交**じる。
(13) かれは不言**実行**の人だ。 だまって、ものごとを行うこと
(14) 雲の**行方**を見守る。 進んで行く方角
(15) **幸**い無事だった。
(16) 仏前に**線香**をそなえる。
(17) **天候**がくずれる。
(18) **卵黄**だけを使う。
(19) 二つの川が**合流**する。
(20) 関ヶ原の**合戦**。
(21) 上司の仕事を**補佐**する。
(22) **埼玉**県に住む。
(23) **子細**を説明する。 くわしい事情
(24) **細**かい雨がふり続く。
(25) **長崎**県へ行く。
(26) 人事を**刷新**する。 悪い点を改め、新しくすること
(27) 自動車を**生産**する。
(28) **産声**をあげる。
(29) **氏族**の代表者となる。 同じ祖先から出た一族
(30) 食事の**給仕**をする。 食事の世話をすること
(31) **弓矢**の手入れをする。
(32) 入学**試験**を受ける。
(33) 実力を**試**す。
(34) ことの**次第**をたずねる。 理由・事情
(35) 美しい**自然**を守る。
(36) **育児**に精を出す。
(37) **滋味**に富む海の幸。 栄養が十分にあること
(38) 生徒会長を**辞任**する。 役目をやめること
(39) 野生の**鹿**を保護する。
(40) 研究の**助手**。
(41) **拾万**円をためる。
(42) 若者の**集**い。
(43) **重要**な人物。
(44) 本やノートを**重**ねる。
(45) **祝言**をあげる。 結婚式
(46) お**祝**いをする。
(47) 大ずもうの**初日**。
(48) **初雪**がふる。
(49) **商業**の中心地。
(50) **勝手**な行動をつつしむ。

まめ知識

鳴　鳥＋口→鳴

鳥と口とを合わせて、鳥がときを告げてなく、つまり「なく」意を示した字です。このように二つ以上の漢字を組み合わせて新しい意味を表した字を**会意文字**（かいい）といいます。

明岩休炎林森信（人＋言）見（目＋人）苗（艹＋田）

(1) **ケンゼン**な考え方。（かたよらず、正しいこと）
(2) 理科の**ジッケン**。
(3) **コガイ**で運動しよう。
(4) **ソウコ**に保管する。
(5) **ゴゴ**三時に予約する。
(6) くやんでも**あと**の祭りだ。（手おくれで何の役にも立たないこと）
(7) やわらかい**クチョウ**。（ことばの言い方）
(8) **コウリツ**の図書館。
(9) **おおやけ**の場で発表する。
(10) 失敗は**セイコウ**のもと。
(11) 他校と**コウリュウ**する。（たがいに行き来してつき合うこと）
(12) あいさつを**かわ**す。（たがいにやりとりする）
(13) 国の**ギョウセイ**機関。（国を治めるための働きの一つ）
(14) 実験を**おこな**う。
(15) **コウウン**にめぐまれる。
(16) 海の**さち**を味わう。（産物・うまい食物）
(17) 新しい**コウスイ**をつける。
(18) 寒い**キコウ**の土地。
(19) 信号が**きいろ**だ。
(20) 五分前に**シュウゴウ**する。
(21) **ガッシュク**に参加する。
(22) **さいたま**県に住む。
(23) **サイシン**の注意をはらう。（注意がいきとどくこと）
(24) 身も**ほそ**る思い。（やせる）
(25) **みやざき**県のマンゴー。
(26) 新聞を**インサツ**する。
(27) 版画を**す**る。
(28) **サンギョウ**が発達する。
(29) 住所と**シメイ**を書く。
(30) 主人に**つか**える。（そばにいてその人の用をする）
(31) **イッシ**を報いる。（しかえしをする）
(32) 野球の**しあい**。
(33) 新しい**こころ**み。（ためしに行うこと）
(34) **ジカイ**の試験はがんばろう。
(35) 体力には**ジシン**がある。
(36) **みずか**ら先頭に立つ。
(37) **ジドウ**文学を読む。
(38) **しが**県出身の先生。
(39) 国語の**ジショ**を引く。
(40) 野生の**しか**を保護する。
(41) 水泳の**センシュ**。
(42) **シュウシュウ**がつかない。（混乱したありさまをおさめること）
(43) 落とし物を**ひろ**う。
(44) 全校**シュウカイ**がある。
(45) **ジュウダイ**発表がある。
(46) 国民の**シュクジツ**。
(47) **ショシン**忘るべからず。（はじめの気持ち）
(48) **ショウバイ**を始める。
(49) **ショウリ**を喜ぶ。
(50) 相手に**まさ**る。

まめ知識

想　相＋心→想

意味の部分（心）と音の部分（相）とから成り、心の中に思いみる意を表した字です。このように意味を表す部分と音を表す部分とを組み合わせて作られた文字を**形声文字**（けいせい）といいます。

板柱根沈浅飯固姉駐恨銅清晴請精情静貨問聞

1 次の漢字の総画数を算用数字で書きなさい。

(1) **後**（　　）
(2) **黄**（　　）
(3) **初**（　　）
(4) **氏**（　　）

2 次の太字の読みをひらがなで書きなさい。

(1) **貴重**な書物を見せてもらう。（　　）
(2) よいことが**重**なる。（　　）
(3) **細部**にこだわったつくりにする。（　　）
(4) **細**かな作業を得意とする。（　　）
(5) **試作品**を展示する。（　　）
(6) 新しい技を**試**みる。（　　）

3 次の文のカタカナにあてはまる漢字を、後のア～エから一つずつ選び、記号で答えなさい。

(1) **ジ**信がある。
　ア 次　イ 児　ウ 自　エ 地（　　）
(2) 着陸に成**コウ**する。
　ア 行　イ 幸　ウ 功　エ 航（　　）
(3) **シュウ**得物をとどける。
　ア 拾　イ 集　ウ 習　エ 終（　　）

---

4 次の漢字の読みは、音読み（ア）、訓読み（イ）のどちらか、記号で答えなさい。

(1) **戸**（こ）（　　）
(2) **矢**（や）（　　）
(3) **庫**（こ）（　　）
(4) **幸**（さち）（　　）
(5) **初**（うい）（　　）
(6) **後**（あと）（　　）

5 次の部首のなかまの漢字で、カタカナに合うものを下の（　）に書きなさい。

・イ（にんべん）　気**コウ**（　　）　**シ**事（　　）

6 次の――線のところにあてはまる送りがなを書きなさい。

(1) 言葉を**交**――。（　　）
(2) 主人に**仕**――。（　　）
(3) **自**――の手。（　　）
(4) **健**――な心。（　　）
(5) 人を**集**――。（　　）
(6) **細**――字。（　　）

7 次の(1)・(2)の漢字と組み合わせて二字の熟語を作る漢字を、下の□の中から①・②の□に合うように選び、記号で答えなさい。

(1) 行　［ア 調　イ 事　ウ 合　エ 口　オ 旅］
　① □行（　　）　② 行□（　　）
(2) 合　［ア 結　イ 品　ウ 立　エ 体　オ 入］
　① □合（　　）　② 合□（　　）

7級 ③ ジョウ〜ナ

漢字	読み	部首	画数	筆順	用例
上	ジョウ・ショウ・うえ・うわ・かみ・あげる・あがる・のぼる・のぼせる・のぼす	一	3	｜ ⺊ 上	上下（ジョウゲ）　上人（ショウニン）　上着（うわぎ）　川上（かわかみ）　売り上げ（あ）　上り列車（のぼ）
城	ジョウ・しろ	土	9	一 十 土 圹 坊 城 城 城 城	城下（ジョウカ）　出城（でじろ）　＊宮城県（みやぎ）
縄	ジョウ・なわ	糸	15	纟 糸 紀 紀 網 綢 綢 縄	縄文（ジョウモン）　縄張（なわばり）　沖縄県（おきなわ）
神	シン・ジン・かみ・かん・こう	ネ	9	丶 ラ ネ ネ ネ 初 和 神 神	神話（シンワ）　神主（かんぬし）　＊神奈川県（かながわ）
図	ズ・ト・はかる	囗	7	丨 冂 冂 冈 冈 図 図	図形（ズケイ）　意図（イト）　解決を図る（はか）
井	セイ・ショウ・い	二	4	一 二 井 井	市井（シセイ）　天井（テンジョウ）　井戸（いど）　福井県（ふくい）
生	セイ・ショウ・いきる・いかす・いける・うまれる・うむ・おう・はえる・はやす・き・なま	生	5	ノ 𠂉 牛 牛 生	人生（ジンセイ）　一生（イッショウ）　生き物（い）　明治生まれ（う）　生い立ち（お）　草が生える（は）　生地（きジ）　生水（なまみず）
成	セイ・ジョウ・なる・なす	戈	6	ノ 厂 万 成 成 成	成長（セイチョウ）　成就（ジョウジュ）　成り立ち（な）

漢字	読み	部首	画数	筆順	用例
声	セイ・ショウ・こえ・こわ	士	7	一 十 士 吉 吉 吉 声	発声（ハッセイ）　声量（セイリョウ）　歌声（うたごえ）　声色（こわいろ）
星	セイ・ショウ・ほし	日	9	丨 口 日 旦 旦 早 星 星 星	流星（リュウセイ）　星座（セイザ）　明星（ミョウジョウ）　星空（ほしぞら）
省	セイ・ショウ・かえりみる・はぶく	目	9	亅 小 小 少 少 省 省 省 省	反省（ハンセイ）　省略（ショウリャク）　むだを省く（はぶ）
静	セイ・ジョウ・しず・しずか・しずまる・しずめる	青	14	一 十 丰 青 青 静 静 静 静	安静（アンセイ）　静止（セイシ）　静脈（ジョウミャク）　もの静か（しず）　気を静める（しず）
夕	セキ・ゆう	夕	3	ノ ク 夕	一朝一夕（イッチョウイッセキ）　夕方（ゆうがた）　夕日（ゆうひ）
石	セキ・シャク・コク・いし	石	5	一 ア 不 石 石	岩石（ガンセキ）　磁石（ジシャク）　石高（コクだか）　小石（こいし）
赤	セキ・シャク・あか・あかい・あからむ・あからめる	赤	7	一 十 土 ナ 赤 赤 赤	赤道（セキドウ）　赤飯（セキハン）　赤銅（シャクドウ）　赤光（シャッコウ）　赤字（あかジ）　赤潮（あかしお）　顔が赤らむ（あか）
昔	セキ・シャク・むかし	日	8	一 十 廾 艹 昔 昔 昔 昔	昔日（セキジツ）　昔年（セキネン）　今昔（コンジャク）　一昔（ひとむかし）
切	セツ・サイ・きる・きれる	刀	4	一 七 切 切	切実（セツジツ）　一切（イッサイ）　売り切れる（き）

漢字	読み	部首	画数	筆順	用例
節	セツ・セチ・ふし	⺮	13	𥫗 笞 笞 節 節 節 節	節約（セツヤク）　節度（セツド）　お節（セチ）　節目（ふしめ）
説	セツ・ゼイ・とく	言	14	亠 言 言 訁 説 説 説 説	説明（セツメイ）　遊説（ユウゼイ）　道を説く（と）
戦	セン・いくさ・たたかう	戈	13	⺍ 当 当 単 単 戦 戦 戦	戦力（センリョク）　苦戦（クセン）　負け戦（いくさ）
早	ソウ・サッ・はやい・はやまる・はやめる	日	6	丨 口 日 日 旦 早	早朝（ソウチョウ）　早速（サッソク）　早起き（はやお）
巣	ソウ・す	⺍	11	⺍ ⺍ 当 当 当 単 巣 巣	病巣（ビョウソウ）　営巣（エイソウ）　巣箱（すばこ）　古巣（ふるす）
想	ソウ・ソ	心	13	十 木 机 相 相 想 想 想	想像（ソウゾウ）　理想（リソウ）　予想（ヨソウ）　愛想（アイソ（ウ））
束	ソク・たば	木	7	一 一 百 百 申 束 束	約束（ヤクソク）　結束（ケッソク）　花束（はなたば）　一束（ひとたば）
速	ソク・はやい・はやめる・すみやか	⻌	10	一 一 百 百 申 束 束 速 速	速度（ソクド）　速達（ソクタツ）　速やかだ（すみ）
体	タイ・テイ・からだ	亻	7	ノ イ 仁 什 休 体 体	一心同体（イッシンドウタイ）　体力（タイリョク）　風体（フウテイ）
対	タイ・ツイ	寸	7	丶 亠 ナ 文 対 対 対	対立（タイリツ）　反対（ハンタイ）　対句（ツイク）　一対（イッツイ）
茶	チャ・サ	艹	9	一 十 廾 艾 艾 苓 茶 茶 茶	紅茶（コウチャ）　新茶（シンチャ）　茶道（サドウ・チャドウ）　茶菓（サカ）
沖	チュウ・おき	氵	7	丶 丶 氵 氵 汀 沖 沖	沖積（チュウセキ）　沖天（チュウテン）　沖合い（おきあ）　沖縄県（おきなわ）
兆	チョウ・きざす・きざし	儿	6	ノ 丿 丬 兆 兆 兆	前兆（ゼンチョウ）　兆候（チョウコウ）　春の兆し（きざ）

漢字	読み	部首	画数	筆順	用例
調	チョウ・しらべる・ととのう・ととのえる	言	15	亠 言 言 訂 訂 調 調 調	調子（チョウシ）　調べ（しら）　材料が調う（ととの）
直	チョク・ジキ・ただちに・なおす・なおる	目	8	一 十 冇 冇 冇 有 直 直	単刀直入（タントウチョクニュウ）　直接（チョクセツ）　正直（ショウジキ）　直ちに行う（ただ）　手直しする（てなお）
通	ツウ・ツ・とおる・とおす・かよう	⻌	10	マ ア 斉 甬 甬 涌 通 通	開通（カイツウ）　通夜（ツヤ）　夜通し（よどお）
弟	テイ・ダイ・デ・おとうと	弓	7	丶 丷 当 当 当 弟 弟	子弟（シテイ）　兄弟（キョウダイ）　弟子（デシ）　弟分（おとうとブン）
定	テイ・ジョウ・さだめる・さだまる・さだか	宀	8	丶 丷 宀 宀 宁 宇 定 定	安定（アンテイ）　未定（ミテイ）　定石（ジョウセキ）　定規（ジョウギ）　品定め（さだ）　定かでない（さだ）
都	ト・ツ・みやこ	阝	11	一 十 土 耂 者 者 都 都	都会（トカイ）　都合（ツゴウ）　都入り（みやこ）
度	ド・ト・タク・たび	广	9	亠 广 广 庐 庐 庐 度 度	温度（オンド）　法度（ハット）　支度（シタク）　度々（たびたび）
頭	トウ・ズ・ト・あたま・かしら	頁	16	一 百 百 豆 豆 頭 頭 頭	先頭（セントウ）　頭上（ズジョウ）　頭文字（かしらもじ）
徳	トク	彳	14	彳 彳 彳 彳 徳 徳 徳 徳	道徳（ドウトク）　人徳（ジントク）　徳用（トクヨウ）　美徳（ビトク）
栃	とち	木	9	十 木 木 札 析 析 栃 栃	栃木県（とちぎ）　栃の実（とち）
奈	ナ	大	8	一 ナ 大 太 夲 夲 奈 奈	奈落（ナラク）　＊奈良県（なら）　＊神奈川県（かながわ）

(1) **川上**から船が出る。

(2) **上**り列車に乗る。

(3) **城下**町を歩く。

(4) **沖縄**県へ行く。

(5) 神社の**神主**さん。

(6) 研究の**意図**を説明する。（考え・計画）

(7) **天井**知らずの高値。

(8) 歯が**生**える。

(9) **生野菜**を食べる。

(10) 大願を**成就**する。（大きなのぞみをなしとげる）

(11) 日本の**成**り立ち。

(12) 別人の**声色**をまねる。

(13) **星空**を見上げる。

(14) 同じことばを**省略**する。

(15) 手間を**省**く。

(16) もの**静**かな人。

(17) **夕方**に帰る。

(18) **石**の上にも三年。（しんぼうすれば報いられること）

(19) **赤飯**を食べる。

(20) **赤潮**が発生する。（び生物がふえすぎて赤く見える海水）

(21) **一昔**も前のできごと。（だいたい十年ぐらい前）

(22) **一切**関係ありません。

(23) **節度**を守った行動。（ゆきすぎにならず、ちょうどよい程度）

(24) 人生の**節目**をむかえる。（区切れ目）

(25) 選挙の**遊説**。（方々で演説をして回ること）

(26) 味方が**苦戦**する。

(27) **早速**返事が来る。

(28) **古巣**の大学へもどる。（前につとめていた所）

(29) **理想**を追いかける。

(30) チームの**結束**がかたい。（一つにまとまること）

(31) 手紙を**速達**で送る。

(32) **体力**をつける。

(33) **反対**の意味のことば。

(34) **一対**の茶わん。（二つで一組になること）

(35) **新茶**の季節になる。

(36) ロケットが**沖天**する。（高く天に上ること）

(37) 風邪（かぜ）の**兆候**がある。（前ぶれ）

(38) ピアノの**調**べ。（音楽をかなでること）

(39) **直接**本人に話す。

(40) **直**ちに出発する。

(41) 知人のお**通夜**に行く。

(42) **兄弟**げんかをする。

(43) 日時は**未定**だ。

(44) 目標が**定**かではない。

(45) **都合**をつける。

(46) 幸運が**度**重なる。

(47) **頭上**に注意する。

(48) かれには**人徳**がある。（信頼されるひとがら）

(49) **栃木**県で育った。

(50) **奈落**の底に落ちる。（地獄）

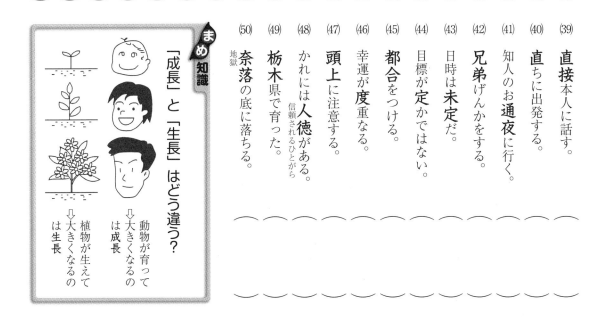

まめ知識

「成長」と「生長」はどう違う？

動物が育って
⇩大きくなるのは**成長**

植物が生えて
⇩大きくなるのは**生長**

(1) **うわぎ**をぬぐ。
(2) 江戸時代の**ジョウカ**町。
(3) **ジョウモン**時代の石器。
(4) 世界の**シンワ**を読む。
(5) 定規で**ズケイ**をかく。
(6) **シセイ**の人として生きる。（人の集まり住むところ、世間）
(7) 自分の**お**い立ちを話す。（育った経歴）
(8) やわらかい**きジ**の洋服。
(9) **セイチョウ**して大人になる。（人や動物が大きくなること）
(10) **ハッセイ**練習をする。
(11) 夜空に**リュウセイ**を見る。
(12) 一日の**ハンセイ**をする。
(13) けがで**アンセイ**にする。
(14) 気を**しず**めて話し合う。
(15) 一朝**イッセキ**にはできない。（短い期間）
(16) 山の**ガンセキ**をくずす。
(17) **セキドウ**に近い国。
(18) はずかしさに顔が**あか**らむ。
(19) **コンジャク**物語集。
(20) **セツジツ**な願い。
(21) 水を**セツヤク**する。（むだをしないようにすること）
(22) **セツメイ**文を読む。
(23) 平和の大切さを**と**く。
(24) **サクセン**をたてる。
(25) 負け**いくさ**に終わる。
(26) **ソウチョウ**に起きる。
(27) 鳥の**すばこ**を作る。
(28) **ヨソウ**どおりの結果になる。
(29) 会う**ヤクソク**をする。
(30) **はなたば**をもらう。
(31) 安全な**ソクド**で走る。
(32) 一心**ドウタイ**になる。（人々の心が一つに合うこと）
(33) **フウテイ**を気にする。（すがた・ようす）
(34) 意見が**タイリツ**する。
(35) **サドウ**のけいこをする。
(36) **おき**に舟をこぎ出す。
(37) あらしの**ゼンチョウ**。（何かがおこるしるし）
(38) 明るい**きざ**しが見える。
(39) 体の**チョウシ**がよい。
(40) 材料を**ととの**える。
(41) 単刀**チョクニュウ**に言う。（前置きなしにすぐに本題に入ること）
(42) 道路が**カイツウ**する。
(43) 落語家が**デシ**をとる。
(44) **アンテイ**した生活。
(45) **トカイ**のくらし。
(46) **オンド**計を見る。
(47) 列の**セントウ**に立つ。
(48) **ドウトク**教育の必要性。
(49) **とちぎ**県で育った。
(50) **ナラク**の底に落ちる。

まめ知識

・つらぬく縦画(たてかく)は最後に書くのが筆順の原則。では「重」はどう書く。

重 重 重 …これは×

・つきぬけない縦画は、上・縦・下の順に書く。

里 → 日 甲 里

1 次の漢字の色の部分は筆順の何画目か、算用数字で書きなさい。

(1) 節（　　）
(2) 戦（　　）
(3) 栃（　　）
(4) 兆（　　）

2 次の太字の読みをひらがなで書きなさい。

(1) **早速**作業にとりかかる。（　　）
(2) **速**やかに校庭へ出てください。（　　）
(3) **文部科学省**すいせん図書を読む。（　　）
(4) 今回の試合を**省**みる。（　　）
(5) 自分の考えを**力説**する。（　　）
(6) 師の教えを**説**いて歩く。（　　）

3 次の文の□に入る適切な漢字を、後のア～エから一つずつ選び、記号で答えなさい。

(1) テレビの画面が□止する。
ア 清　イ 成　ウ 声　エ 静（　　）

(2) 思わず□面する。
ア 赤　イ 石　ウ 責　エ 積（　　）

(3) 母は反□した。
ア 体　イ 貸　ウ 対　エ 帯（　　）

4 次の熟語が対義語になるように、下の□の中からひらがなを選び、漢字に直して書きなさい。

(1) 消費↔（　　）産
(2) 平和↔（　　）争
(3) 黒字↔（　　）字
(4) 間接↔（　　）接

ちょく・せい・あか・せん

5 次の漢字の部首を（　）に、部首名を〔　〕に書きなさい。

(1) 城（　　）〔　　〕
(2) 都（　　）〔　　〕
(3) 巣（　　）〔　　〕
(4) 成（　　）〔　　〕

6 次の——線のところにあてはまる送りがなを書きなさい。

(1) 解決を**図**——。（　　）
(2) 白組と**戦**——。（　　）
(3) 針に糸を**通**——。（　　）
(4) 点数が**上**——。（　　）
(5) 校則を**定**——。（　　）
(6) **静**——人。（　　）

7 次の(1)～(4)の□の中に、それぞれ同じ漢字を一字ずつ入れて熟語を作りたい。その漢字を書きなさい。

(1) 人□　□地　九死一□（　　）
(2) □力　全□　一心同□（　　）
(3) □日　□立　一朝一□（　　）
(4) □角　正□　単刀□入（　　）

7級 ナイ～ワ 4

漢字	読み	部首	画数	筆順	用例
内	ナイ、ダイ、うち	入	4	丨 冂 内 内	内部（ナイブ）、内面（ナイメン）、境内（ケイダイ）、身内（みうち）
梨	なし	木	11	二 千 禾 利 利 梨 梨 梨	洋梨（ヨウなし）、山梨県（やまなし）
馬	バ、うま、ま	馬	10	丨 厂 F F 馬 馬 馬 馬	馬耳東風（バジトウフウ）、乗馬（ジョウバ）、馬子（まご）
白	ハク、ビャク、しろ、しら、しろい	白	5	ノ 亻 白 白 白	白線（ハクセン）、白夜（ビャクヤ）、白星（しろぼし）、白波（しらなみ）
博	ハク、バク	十	12	十 十 忄 博 博 博 博 博	博士（ハクシ）（ハカセ）、博学（ハクガク）、賭博（トバク）
反	ハン、ホン、タン、そる、そらす	又	4	一 厂 反 反	反対（ハンタイ）、謀反（ムホン）、反物（タンもの）、反り（そり）
阪	ハン	阝	7	㇇ 了 阝 阝 阪 阪 阪	阪神（ハンシン）、京阪（ケイハン）、＊大阪府（おおさか）
氷	ヒョウ、こおり、ひ	水	5	亅 亅 氵 氷 氷	氷山（ヒョウザン）、氷点（ヒョウテン）、氷水（こおりみず）、氷雨（ひさめ）
病	ビョウ、ヘイ、やむ、やまい	疒	10	亠 广 广 疒 疒 疔 病 病	病院（ビョウイン）、疾病（シッペイ）、病は気から（やまい）
不	フ、ブ	一	4	一 ア 不 不	不足（フソク）、不当（フトウ）、不器用（ブキヨウ）
夫	フ、フウ、おっと	大	4	一 二 チ 夫	夫妻（フサイ）、農夫（ノウフ）、夫婦（フウフ）、工夫（クフウ）

漢字	読み	部首	画数	筆順	用例
阜	フ	阜	8	′ 𠂆 户 户 阜 阜 阜 阜	＊岐阜県（ぎふ）、丘阜（キュウフ）
負	フ、まける、まかす、おう	貝	9	ノ ク 勹 负 負 負 負 負	自負（ジフ）、負け（まけ）、背負い投げ（せおい）
富	フ、フウ、とむ、とみ	宀	12	宀 宀 宫 富 富 富 富 富	＊富山県（とやま）、貧富（ヒンプ）、変化に富む（と）
風	フウ、フ、かぜ、かざ	風	9	丿 几 凡 凡 凨 凨 風 風	風雪（フウセツ）、風流（フウリュウ）、風情（フゼイ）、風下（かざしも）
分	ブン、フン、ブ、わける、わかれる、わかる、わかつ	刀	4	ノ 八 分 分	気分（キブン）、身分（みブン）、分別（フンベツ）、五分（ゴブ）、分け前（わ）、＊大分県（おおいた）
文	ブン、モン、ふみ	文	4	′ 亠 ナ 文	文学（ブンガク）、文様（モンヨウ）、恋文（こいぶみ）
聞	ブン、モン、きく、きこえる	耳	14	丨 𠃍 門 門 門 門 聞 聞	新聞（シンブン）、見聞（ケンブン）、前代未聞（ゼンダイミモン）
兵	ヘイ、ヒョウ	八	7	ノ 亻 斤 斤 丘 乒 兵	兵士（ヘイシ）、水兵（スイヘイ）、兵庫県（ひょうご）
辺	ヘン、あたり、べ	辶	5	フ 刀 辺 辺 辺	底辺（テイヘン）、身辺（シンペン）、海辺（うみべ）、岸辺（きしべ）
歩	ホ、ブ、フ、あるく、あゆむ	止	8	丨 卜 止 止 歩 歩 歩 歩	徒歩（トホ）、歩道（ホドウ）、歩合（ブあい）、歩み（あゆみ）

漢字	読み	部首	画数	筆順	用例
法	ホウ、ハッ、ホッ	氵	8	丶 冫 氵 氵 汁 汁 法 法	方法（ホウホウ）、法度（ハット）、法華宗（ホッケシュウ）
放	ホウ、はなす、はなつ、はなれる	攵	8	′ 亠 方 方 方 方 放 放	放送（ホウソウ）、追放（ツイホウ）、矢を放つ（はな）
望	ボウ、モウ、のぞむ	月（つき）	11	′ 亠 亡 亡 切 切 望 望	人望（ジンボウ）、本望（ホンモウ）、高望み（たかのぞみ）
木	ボク、モク、き、こ	木	4	一 十 才 木	大木（タイボク）、木目（モクめ）、並木（なみき）、木立（こだち）
末	マツ、バツ、すえ	木	5	一 二 キ 末 末	末日（マツジツ）、週末（シュウマツ）、末っ子（すえ）
無	ム、ブ、ない	灬	12	ノ 𠂉 二 午 無 無 無 無	無理（ムリ）、無名（ムメイ）、無礼（ブレイ）、無事（ブジ）
名	メイ、ミョウ、な	口	6	ノ ク タ タ 名 名	名作（メイサク）、名字（ミョウジ）、大名（ダイミョウ）、名前（なまえ）
命	メイ、ミョウ、いのち	口	8	ノ 人 亼 亼 合 合 命 命	命中（メイチュウ）、寿命（ジュミョウ）、命拾い（いのちびろい）
面	メン、おも、おもて、つら	面	9	一 ア 丆 丙 而 而 面 面 面	面会（メンカイ）、面長（おもなが）、矢面（やおもて）、鼻面（はなづら）
目	モク、ボク、め、ま	目	5	丨 冂 月 月 目	目的（モクテキ）、面目（メンボク（モク））、目の当たり（ま）
役	ヤク、エキ	彳	7	ノ ク 彳 彳 役 役 役	配役（ハイヤク）、役所（ヤクショ）、労役（ロウエキ）、苦役（クエキ）
由	ユ、ユウ、ユイ、よし	田	5	丨 口 巾 由 由	由来（ユライ）、自由（ジユウ）、理由（リユウ）、由緒（ユイショ）
有	ユウ、ウ、ある	月（つき）	6	ノ ナ 才 冇 有 有	有名（ユウメイ）、有無（ウム）、有り金（あ）

漢字	読み	部首	画数	筆順	用例
遊	ユウ、ユ、あそぶ	辶	12	亠 方 方 方 斿 斿 游 遊	遊牧（ユウボク）、遊山（ユサン）、水遊び（あそ）
葉	ヨウ、は	艹	12	艹 艹 艹 丗 苹 華 華 葉	枝葉末節（シヨウマッセツ）、落葉（ラクヨウ）、若葉（わかば）
利	リ、きく	刂	7	ノ 二 千 禾 禾 和 利	勝利（ショウリ）、有利（ユウリ）、気が利く（き）
立	リツ、リュウ、たつ、たてる	立	5	′ 亠 亡 立 立	中立（チュウリツ）、設立（セツリツ）、建立（コンリュウ）、立場（たちば）
流	リュウ、ル、ながれる、ながす	氵	10	冫 氵 氵 汁 汁 浐 浐 流 流	流行（リュウコウ）、流布（ルフ）、流れ星（なが）
緑	リョク、ロク、みどり	糸	14	糸 紀 紀 紀 紦 紦 緑 緑	緑化（リョクカ）、緑茶（リョクチャ）、緑青（ロクショウ）、黄緑（きみどり）
礼	レイ、ライ	礻	5	丶 ラ ネ ネ 礼	失礼（シツレイ）、朝礼（チョウレイ）、礼拝（レ（ラ）イハイ）、礼讃（ライサン）
冷	レイ、つめたい、ひえる、ひや、ひやす、ひやかす、さめる、さます	冫	7	丶 冫 冫 冫 冷 冷 冷	寒冷（カンレイ）、冷害（レイガイ）、冷たい麦茶（つめ）、冷や汗（ひ）、湯冷まし（ゆざ）
連	レン、つらなる、つらねる、つれる	辶	10	一 厂 百 亘 車 車 連 連	連続（レンゾク）、連夜（レンヤ）、山が連なる（つら）
老	ロウ、おいる、ふける	耂	6	一 十 土 耂 耂 老	老化（ロウカ）、老い（お）、老け役（ふ）
和	ワ、オ、やわらぐ、やわらげる、なごむ、なごやか	口	8	ノ 二 千 禾 禾 和 和 和	平和（ヘイワ）、和解（ワカイ）、和服（ワフク）、和尚（オショウ）、風が和らぐ（やわ）、和やかさ（なご）

(1) **身内**も同然の人だ。（　　）
(2) **梨**の生産農家。（　　）
(3) **乗馬**の練習をする。（　　）
(4) 浜に**白波**がたっている。（　　）
(5) **博学**を競う。（学問に広く通じていること）（　　）
(6) 体を**反**らす。（　　）
(7) **阪神**工業地帯。（　　）
(8) 気温が**氷点下**になる。（水がこおる温度以下）（　　）
(9) **病**は気からと言われる。（　　）
(10) **不当**に料金をとられる。（　　）
(11) 畑仕事をする**農夫**。（　　）
(12) やり方を**工夫**する。（　　）
(13) **岐阜**県に生まれる。（　　）
(14) 勝ち**負**けにこだわらない。（　　）
(15) **貧富**の差がはげしい。（　　）
(16) **風流**な庭。（上品で味わい深いこと）（　　）
(17) **風下**に立つ。（　　）
(18) **身分**をかくす。（　　）
(19) 勝敗は**五分**五分だ。（どちらも同じくらいであること）（　　）

(20) 幾何学**文様**の土器。（図形を組み合わせたような図案）（　　）
(21) **見聞**を広める。（　　）
(22) **水兵**の制服。（　　）
(23) **身辺**の整理をする。（身のまわり）（　　）
(24) 湖の**岸辺**に立つ。（　　）
(25) 高原の**遊歩道**。（　　）
(26) ちこくはご**法度**だ。（きまりで禁止されていること）（　　）
(27) 国外に**追放**する。（　　）
(28) **本望**をとげる。（もとから持っていたのぞみ）（　　）
(29) 柱の**木目**。（　　）
(30) **週末**の予定を立てる。（　　）
(31) **無名**の小説家。（　　）
(32) **無事**に家に帰る。（　　）
(33) 同じ**名字**の人。（　　）
(34) 平均**寿命**がのびる。（　　）
(35) **面長**の人。（　　）
(36) **面目**が立たない。（世間に対する顔）（　　）
(37) **苦役**にたえる。（つらい肉体労働）（　　）
(38) 表現の**自由**。（　　）

(39) **有無**を言わせず決める。（いやおうなしに・むりやりに）（　　）
(40) 物見**遊山**。（見物や遊びに出かけること）（　　）
(41) 木々が**落葉**する。（　　）
(42) **有利**に話を運ぶ。（　　）
(43) 会社を**設立**する。（　　）
(44) うわさが**流布**する。（世間に広まること）（　　）
(45) **緑茶**を飲む。（　　）
(46) **朝礼**の時間。（　　）
(47) **冷害**に見まわれる。（　　）
(48) **連日連夜**の暑さ。（　　）
(49) **老**いを感じさせない。（　　）
(50) けんか相手と**和解**する。（仲直りすること）（　　）

まめ知識

右と左、どこから書く？

右　左にはらう画を先に書く　有　布　希

左　横画を先に書く　友　抜　存　在

(1) 建物の**ナイブ**。
(2) **なし**の生産農家。
(3) **バジ**東風と聞き流す。（人の言うことを気にとめないこと）
(4) 校庭に**ハクセン**をひく。
(5) 医学**ハクシ**を目指す。
(6) 法案に**ハンタイ**する。
(7) **ハンシン**工業地帯。
(8) 船が**ヒョウザン**にぶつかる。
(9) **ビョウイン**でみてもらう。
(10) 代金が**フソク**する。
(11) **ブキヨウ**にふるまう。
(12) **フウフ**で旅行に出かける。
(13) **ぎふ**県に生まれる。
(14) だれよりも強いと**ジフ**する。（みずからの力を信じてほこること）
(15) みんなで責任を**おう**。
(16) 変化に**とむ**風景。（めぐまれている）
(17) 長年の**フウセツ**にたえる。（苦労・試練）
(18) **フンベツ**のある年代。（わきまえ・考え）
(19) 日本の**ブンガク**が好きだ。
(20) 毎日**シンブン**を読む。
(21) 前代**ミモン**のできごと。（これまできいたことがないめずらしいこと）
(22) けがをした**ヘイシ**を助ける。
(23) 三角形の**テイヘン**。
(24) 駅まで**トホ**で五分かかる。
(25) 練習**ホウホウ**を変える。
(26) 犬を庭に**はなす**。
(27) **ジンボウ**を集めている。（多くの人からの信頼）
(28) それは**たかのぞみ**だ。
(29) うどの**タイボク**。（体がおおきくても役に立たない者のたとえ）
(30) 五月**マツジツ**。（ある期間の最後の日）
(31) **ムリ**なことはしない。
(32) **メイサク**として残る。
(33) **ダイミョウ**行列。
(34) 矢が**メイチュウ**する。
(35) **メンカイ**時間が終わる。
(36) **モクテキ**を持って学ぶ。
(37) 映画の**ハイヤク**。
(38) 地名の**ユライ**を調べる。（ものごとの起こり）
(39) **ユウメイ**無実の商品。（なまえばかりで実質がともなわないこと）
(40) **ユウボク**民族。（水や草を求めて移住する人々）
(41) **シヨウ**末節にこだわる。（重要でない部分）
(42) 気が**きく**人。
(43) 永世**チュウリツ**国。（どこにも味方しないこと）
(44) **リュウコウ**の服を着る。
(45) 五月は**シンリョク**が美しい。
(46) **シツレイ**をわびる。
(47) **つめ**たい雨がふる。
(48) 名前を**つらね**る。
(49) **ロウカ**現象があらわれる。（年をとっておとろえること）
(50) 寒さが**やわら**ぐ。

まめ知識

「博士」は、ハクシ か ハカセ か?

古くは「ハカセ」といっていたが、現代では「ハクシ」とも読みます。ただ、文学博士などでの学位としての称号は「ハクシ」というのが正式の呼称です。

1 次の漢字の総画数を算用数字で書きなさい。

(1) **馬**（　）
(2) **遊**（　）
(3) **風**（　）
(4) **役**（　）

2 次の太字の読みをひらがなで書きなさい。

(1) 次の駅まで**徒歩**で行く。（　）
(2) ゆっくりとした**歩**みをつづける。（　）
(3) 前の意見に**反論**する。（　）
(4) 本の表紙が**反**りかえる。（　）
(5) **路面**が雨でぬれる。（　）
(6) 非難の**矢面**に立つ。（　）

3 次の文のカタカナにあてはまる漢字を、後のア～エから一つずつ選び、記号で答えなさい。

(1) TV**ホウ**送をみる。
ア 放　イ 法　ウ 包　エ 方（　）

(2) 医者としての使**メイ**感にもえる。
ア 名　イ 命　ウ 明　エ 鳴（　）

(3) **ユウ**名になりたい。
ア 有　イ 遊　ウ 由　エ 夕（　）

4 次の熟語が対義語になるように、下の□の中からひらがなを選び、漢字に直して書きなさい。

(1) 幸運↔（　）運
(2) 賛成↔（　）対
(3) 戦争↔平（　）
(4) 道理↔（　）理

はん・わ・む・ふ

5 次の漢字の部首を（　）に、部首名を〔　〕に書きなさい。

(1) **病**（　）〔　〕
(2) **無**（　）〔　〕
(3) **利**（　）〔　〕
(4) **法**（　）〔　〕

6 次の――線のところにあてはまる送りがなを書きなさい。

(1) 心が**和**――。（　）
(2) **冷**――風。（　）
(3) 変化に**富**――。（　）
(4) 山が**連**――。（　）
(5) 気を**病**――。（　）
(6) 気が**利**――。（　）

7 次の(1)・(2)の漢字と組み合わせて二字の熟語を作る漢字を、下の□の中から①・②の□に合うように選び、記号で答えなさい。

(1) 望
① □望（　）
② 望□（　）

ア 有　イ 無　ウ 遠　エ 近　オ 参

(2) 文
① □文（　）
② 文□（　）

ア 数　イ 新　ウ 体　エ 天　オ 配

7級　模擬試験

60分

/200点

(一) 次の——線の読みをひらがなで書きなさい。

〈1×20＝20点〉

1 合理化を図る。
2 ヨーロッパを外遊する。
3 山の冷気にふれる。
4 すずめが群がる。
5 定石どおりの手をうつ。
6 野望をいだく。
7 季節感に富む。
8 かすかに香る。
9 ピアノが上達する。
10 説明を省く。
11 おまじないを唱える。
12 当初の予定がくるう。
13 神に仕える身。
14 時候のあいさつをする。
15 新しいグループを結成する。
16 卒業生の集い。
17 商いがうまくいく。
18 健やかに成長する。
19 その場の空気を和らげる。
20 辺りを見回す。

(二) 次の**カタカナ**を、□の中の**漢字と送りがな（ひらがな）**で書きなさい。

〈2×10＝20点〉

〈例〉楽　**タノシク**歌う。　答（楽しく）

1 栄　地方都市が**サカエル**。
2 覚　早朝に目が**サメル**。
3 競　二頭の馬が**セリ**合う。
4 結　古新聞をひもで**ユワエル**。
5 交　ひざを**マジエル**。
6 細　とても**コマカイ**字。
7 静　**シズマリ**かえった湖。
8 生　新しい命が**ウマレル**。
9 調　料理の味を**トトノエル**。
10 聞　話し声が**キコエル**。

㈢ 次の**カタカナ**に合う漢字を選んで、**記号**で答えなさい。〈2×8＝16点〉

1 有名な**ジン**社へ行く。（ア 臣 イ 神 ウ 人）（　）

2 少し場所を**ア**けて下さい。（ア 空 イ 開 ウ 明）（　）

3 **エン**方まで出かける。（ア 遠 イ 媛 ウ 園）（　）

4 **キョウ**争心をかきたてる。（ア 協 イ 共 ウ 競）（　）

5 心身ともに**ケン**全な人。（ア 建 イ 研 ウ 健）（　）

6 運転の感**カク**がにぶる。（ア 各 イ 角 ウ 覚）（　）

7 **キ**日を守って本を返す。（ア 記 イ 期 ウ 帰）（　）

8 天**ジョウ**の高い家。（ア 井 イ 上 ウ 乗）（　）

㈣ 次の漢字の読みは、**音読み**（ア）、**訓読み**（イ）のどちらか。**記号**で答えなさい。〈2×10＝20点〉

〈例〉花（はな）→（イ）

1 漁（りょう）（　）
2 荷（に）（　）
3 金（きん）（　）
4 気（き）（　）
5 命（いのち）（　）
6 巣（す）（　）
7 図（ず）（　）
8 都（と）（　）
9 葉（は）（　）
10 文（ぶん）（　）

㈤ 次の部首のなかまの**漢字**を□の中に書きなさい。〈2×10＝20点〉

〈例〉亻（にんべん） [休]（きゅう）日・工[作]（さく）・[住]（じゅう）所

1 言（ごんべん） □（せっ）教・□（ちょう）和・□（き）入

2 辶（しんにゅう・しんにょう） □（そく）度・身□（ぺん）・文□（つう）

3 氵（さんずい） 方□（ほう）・新□（がた）・大□（りょう）・急□（りゅう）

㈥ 上の漢字と下の〈　〉の中の漢字を組み合わせて、**熟語を二つ作り**、記号で答えなさい。〈2×10＝20点〉

〈例〉年〈ア 月　イ 名　ウ 今　エ 山　オ 谷〉

①［ウ／年］　②［年／ア］

1 上〈ア 外　イ 頭　ウ 転　エ 次　オ 流〉　①［　／上］　②［上／　］

2 和〈ア 服　イ 兵　ウ 回　エ 平　オ 会〉　①［　／和］　②［和／　］

3 記〈ア 色　イ 安　ウ 選　エ 事　オ 暗〉　①［　／記］　②［記／　］

4 産〈ア 業　イ 整　ウ 生　エ 成　オ 行〉　①［　／産］　②［産／　］

5 辞〈ア 祝　イ 走　ウ 任　エ 人　オ 宿〉　①［　／辞］　②［辞／　］

㈦ 次の漢字の**色の画**のところは筆順の**何画目**か。また**総画数**は**何画**か。**算用数字**で書きなさい。〈2×10＝20点〉

	漢字	何画目	総画数
1	羽	（　）	（　）
2	何	（　）	（　）
3	験	（　）	（　）
4	集	（　）	（　）
5	試	（　）	（　）
6	切	（　）	（　）
7	弟	（　）	（　）
8	初	（　）	（　）
9	通	（　）	（　）
10	間	（　）	（　）

㈧ 下の□の中のひらがなを**漢字**に直して、**対義語**になるように□に当てはめて書きなさい。〈2×5＝10点〉

1 良質 ― □質

2 有名 ― □名

3 主観 ― □観

4 自然 ― □工

5 現実 ― □想

じん	きゃく	あく	り	む

(九) 次の――線の読みを**ひらがな**で書きなさい。〈1×20＝20点〉

1 家族の反発を買う。
2 胸を反らす。
3 香料無使用の石けん。
4 花の香りがする。
5 極東の国日本。
6 道を極める。
7 年末に帰省する。
8 考えた末に心を決める。
9 魚の大群を見つけた。
10 人が群がる。
11 好調なすべり出し。
12 準備が調う。
13 車で直進する。
14 時計を直す。
15 試練にたえてやりとげる。
16 別のやり方を試みる。
17 自力で岸に泳ぎつく。
18 自ら苦労をせおいこむ。
19 強引なやり方をする。
20 子どもにスポーツを強いる。

(十) 次の**カタカナ**の部分を**漢字**に直しなさい。〈2×17＝34点〉

1 **ハクブツ**館に行く。
2 旅行の**ブジ**をいのる。
3 貨車を**レンケツ**する。
4 **ロウゴ**の心配をする。
5 **トカイ**に住む人びと。
6 ゴミを**ヒロ**い集める。
7 神の**ケシン**。
8 **タビタビ**電話をする。
9 **タバ**になってかかって来る。
10 **ト**ぎすまされた感覚。
11 **セツブン**の豆まき。
12 勝利を**シュクフク**する。
13 映画の**シシャ**会。
14 校庭を住民に**カイホウ**する。
15 車を**シャコ**に入れる。
16 心が**ナゴ**む音楽。
17 **ショウニカ**の先生。

6級 1

アツ～ケツ

漢字	読み	部首・画数	用例
圧	アツ	土 5	気圧(キアツ) 圧勝(アッショウ) 圧力(アツリョク) 重圧(ジュウアツ)
囲	イ かこむ かこう	囗 7	範囲(ハンイ) 胸囲(キョウイ) 周囲(シュウイ)
移	イ うつる うつす	禾 11	移動(イドウ) 移転(イテン) 移り住む(うつ)
因	イン よる	囗 6	原因(ゲンイン) 要因(ヨウイン) 規則に因る(よ)
永	エイ ながい	水 5	永久(エイキュウ) 永遠(エイエン) 春の日永(ひなが)
営	エイ いとなむ	⺍ 12	経営(ケイエイ) 営業(エイギョウ) 店を営む(いとな)
衛	エイ	行 16	衛生(エイセイ) 衛星(エイセイ) 自衛(ジエイ) 守衛(シュエイ)
易	エキ イ やさしい	日 8	貿易(ボウエキ) 安易(アンイ) 易しい問題(やさ)
益	エキ ヤク	皿 10	利益(リエキ) 収益(シュウエキ) 御利益(ゴリヤク)
液	エキ	氵 11	液体(エキタイ) 血液(ケツエキ) 液化(エキカ) 胃液(イエキ)
演	エン	氵 14	演説(エンゼツ) 開演(カイエン) 演芸(エンゲイ) 演技(エンギ)

漢字	読み	部首・画数	用例
応	オウ こたえる	心 7	応用(オウヨウ) 反応(ハンノウ) 応答(オウトウ) 応える(こた)
往	オウ	彳 8	往来(オウライ) 往年(オウネン) 右往左往(ウオウサオウ)
桜	オウ さくら	木 10	観桜会(カンオウカイ) 桜色(さくらいろ) 夜桜(よざくら)
可	カ	口 5	可決(カケツ) 許可(キョカ) 不可能(フカノウ)
仮	カ ケ かり	亻 6	仮説(カセツ) 仮定(カテイ) 仮病(ケビョウ) 仮に(かり)
価	カ あたい	亻 8	高価(コウカ) 定価(テイカ) 商品の価(あたい)
河	カ かわ	氵 8	河川(カセン) 山河(サンガ) 河の流れ(かわ)
過	カ すぎる すごす あやまつ あやまち	辶 12	通過(ツウカ) 過去(カコ) 時が過ぎる(す) 昔の過ち(あやま)
快	カイ こころよい	忄 7	快活(カイカツ) 快速(カイソク) 快い季節(こころよ)
解	カイ・ゲ とく とかす とける	角 13	理解(リカイ) 解熱(ゲネツ) 問題を解く(と)
格	カク コウ	木 10	合格(ゴウカク) 性格(セイカク) 格子戸(コウシド)

漢字	読み	部首・画数	用例
確	カク たしか たしかめる	石 15	確定(カクテイ) 正確(セイカク) 確かな情報(たし)
額	ガク ひたい	頁 18	多額(タガク) 金額(キンガク) 猫の額(ねこ)(ひたい)
刊	カン	刂 5	発刊(ハッカン) 朝刊(チョウカン) 週刊誌(シュウカンシ)
幹	カン みき	干 13	幹部(カンブ) 根幹(コンカン) 木の幹(みき)
慣	カン なれる ならす	忄 14	習慣(シュウカン) 慣例(カンレイ) 使い慣れる(な)
眼	ガン ゲン まなこ	目 11	肉眼(ニクガン) 開眼(カイゲン) どんぐり眼(まなこ)
紀	キ	糸 9	風紀(フウキ) 紀要(キヨウ) 紀元(キゲン)
基	キ もと もとい	土 11	基本(キホン) 基準(キジュン) 法に基づく(もと)
寄	キ よる よせる	宀 11	寄付(キフ) 寄宿(キシュク) 寄り道(よ)
規	キ	見 11	規則(キソク) 規格(キカク) 規制(キセイ) 規律(キリツ)
喜	キ よろこぶ	口 12	喜寿(キジュ) 狂喜(キョウキ) 喜劇(キゲキ)
技	ギ わざ	扌 7	技術(ギジュツ) 特技(トクギ) 得意な技(わざ)
義	ギ	羊 13	義理(ギリ) 意義(イギ) 正義(セイギ) 義務(ギム)

漢字	読み	部首・画数	用例
逆	ギャク さか さからう	辶 9	反逆(ハンギャク) 逆転(ギャクテン) 逆立ち(さかだ)
久	キュウ ク ひさしい	ノ 3	永久(エイキュウ) 持久(ジキュウ) 久しぶり(ひさ)
旧	キュウ	日 5	復旧(フッキュウ) 新旧(シンキュウ) 旧道(キュウドウ) 旧式(キュウシキ)
救	キュウ すくう	攵 11	救出(キュウシュツ) 救急(キュウキュウ) 救いの手(すく)
居	キョ いる	尸 8	同居(ドウキョ) 居住(キョジュウ) 居座る(いすわ)
許	キョ ゆるす	言 11	特許(トッキョ) 許可(キョカ) 許し合う(ゆる)
境	キョウ ケイ さかい	土 14	国境(コッキョウ) 境界(キョウカイ) 境内(ケイダイ) 境目(さかいめ)
均	キン	土 7	均等(キントウ) 均一(キンイツ) 平均点(ヘイキンテン)
禁	キン	示 13	禁止(キンシ) 解禁(カイキン) 禁句(キンク) 禁漁(キンリョウ)
句	ク	口 5	文句(モンク) 節句(セック) 句点(クテン) 句集(クシュウ)
型	ケイ かた	土 9	典型的(テンケイテキ) 模型(モケイ) 原型(ゲンケイ)
経	ケイ キョウ へる	糸 11	経営(ケイエイ) お経(キョウ) 年月を経る(へ)
潔	ケツ いさぎよい	氵 15	清潔(セイケツ) 潔白(ケッパク) 潔い性格(いさぎよ)

(1) 大差で**圧勝**する。（相手を問題にしないで勝つこと）

(2) テストの**範囲**。

(3) 住居を**移転**する。

(4) 失敗の**要因**をさぐる。（ものごとがおこるもとの主なもの）

(5) **永遠**の愛をちかう。

(6) 会社の**営業**方針。

(7) **衛星**放送を受信する。

(8) **安易**な考え方。（たやすいこと・のんき・気楽）

(9) 店の**収益**をあげる。（もうけ）

(10) **血液**型を調べる。

(11) かれは**演技**がへただ。

(12) 相手の**反応**を見る。（てごたえ）

(13) **往年**の名投手。（むかし）

(14) **夜桜**を見物する。

(15) **許可**がおりる。

(16) **仮定**して話をすすめる。（かりに決めること）

(17) 本の**定価**があがる。

(18) 広大な**山河**をながめる。

(19) **過去**のできごと。

(20) 目的地を通り**過**ぎる。

(21) **快速**電車に乗る。

(22) **解熱**剤をのむ。（熱を下げる薬）

(23) やさしい**性格**の人。

(24) 道を**正確**に教える。

(25) **金額**を計算する。

(26) 新聞の**朝刊**。

(27) 政治の**根幹**をゆるがす。

(28) **慣例**にしたがう。（しきたり・ならわし）

(29) 大仏**開眼**。（新しい仏像に目を入れる儀式）

(30) **風紀**を乱す行為。

(31) **基準**を決める。

(32) **寄宿**生活をする。（学校などのしせつでくらすこと）

(33) 製品の**規格**を決める。（形や大きさについてのきまり）

(34) **喜寿**のお祝い。

(35) **特技**は手品だ。

(36) 生きる**意義**を見い出す。

(37) 大**逆転**の勝利。

(38) **持久**戦にもちこむ。（長くもちこたえること）

(39) **新旧**交代の時期。

(40) **救急**車が来る。

(41) 農村部に**居住**する。

(42) 外出の**許可**をもらう。

(43) となりの土地との**境界**。

(44) 海と空との**境目**。

(45) 百円**均一**の商品。（すべて同じであること）

(46) アユ漁の**解禁**。（禁止の命令をとくこと）

(47) 五月の**節句**を祝う。

(48) **典型的**な例をあげる。

(49) お**経**を唱える。

(50) 身の**潔白**を証明する。（よごれのないこと）

まめ知識

「シュウカン」と読む漢字のいろいろ

問 次の「シュウカン」を漢字に直してみよう。

シュウカン天気予報を**シュウカン**誌で読む。

それがぼくの**シュウカン**だ。

答 週間・週刊・習慣

(1) 低**キアツ**が近づいてくる。

(2) **シュウイ**の景色。

(3) 郊外に**うつ**り住む。

(4) **ゲンイン**と結果。（ものごとがおこるもと）

(5) **エイキュウ**に保存する。

(6) 商店を**いとな**む。

(7) **エイセイ**的な調理室。

(8) **やさ**しい問題が出る。

(9) 商売の**リエキ**が上がる。（もうけ）

(10) **エキタイ**の洗ざい。

(11) 政治家の**エンゼツ**。

(12) 質疑**オウトウ**。（相手の質問にことばを返すこと）

(13) **オウライ**のはげしい道。（行ったりきたりすること）

(14) **さくらいろ**に染まる。

(15) **フカノウ**にいどむ。

(16) **ケビョウ**を使う。

(17) 商品に**あたい**をつける。（品物のねだん）

(18) **カセン**がはんらんする。

(19) 列車が**ツウカ**する。

(20) **あやま**ちに気づく。

(21) **こころよ**い風がふく。

(22) 内容を**リカイ**する。

(23) **ゴウカク**発表の日。

(24) **たし**かな情報を得る。

(25) **ひたい**を集めて話し合う。（寄り集まって相談すること）

(26) **シュウカンシ**を読む。

(27) 太い木の**みき**。

(28) 使い**な**れた万年筆。

(29) **ニクガン**で見える星。（目で直接見ること）

(30) **キゲン**前の出来事。

(31) 教科書に**もと**づいた問題。（よりどころにすること）

(32) **キフ**金を集める。

(33) 学校の**キソク**を守る。

(34) 交通が**キセイ**される。（きまりによっておさえること）

(35) 孫の晴れ姿に**よろこ**ぶ。

(36) 得意な**わざ**で勝つ。

(37) **ギリ**人情を大切にする。（人としてしなければならないこと）

(38) **ハンギャク**をくわだてる。（そむくこと）

(39) 友と**ひさ**しぶりに会う。

(40) こわれた橋の**フッキュウ**。（もとどおりにすること）

(41) **すく**いの手をさしのべる。

(42) いとこと**ドウキョ**する。

(43) **トッキョ**を取る。

(44) お寺の**ケイダイ**。

(45) 試験の**ヘイキン**点。

(46) ぜいたくを**キンシ**する。

(47) 決まり**モンク**を言う。

(48) 鉄道の**モケイ**をつくる。

(49) 会社の**ケイエイ**。

(50) **いさぎよ**くあきらめる。（未練がないようす）

まめ知識

俳句は一句、では短歌は?

文学の世界では作品によって数え方が違います。

・俳句…一句
・短歌…一首
・詩・小説…一編
・全集など…一巻

6級

1 次の漢字の色の部分は筆順の何画目か、算用数字で書きなさい。

(1) 義（　　）　(2) 易（　　）　(3) 確（　　）　(4) 潔（　　）

2 次の熟語の構成は後のA〜Dのどれにあたるか、記号で答えなさい。

(1) 禁漁（　　）　(2) 新旧（　　）　(3) 高価（　　）　(4) 永久（　　）

A 同じような意味の漢字を重ねたもの。(例)…進行
B 反対または対応する意味の漢字を重ねたもの。(例)…大小
C 上の字が下の字の意味を修飾しているもの。(例)…緑色
D 下の字が上の字の目的・対象などを示すもの。(例)…登山

3 次の文の□に入る適切な漢字を、後のア〜エから一つずつ選び、記号で答えなさい。

(1) スポーツ誌を発□する。
ア 巻　イ 完　ウ 刊　エ 観（　　）

(2) 国民の□務を果たす。
ア 疑　イ 義　ウ 議　エ 技（　　）

(3) □説に基づいて実験を重ねる。
ア 仮　イ 科　ウ 課　エ 家（　　）

4 次の熟語の読みは後のア〜エのどれにあたるか、記号で答えなさい。

(1) 模型（もけい）（　　）　(2) 居間（いま）（　　）　(3) 桜草（さくらそう）（　　）　(4) 県境（けんざかい）（　　）

ア 音と音　イ 音と訓　ウ 訓と訓　エ 訓と音

5 次の漢字の部首を（　）に、部首名を〔　〕に書きなさい。

(1) 逆（　　）〔　　〕　(2) 刊（　　）〔　　〕　(3) 往（　　）〔　　〕　(4) 寄（　　）〔　　〕

6 次の――線のところにあてはまる送りがなを書きなさい。

(1) 問題が易――。（　　）
(2) 潔――性格。（　　）
(3) 列車が過――。（　　）
(4) 春風が快――。（　　）
(5) 花屋を営――。（　　）
(6) 新居に慣――。（　　）

7 次の熟語が対義語になるように、後の□の中からひらがなを選び、漢字に直して書きなさい。

(1) 未来↔（　　）去
(2) 禁止↔（　　）可
(3) 新式↔（　　）式
(4) 結果↔原（　　）
(5) 固体↔（　　）体
(6) 質疑↔（　　）答

いん・えき・おう・か・きゅう・きょ

6級 ケン～シュウ 2

漢字	読み	部首	画数	用例
件	ケン	イ	6	条件　件数　事件　一件
険	ケン　けわしい	阝	11	危険　保険　険しい山
検	ケン	木	12	検定　点検　検査　探検
限	ゲン　かぎる	阝	9	期限　限界　力の限り
現	ゲン　あらわれる　あらわす	王	11	現実　現象　姿を現す
減	ゲン　へる　へらす	氵	12	減少　減退　人口が減る
故	コ　ゆえ	攵	9	事故　故郷　故なく怒る
個	コ	イ	10	個性　個展　個人　個別
護	ゴ	言	20	保護　弁護　救護　護送
効	コウ　きく	力	8	効果　有効　よく効く薬
厚	コウ　あつい	厂	9	温厚　厚生　厚着　厚手

漢字	読み	部首	画数	用例
耕	コウ　たがやす	耒	10	耕地　農耕　畑を耕す
航	コウ	舟	10	航海　航行　渡航
鉱	コウ	金	13	鉱山　鉱脈　鉄鉱石
構	コウ　かまえる　かまう	木	14	構想　構成　心構え
興	コウ　キョウ　おこる　おこす	臼	16	復興　興味　産業を興す
講	コウ	言	17	講習　講堂　講演　講義
告	コク　つげる	口	7	報告　告知　告げ口
混	コン　まじる・まざる・まぜる　こむ	氵	11	混乱　混合　混ぜる　混む
査	サ	木	9	調査　検査　査定　考査
再	サイ　サ　ふたたび	冂	6	再開　再発　再び会う
災	サイ　わざわい	火	7	天災　災害　災いの元

漢字	読み	部首	画数	用例
妻	サイ　つま	女	8	愛妻　妻子　妻をめとる
採	サイ　とる	扌	11	採集　採用　決を採る
際	サイ　きわ	阝	14	国際　実際　間際　窓際
在	ザイ　ある	土	6	現在　存在　在学　散在
財	ザイ　サイ	貝	10	財産　財政　財布
罪	ザイ　つみ	罒	13	罪悪　無罪　罪ほろぼし
殺	サツ　サイ　セツ　ころす	殳	10	殺虫　相殺　殺生　殺し
雑	ザツ　ゾウ	隹	14	雑音　混雑　雑木林
酸	サン　すい	酉	14	酸素　酸味　酸っぱい味
賛	サン	貝	15	絶賛　賛否　自画自賛
士	シ	士	3	武士　士気　弁護士
支	シ　ささえる	支	4	支持　支出　心の支え
史	シ	口	5	史実　史記　歴史

漢字	読み	部首	画数	用例
志	シ　こころざす　こころざし	心	7	志願　志望　医者を志す　志をたてる
枝	シ　えだ	木	8	枝葉末節　小枝　枝道
師	シ	巾	10	師弟　教師　講師　技師
資	シ	貝	13	資料　資格　物資　資産
飼	シ　かう	食	13	飼料　飼育　犬を飼う
示	ジ　シ　しめす	示	5	指示　表示　手本を示す
似	ジ　にる	イ	7	近似　類似　似顔絵
識	シキ	言	19	面識　知識　識別　常識
質	シツ　シチ　チ	貝	15	品質　質問　質屋　言質
舎	シャ	舌	8	校舎　官舎　寄宿舎
謝	シャ　あやまる	言	17	感謝　謝罪　父に謝る
授	ジュ　さずける　さずかる	扌	11	授業　教授　子を授かる
修	シュウ　シュ　おさめる　おさまる	イ	10	修正　修行　身を修める

(1) 交通事故の**件数**。
(2) 生命**保険**に加入する。
(3) 器具を**点検**する。
(4) 能力の**限界**をこえる。
(5) 自然の**現象**。（あらわれて見えるできごと）
(6) 食欲が**減退**する。（おとろえること）
(7) **故郷**をなつかしむ。
(8) 絵の**個展**を開く。
(9) 品物を**個別**に包む。
(10) **弁護**士をめざす。
(11) 明日まで**有効**な入場券。
(12) **厚手**の紙で作る。
(13) **農耕**にふさわしい土地。（田畑をたがやすこと）
(14) **航海**を楽しむ。
(15) **鉱脈**をほりあてる。
(16) 論文の**構成**を考える。（組み立て）
(17) 音楽に**興味**がある。
(18) 国文学の**講義**をとる。（学問的な内容について説明すること）
(19) **告知**板を利用する。（告げ知らせること）
(20) 男女**混合**の試合。
(21) 水質を**検査**する。
(22) 事件の**再発**をふせぐ。
(23) **災害**にみまわれる。
(24) **妻**と子に相談する。
(25) **採用**試験を受ける。（とりあげて用いること）
(26) **実際**にあったできごと。
(27) この世に**存在**する動物。
(28) 国の**財政**が苦しい。（社会を営むための金の出入り）
(29) **無罪**の判決が下る。
(30) 貸し借りを**相殺**する。（差し引いてなくすこと）
(31) あくびをかみ**殺**す。
(32) **混雑**する会場。
(33) **酸味**の強いみかん。
(34) **賛否**両論に分かれる。（同意することとしないこと）
(35) 江戸時代の**武士**。
(36) 今月は**支出**が多い。
(37) **史実**に基づいた映画。
(38) **志望**校に合格する。
(39) **小枝**を集めてもやす。
(40) 英語の**教師**になる。
(41) 調理師の**資格**を持つ。
(42) うさぎの**飼育**係。
(43) 内容を**表示**する。
(44) **類似**の品物に注意する。（同じように見えること）
(45) 多くの**知識**を得る。
(46) **質問**に答える。
(47) **官舎**に入る。（公務員の住宅）
(48) 心から**謝罪**する。（あやまちをわびること）
(49) 大学の**教授**。
(50) **修行**が足りない。

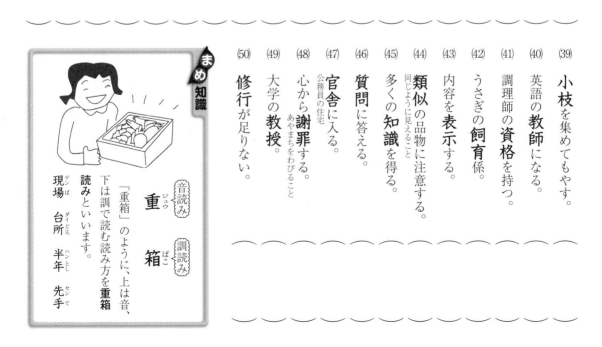

まめ知識

重（ジュウ）音読み　**箱**（ばこ）訓読み

「重箱」のように、上は音、下は訓で読む読み方を**重箱読み**といいます。

現場（ゲンば）　**台所**（ダイどころ）　**半年**（ハンとし）　**先手**（センて）

(1) **ジョウケン**がそろう。
(2) **ジケン**が発生する。
(3) **けわ**しい山に登る。
(4) **ケンテイ**試験を行う。（調べて合格かどうか決めること）
(5) 力の続く**かぎ**り走る。
(6) **ゲンジツ**を見つめる。
(7) 希望者が**へ**る。
(8) 交通**ジコ**に注意する。
(9) **コセイ**を大切にする。
(10) 自然を**ホゴ**する。
(11) **コウカ**をあげる。
(12) **オンコウ**な人がら。（性格がやさしくおだやかなようす）
(13) 畑を**たがや**す。
(14) 船が**シュッコウ**する。
(15) **テッコウセキ**をほる。
(16) 立派な心**がま**え。
(17) 戦後のめざましい**フッコウ**。
(18) 生け花の**コウシュウ**会。
(19) 時報が時を**つ**げる。（知らせる）

(20) 絵の具の色を**ま**ぜる。
(21) 世論**チョウサ**を行う。
(22) **ふたた**び春がめぐり来る。
(23) 口は**わざわ**いの元。（よくないできごと）
(24) 父は**アイサイ**家だ。
(25) 新入社員を**と**る。（とりあげて用いること）
(26) **コクサイ**的な大会。
(27) 今**ゲンザイ**のできごと。
(28) **ザイサン**を分与する。
(29) **ザイアク**感がある。（法律や道徳などにそむくこと）
(30) 庭に**サッチュウ**剤をまく。
(31) **ゾウきばやし**を散歩する。
(32) **サンソ**を取り入れる。
(33) だれもが**ゼッサン**する絵。（非常にほめること）
(34) 作品を**ジガジサン**する。（自分で自分のことをほめること）
(35) **ベンゴシ**に頼む。
(36) 心の**ささ**えとなる友人。
(37) **レキシ**の授業。
(38) 医者を**こころざ**す。（目標を定めて進む）

(39) **ショウ**末節にこだわる。（重要でない部分）
(40) **シテイ**関係をむすぶ。
(41) **ブッシ**を運ぶ。
(42) 庭で犬を**か**う。
(43) 先生の**シジ**にしたがう。（さししめすこと）
(44) 父の**にがお**絵。
(45) かれとは**メンシキ**がある。（顔を見知っていること）
(46) **ヒンシツ**のよい衣服。
(47) 新しい**コウシャ**を建てる。
(48) 正直に**あやま**る。
(49) 博士号を**さず**ける。（与える）
(50) 学業を**おさ**める。（学問などを身につける）

まめ知識

訓読み 湯（ゆ）　音読み 桶（トウ）

「湯桶」のように、上は訓、下は音で読む読み方を**湯桶読み**といいます。

雨具（あまグ）　夕刊（ゆうカン）　荷物（にモツ）

6級

1 次の漢字の総画数を算用数字で書きなさい。

(1) **限**（　）
(2) **妻**（　）
(3) **混**（　）
(4) **酸**（　）

2 次の熟語の構成は後のA～Dのどれにあたるか、記号で答えなさい。

(1) 再開（　）
(2) 無罪（　）
(3) 減少（　）
(4) 師弟（　）

A 同じような意味の漢字を重ねたもの。（例…進行）
B 反対または対応する意味の漢字を重ねたもの。（例…大小）
C 上の字が下の字の意味を修飾しているもの。（例…緑色）
D 上の字が下の字の意味を打ち消しているもの。（例…不信）

3 次の太字をそれぞれ文に合う別の漢字に直して書きなさい。

(1) 目の前に姿を**あらわ**す。（　）
(2) 自分の考えを言葉に**あらわ**す。（　）
(3) 頭痛によく**き**く薬だ。（　）
(4) 友人の言うことをよく**き**く。（　）
(5) **あつ**い紙で箱をつくる。（　）
(6) 今日は**あつ**い日になるらしい。（　）
(7) **あつ**いふろに入る。（　）

4 次の太字を漢字に直して書きなさい。

(1) 非常**シキ**（　）
(2) 調**サ**書（　）
(3) 弁**ゴ**人（　）
(4) 農**コウ**地（　）
(5) **シ**料集（　）
(6) 無期**ゲン**（　）

5 次の漢字の部首を（　）に、部首名を〔　〕に書きなさい。

(1) **際**（　）〔　〕
(2) **採**（　）〔　〕
(3) **雑**（　）〔　〕
(4) **士**（　）〔　〕

6 次の——線のところにあてはまる送りがなを書きなさい。

(1) 田畑を**耕**——。（　）
(2) 母に**謝**——。（　）
(3) 画家を**志**——。（　）
(4) 真実を**告**——。（　）
(5) 学業を**修**——。（　）
(6) **再**——会う。（　）

7 次の読みの漢字をそれぞれ後の□の中から選び、（　）にあてはめて熟語を作りなさい。

(1) コウ　①（　）地　②（　）山　③（　）習
(2) サイ　①（　）害　②実（　）　③（　）集
(3) シ　①（　）持　②意（　）　③物（　）

構　採　志　枝　災　鉱　再　講　資　耕　支　際

6級

ジュツ～テキ

3

漢字	読み	部首	画数	用例
述	ジュツ・のべる	辶	8	記述(キジュツ) 述語(ジュツゴ) 志を述(の)べる
術	ジュツ	行	11	技術(ギジュツ) 芸術(ゲイジュツ) 戦術(センジュツ) 手術(シュジュツ)
準	ジュン	氵	13	基準(キジュン) 準備(ジュンビ) 水準(スイジュン) 標準(ヒョウジュン)
序	ジョ	广	7	順序(ジュンジョ) 序文(ジョブン) 序列(ジョレツ) 序曲(ジョキョク)
招	ショウ・まねく	扌	8	招待(ショウタイ) 招集(ショウシュウ) 家に招(まね)く
証	ショウ	言	12	証明(ショウメイ) 証書(ショウショ) 保証(ホショウ) 証人(ショウニン)
象	ショウ・ゾウ	豕	12	気象(キショウ) 対象(タイショウ) 象牙(ゾウゲ) 巨象(キョゾウ)
賞	ショウ	貝	15	賞品(ショウヒン) 賞状(ショウジョウ)
条	ジョウ	木	7	条件(ジョウケン) 条約(ジョウヤク) 条文(ジョウブン) 信条(シンジョウ)
状	ジョウ	犬	7	病状(ビョウジョウ) 賞状(ショウジョウ) 現状(ゲンジョウ) 白状(ハクジョウ)
常	ジョウ・つね・とこ	巾	11	常識(ジョウシキ) 日常(ニチジョウ) 常(つね)に 常夏(とこなつ)

漢字	読み	部首	画数	用例
情	ジョウ・セイ・なさけ	忄	11	情熱(ジョウネツ) 風情(フゼイ) 情(なさ)け深い
織	ショク・シキ・おる	糸	18	織機(ショッキ) 組織(ソシキ) 布を織(お)る
職	ショク	耳	18	職業(ショクギョウ) 教職(キョウショク) 職務(ショクム) 職員(ショクイン)
制	セイ	刂	8	制限(セイゲン) 制服(セイフク) 制度(セイド) 制作(セイサク)
性	セイ・ショウ	忄	8	性格(セイカク) 性能(セイノウ) 気性(キショウ) 性分(ショウブン)
政	セイ・ショウ・まつりごと	攵	9	政治(セイジ) 政策(セイサク) 政(まつりごと)を行う
勢	セイ・いきおい	力	13	勢力(セイリョク) 形勢(ケイセイ) 火の勢(いきお)い
精	セイ・ショウ	米	14	精神(セイシン) 精力(セイリョク) 精算(セイサン) 精進(ショウジン)
製	セイ	衣	14	製造(セイゾウ) 製品(セイヒン) 作製(サクセイ) 調製(チョウセイ)
税	ゼイ	禾	12	税金(ゼイキン) 税関(ゼイカン) 課税(カゼイ) 税率(ゼイリツ)
責	セキ・せめる	貝	11	責任(セキニン) 自責(ジセキ) 責(せ)め立てる

漢字	読み	部首	画数	用例
績	セキ	糸	17	成績(セイセキ) 業績(ギョウセキ) 紡績(ボウセキ) 実績(ジッセキ)
接	セツ・つぐ	扌	11	接近(セッキン) 直接(チョクセツ) 接(つ)ぎ木
設	セツ・もうける	言	11	設立(セツリツ) 設備(セツビ) 席を設(もう)ける
絶	ゼツ・たえる・たやす・たつ	糸	12	絶対(ゼッタイ) 断絶(ダンゼツ) 消息を絶(た)つ
祖	ソ	礻	9	祖国(ソコク) 祖先(ソセン) 祖父母(ソフボ)
素	ソ・ス	糸	10	素材(ソザイ) 質素(シッソ) 素顔(スがお) 素手(スで)
総	ソウ	糸	14	総合(ソウゴウ) 総会(ソウカイ) 総額(ソウガク) 総意(ソウイ)
造	ゾウ・つくる	辶	10	造営(ゾウエイ) 構造(コウゾウ) 船を造(つく)る
像	ゾウ	亻	14	想像(ソウゾウ) 現像(ゲンゾウ) 映像(エイゾウ) 実像(ジツゾウ)
増	ゾウ・ます・ふえる・ふやす	土	14	増加(ゾウカ) 急増(キュウゾウ) 数が増(ふ)える
則	ソク	刂	9	原則(ゲンソク) 反則(ハンソク) 法則(ホウソク) 規則(キソク)
測	ソク・はかる	氵	12	測定(ソクテイ) 予測(ヨソク) 水深を測(はか)る
属	ゾク	尸	12	金属(キンゾク) 所属(ショゾク) 従属(ジュウゾク) 専属(センゾク)

漢字	読み	部首	画数	用例
率	ソツ・リツ・ひきいる	玄	11	率直(ソッチョク) 能率(ノウリツ) 友を率(ひき)いる
損	ソン・そこなう・そこねる	扌	13	損失(ソンシツ) 損得(ソントク) やり損(そこ)なう
貸	タイ・かす	貝	12	貸借(タイシャク) 貸与(タイヨ) 手を貸(か)す
態	タイ	心	14	態度(タイド) 生態(セイタイ) 態勢(タイセイ) 状態(ジョウタイ)
団	ダン・トン	囗	6	集団(シュウダン) 団体(ダンタイ) 団結(ダンケツ) 布団(フトン)
断	ダン・たつ・ことわる	斤	11	決断(ケツダン) 判断(ハンダン) 酒を断(た)つ
築	チク・きずく	⺮	16	改築(カイチク) 建築(ケンチク) 城を築(きず)く
貯	チョ	貝	12	貯水池(チョスイチ) 貯金(チョキン) 貯蔵(チョゾウ)
張	チョウ・はる	弓	11	主張(シュチョウ) 出張(シュッチョウ) 張(は)り紙
停	テイ	亻	11	停留所(テイリュウジョ) 停車(テイシャ) 停止(テイシ)
提	テイ・さげる	扌	12	提出(テイシュツ) 提供(テイキョウ) 手提(てさ)げ
程	テイ・ほど	禾	12	過程(カテイ) 日程(ニッテイ) 程遠(ほどとお)い
適	テキ	辶	14	適切(テキセツ) 適任(テキニン) 適材適所(テキザイテキショ)

(1) 主語と**述語**。

(2) **芸術**の秋。

(3) 早めに**準備**する。

(4) 本の**序文**を書く。（書物の初めに書く前書き）

(5) 生徒を**招集**する。（よびあつめること）

(6) 卒業**証書**をもらう。

(7) 研究の**対象**とする。（目標となるもの）

(8) **賞金**をもらう。

(9) **条約**を結ぶ。

(10) **現状**を打破する。

(11) **日常**生活を送る。

(12) **風情**のある庭。（おもむき・あじわい）

(13) **組織**の中で働く。

(14) **教職**につく。

(15) 新しい**制服**を着る。

(16) **性能**のよい機械。

(17) せっかちな**性分**。（生まれつきの考え方やひとがら）

(18) 日本の外交**政策**。

(19) **形勢**が逆転する。（そのときのようす・なりゆき）

(20) **精力**的に活動する。（力があふれつかれを知らないようす）

(21) 新**製品**を買う。

(22) **税率**を引き上げる。

(23) **自責**の念にかられる。（自分の失敗をせめること）

(24) すばらしい**業績**。

(25) 本人から**直接**聞く。

(26) **設備**を整える。

(27) 国交を**断絶**する。

(28) 人類の**祖先**。

(29) **質素**な生活。（ぜいたくをしないこと）

(30) 生徒**総会**を開く。

(31) 自動車の**構造**を調べる。

(32) 写真の**現像**をする。

(33) 人口が**急増**する。

(34) **反則**をして退場する。

(35) 結果を**予測**する。

(36) 手芸部に**所属**する。

(37) **能率**的に作業をする。（一定の時間内での仕事の進みぐあい）

(38) **損得**をぬきにする。

(39) 制服を**貸与**する。

(40) 健康**状態**がよい。

(41) めだかの**生態**を観察する。（自然の中で生活しているようす）

(42) **布団**をほす。

(43) 正しい**判断**を下す。

(44) 美術館を**建築**する。

(45) 大きな**貯水池**。

(46) 海外へ**出張**する。

(47) 赤信号で**停止**する。

(48) 品物を**提供**する。（自分のものをさし出すこと）

(49) 修学旅行の**日程**。

(50) かれは会長に**適任**だ。（その役や仕事にふさわしいこと）

まめ知識

不・無・非・未は打ち消しの漢字

不…不適切・不統一　無…無制限・無尽蔵

非…非常識・非公式　未…未発表・未解決

問 次の□に入る漢字を答えなさい。

① ナポレオンの辞書に□可能という言葉はない。

② □責任なことはするな。

答 ①不　②無

(1) 反対意見を**の**べる。（　　）
(2) 最新**ギジュツ**を取り入れる。（　　）
(3) 生活の**スイジュン**。（　　）
(4) **ジュンジョ**よく話す。（　　）
(5) 友人を家に**まね**く。（　　）
(6) 無実を**ショウメイ**する。（　　）
(7) **キショウ**を観測する。（　　）
(8) ビンゴの**ショウヒン**。（　　）
(9) **ジョウヤク**を結ぶ。（　　）
(10) **ジョウケン**を満たす。（　　）
(11) **ビョウジョウ**が悪化する。（　　）
(12) **つね**に努力する。（　　）
(13) **なさけ**深い人。（思いやり）（　　）
(14) 美しい布を**お**る。（　　）
(15) **ショクギョウ**を選ぶ。（　　）
(16) **セイゲン**速度を守る。（　　）
(17) かれは**キショウ**がはげしい。（きだて）（　　）
(18) **セイジ**家をめざす。（　　）
(19) **セイリョク**争いをする。（　　）
(20) 料金を**セイサン**する。（細かくかぞえること）（　　）
(21) 自動車を**セイゾウ**する。（　　）
(22) **ゼイキン**を納める。（　　）
(23) 失敗を**せ**める。（　　）
(24) **セイセキ**が上がる。（　　）
(25) 台風が**セッキン**する。（　　）
(26) 席を**もう**ける。（用意する・準備する）（　　）
(27) 音信が**た**えて久しい。（続いてきたことがとちゅうで切れる）（　　）
(28) 愛する**ソコク**に帰る。（　　）
(29) **すがお**が美しい。（　　）
(30) **ソウゴウ**病院に通う。（　　）
(31) 寺院を**ゾウエイ**する。（　　）
(32) **ソウゾウ**力を働かせる。（　　）
(33) 人数が**ふ**える。（　　）
(34) **ゲンソク**と例外。（　　）
(35) 体重**ソクテイ**を行う。（　　）
(36) **キンゾク**製の食器。（　　）
(37) **ソッチョク**に語り合う。（かざりけがないこと）（　　）
(38) 生徒を**ひき**いて出かける。（おおぜいの人を連れていく）（　　）
(39) 健康を**そこ**なう。（こわす）（　　）
(40) 兄の仕事に手を**か**す。（手伝う）（　　）
(41) 着陸の**タイセイ**に入る。（何かをするための用意や構え）（　　）
(42) 一致**ダンケツ**する。（　　）
(43) 思いを**た**ち切る。（　　）
(44) 家庭を**きず**く。（　　）
(45) 将来のために**チョキン**する。（　　）
(46) 意見を**シュチョウ**する。（　　）
(47) 道路のわきに**テイシャ**する。（　　）
(48) 書類を**テイシュツ**する。（　　）
(49) 成長の**カテイ**を見守る。（ものごとの進んでゆくすじみち）（　　）
(50) **テキザイテキショ**の配置。（各人の能力に合った仕事を与えること）（　　）

まめ知識

私設・課税・急増

・**私設**…「私が設ける」で、主・述の関係にある熟語。**市立　固有　人造　年長　地震**
・**課税**…「税を課す」で、下が上の目的・対象となっている熟語。**防火　提案　改心**
・**急増**…「急に増える」で、上が下を修飾している熟語。**銅像　漢字　総数　旧式　大群**

6級

1 次の漢字の色の部分は筆順の何画目か、算用数字で書きなさい。

(1) **状**（　　）
(2) **素**（　　）
(3) **断**（　　）
(4) **張**（　　）

2 次の熟語の構成は後のA～Dのどれにあたるか、記号で答えなさい。

(1) **課税**（　　）
(2) **損得**（　　）
(3) **増加**（　　）
(4) **祖国**（　　）

A　同じような意味の漢字を重ねたもの。(例)…進行
B　反対または対応する意味の漢字を重ねたもの。(例)…大小
C　上の字が下の字の意味を修飾しているもの。(例)…緑色
D　下の字が上の字の目的・対象などを示すもの。(例)…登山

3 次の文の□に入る適切な漢字を、後のア～エから一つずつ選び、記号で答えなさい。

(1) 道路の□態が悪くなる。
ア 常　**イ** 情　**ウ** 条　**エ** 状（　　）

(2) 妹に服を□す。
ア 借　**イ** 果　**ウ** 貸　**エ** 荷（　　）

(3) 仕事に□を出す。
ア 成　**イ** 精　**ウ** 生　**エ** 制（　　）

4 次の熟語の読みは後のア～エのどれにあたるか、記号で答えなさい。

(1) **紙製**（かみせい）（　　）
(2) **引率**（いんそつ）（　　）
(3) **常夏**（とこなつ）（　　）
(4) **素顔**（すがお）（　　）

ア 音と音　**イ** 音と訓　**ウ** 訓と訓　**エ** 訓と音

5 次の漢字の部首を（　）に、部首名を〔　〕に書きなさい。

(1) **総**（　　）〔　　〕
(2) **団**（　　）〔　　〕
(3) **断**（　　）〔　　〕
(4) **祖**（　　）〔　　〕

6 次の――線のところにあてはまる送りがなを書きなさい。

(1) **情**――をかける。（　　）
(2) 人を**責**――。（　　）
(3) 部下を**率**――。（　　）
(4) **勢**――がよい。（　　）
(5) 席を**設**――。（　　）
(6) 水深を**測**――。（　　）

7 次の(1)～(4)は対義語、(5)・(6)は類義語になるように、後の□の中からひらがなを選び、漢字に直して書きなさい。

(1) 理性↔感（　　）
(2) 借用↔（　　）与
(3) 減少↔（　　）加
(4) 肉体↔（　　）神
(5) 建造―建（　　）
(6) 決意―決（　　）

だん・じょう・せい・ぞう・たい・ちく

6級 トウ～レキ ④

統	トウ すべる	糸	12	伝統 統一 国を統べる
堂	ドウ	土	11	食堂 講堂 礼拝堂
銅	ドウ	金	14	銅像 銅貨 青銅 銅板
導	ドウ みちびく	寸	15	指導 導入 勝利に導く
得	トク える うる	彳	11	得意 納得 得るところ
毒	ドク	母	8	消毒 毒舌 有毒
独	ドク ひとり	犭	9	独立 独自 独り言
任	ニン まかせる まかす	亻	6	任命 任務 仕事を任す
燃	ネン もえる もやす もす	火	16	燃料 燃焼 燃えさかる
能	ノウ	肉	10	能力 本能 可能 知能
破	ハ やぶる やぶれる	石	10	破産 読破 破れかぶれ

犯	ハン おかす	犭	5	犯行 共犯 罪を犯す
判	ハン バン	刂	7	判断 判明 ねこに小判
版	ハン	片	8	版画 木版 出版 絶版
比	ヒ くらべる	比	4	比例 対比 見比べる
肥	ヒ こえ こえる こやす こやし	月(にくづき)	8	肥料 肥大 肥えた土地 目を肥やす
非	ヒ	非	8	非行 非礼 非常口
費	ヒ ついやす ついえる	貝	12	消費 費用 金を費やす
備	ビ そなえる そなわる	亻	12	整備 守備 力が備わる
評	ヒョウ	言	12	評価 定評 好評 評論
貧	ヒン ビン まずしい	貝	11	貧弱 貧困 心が貧しい
布	フ ぬの	巾	5	毛布 分布 布地

婦	フ	女	11	婦人 夫婦 主婦 新婦
武	ブ ム	止	8	武力 武器 武者ぶるい
復	フク	彳	12	復習 反復 復元 回復
複	フク	衤	14	複雑 複数 重複 複製
仏	ブツ ほとけ	亻	4	念仏 仏教 仏様 仏心
粉	フン こ こな	米	10	粉末 花粉 粉雪
編	ヘン あむ	糸	15	編集 長編 編み物
弁	ベン	廾	5	弁論 弁解 答弁 熱弁
保	ホ たもつ	亻	9	保育 保健 温度を保つ
墓	ボ はか	土	13	墓地 墓前 墓参り
報	ホウ むくいる	土	12	報道 報告 恩に報いる
豊	ホウ ゆたか	豆	13	豊作 豊富 豊かな自然
防	ボウ ふせぐ	阝	7	予防 防火 災害を防ぐ

貿	ボウ	貝	12	貿易
暴	ボウ バク あばく あばれる	日	15	暴言 暴利 真相を暴く
脈	ミャク	月	10	人脈 動脈 文脈
務	ム つとめる つとまる	力	11	義務 事務 務め 務まる
夢	ム ゆめ	夕	13	無我夢中 初夢 正夢
迷	メイ まよう	⻌	9	迷路 低迷 道に迷う
綿	メン わた	糸	14	綿花 連綿 真綿 綿毛
輸	ユ	車	16	輸血 輸送 輸出 運輸
余	ヨ あまる あます	人	7	余計 余地 目に余る
容	ヨウ	宀	10	内容 許容 容易 形容
略	リャク	田	11	計略 省略 略式 戦略
留	リュウ ル とめる とまる	田	10	保留 留守 書き留める
領	リョウ	頁	14	要領 領土 大統領
歴	レキ	止	14	経歴 歴史 歴代

(1) 意見を**統一**する。
(2) **講堂**で話を聞く。
(3) 十円**銅貨**。
(4) 新技術を**導入**する。
(5) とても**納得**できない話だ。
(6) 彼は**毒舌**だ。
(7) **独自**の考え方。
(8) 重要な**任務**。
(9) 不完全**燃焼**。
(10) 動物の**本能**。
(11) 厚い本を**読破**する。 読破：残らず読みつくすこと
(12) **共犯**者をさがす。
(13) 大勢が**判明**する。
(14) **絶版**になった本。 絶版：出した本の刊行をやめること
(15) 二つのものを**対比**させる。 対比：くらべること
(16) へんとうせんが**肥大**する。
(17) **非礼**をわびる。 非礼：礼儀にはずれること
(18) 旅行の**費用**を計算する。
(19) **守備**のうまい選手。

(20) 使いやすさに**定評**がある。 定評：皆が認めている動かせない評価
(21) **貧困**にあえぐ。
(22) 植物の**分布**を調べる。
(23) **夫婦**で出かける。
(24) **武器**をすてる。
(25) **反復**練習をする。
(26) 名画の**複製**。 複製：原作物に似せて作ること
(27) **仏教**の伝来。
(28) 虫が**花粉**を運ぶ。
(29) **長編**小説を読む。
(30) **熱弁**をふるう。 熱弁：熱心な弁論
(31) **保健**室に行く。
(32) **墓前**に花を供える。
(33) 結果を**報告**する。
(34) **豊富**な資源。 豊富：ものごとがたっぷりあるようす
(35) **防火**訓練をする。
(36) **貿易**に力を入れる。
(37) **暴利**をむさぼる。 暴利：不当な利益
(38) 不正を**暴**く。

(39) **人脈**をきずく。
(40) **事務**の仕事をする。
(41) **初夢**をみる。
(42) 景気が**低迷**する。 低迷：のびなやむようす
(43) タンポポの**綿毛**。
(44) トラックで**輸送**する。
(45) 疑う**余地**がない。 余地：わずかにあいている場所
(46) **形容**しがたい気持ち。 形容：ありさまを言い表すこと
(47) 文を**省略**する。
(48) 家を**留守**にする。
(49) 日本の**領土**。 領土：その国の権力がおよぶ土地
(50) **歴代**の総理大臣。

まめ知識

貧困と貧富

「貧困」は、いずれも「まずしい」の意で類義の漢字を組み合わせた熟語。「貧富」は、「まずしい」と「とむ」で対義の漢字を組み合わせた熟語です。

問 次のカルタを組み合わせて、熟語を四つ作りなさい。

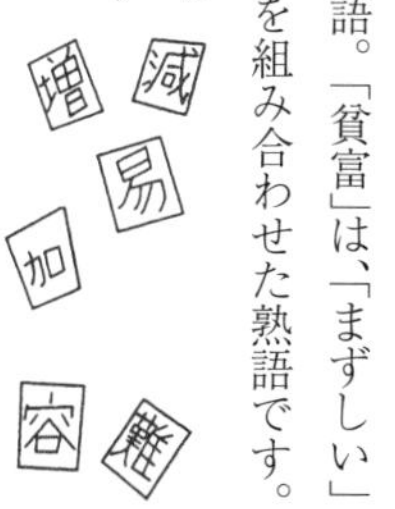

答 容易　難易　増加　増減　加減

(1) **デントウ**のある学校。（　　）
(2) **ショクドウ**で昼食をとる。（　　）
(3) 立派な**ドウゾウ**を建てる。（　　）
(4) 水泳の**シドウ**をする。（　　）
(5) 正しい方向へ**みちびく**。（　　）
(6) **トクイ**そうな顔つき。（　　）
(7) 傷を**ショウドク**する。（　　）
(8) **ドクリツ**心が強い。他人の助けを受けないこと（　　）
(9) 会長に**ニンメイ**される。職務をいいつけること（　　）
(10) **もえ**さかるほのお。（　　）
(11) 計算**ノウリョク**がある。（　　）
(12) **ハサン**を宣告される。（　　）
(13) **ハンコウ**を自供する。（　　）
(14) ねこに**こバン**。値打ちがわからないことのたとえ（　　）
(15) **ハンガ**でつくる年賀状。（　　）
(16) AとBは**ヒレイ**している。二つの量が一定の関係で変化すること（　　）
(17) 天高く馬**こ**ゆる秋。（　　）
(18) **ヒジョウぐち**を確かめる。（　　）
(19) かしこい**ショウヒ**者。ものを使ってなくすこと（　　）
(20) 道路を**セイビ**する。（　　）
(21) 高く**ヒョウカ**される。（　　）
(22) **ヒンジャク**な内容を直す。（　　）
(23) **モウフ**をかけて眠る。（　　）
(24) **フジン**の参政権。（　　）
(25) **ブリョク**にうったえる。（　　）
(26) 数学の**フクシュウ**をする。（　　）
(27) **フクザツ**な事情。（　　）
(28) **ネンブツ**を唱える。（　　）
(29) **こなゆき**がまう。（　　）
(30) 手ぶくろを**あむ**。（　　）
(31) **ベンロン**大会に出る。（　　）
(32) 友好関係を**たもつ**。（　　）
(33) 高台につくられた**ボチ**。（　　）
(34) 恩に**むく**いる。してもらったことに見合うお返しをする（　　）
(35) 心が**ゆた**かになる。（　　）
(36) 山くずれを**ふせぐ**。（　　）
(37) 外国との**ボウエキ**。（　　）
(38) **ボウゲン**をはく。あらあらしいことば（　　）
(39) **ブンミャク**をとらえる。（　　）
(40) **ギム**を果たす。（　　）
(41) 無我**ムチュウ**でにげる。心をうばわれ我を忘れること（　　）
(42) **メイロ**からぬけ出す。（　　）
(43) **メンカ**をつむぐ工場。（　　）
(44) **ユケツ**が必要な手術。（　　）
(45) 目に**あまる**行動だ。あまりにひどくて見ていられない（　　）
(46) **ヨウイ**に解けない問題。たやすいこと（　　）
(47) **ケイリャク**にはまる。はかりごと（　　）
(48) 返事を**ホリュウ**する。すぐに決めずに決定をのばすこと（　　）
(49) **ヨウリョウ**を得ない話。物事の大切なところ（　　）
(50) **ケイレキ**に傷がつく。（　　）

まめ知識

復と複

復…かえる、もとにもどる、くりかえすなどの意。
回復　復習　反復

複…かさねる、こみいる、かさねてするなどの意。
重複　複雑　複製

1 次の漢字の総画数を算用数字で書きなさい。

(1) 版 (　　)
(2) 暴 (　　)
(3) 婦 (　　)
(4) 留 (　　)

2 次の熟語の構成は後のA〜Dのどれにあたるか、記号で答えなさい。

(1) 豊富 (　　)
(2) 非礼 (　　)
(3) 長編 (　　)
(4) 貧富 (　　)

A 同じような意味の漢字を重ねたもの。(例)…進行
B 反対または対応する意味の漢字を重ねたもの。(例)…大小
C 上の字が下の字の意味を修飾しているもの。(例)…緑色
D 上の字が下の字の意味を打ち消しているもの。(例)…不信

3 次の太字をそれぞれ別の漢字に直して書きなさい。

(1) 生存競争に**やぶ**れる。(　　)
(2) **やぶ**れた障子(しょうじ)をはりかえる。(　　)
(3) 家の前でタクシーを**と**める。(　　)
(4) 黒板に書かれたことをノートに書き**と**める。(　　)
(5) 窓ガラスを割った**ハン**人をさがす。(　　)
(6) 君の意見には**ハン**対だ。(　　)
(7) 自分の**ハン**断には自信をもっている。(　　)

4 次の太字を漢字に直して書きなさい。

(1) 可**ノウ**性 (　　)
(2) **ユ**出入 (　　)
(3) 分**プ**図 (　　)
(4) 花**フン** (　　)
(5) 白昼**ム** (　　)
(6) **ボウ**易風 (　　)

5 次の漢字の部首を(　)に、部首名を〔　〕に書きなさい。

(1) 領 (　　)〔　　〕
(2) 容 (　　)〔　　〕
(3) 肥 (　　)〔　　〕
(4) 犯 (　　)〔　　〕

6 次の——線のところにあてはまる送りがなを書きなさい。

(1) 点数を**比**——。(　　)
(2) 水害に**備**——。(　　)
(3) 若さを**保**——。(　　)
(4) 恩に**報**——。(　　)
(5) 馬が**暴**——。(　　)
(6) 目を**肥**——。(　　)

7 次の読みの漢字をそれぞれ後の□の中から選び、(　)にあてはめて熟語を作りなさい。

(1) フク ①(　)元 ②重(　) ③(　)用
(2) ヒ ①(　)礼 ②(　)例 ③(　)用
(3) ホウ ①(　)告 ②追(　) ③(　)作

報	比	複	復	非	法	費	副	放	肥	豊	服

6級 模擬試験

60分　／200点

(一) 次の——線の読みをひらがなで書きなさい。〈1×20＝20点〉

1 一家でアメリカに移住する。（　）
2 判読できない字。（　）
3 快適に住める場所。（　）
4 前回と今回の成績を比べる。（　）
5 今日の実験は有益だった。（　）
6 仮設住宅に入居する。（　）
7 京都を経て名古屋へ行く。（　）
8 文書を複写する。（　）
9 好評を博した絵画展。（　）
10 犯行の動機を調べる。（　）
11 くじびきに当たる確率。（　）
12 額のあせをぬぐう。（　）
13 体重を減らす。（　）
14 植物を採集する。（　）
15 高校に在学している。（　）
16 年金が支給される。（　）
17 毛糸でくつ下を編む。（　）
18 選挙の告示をする。（　）
19 学識経験者にインタビューする。（　）
20 賞状を授ける。（　）

(二) 次の熟語は□の中のどんな組み合わせになっているか。記号で答えなさい。〈2×10＝20点〉

ア 音と音	イ 音と訓	ウ 訓と訓	エ 訓と音

1 救出（きゅうしゅつ）（　）
2 粉雪（こなゆき）（　）
3 質屋（しちや）（　）
4 相殺（そうさい）（　）
5 厚着（あつぎ）（　）
6 布地（ぬのじ）（　）
7 版木（はんぎ）（　）
8 真綿（まわた）（　）
9 素顔（すがお）（　）
10 住居（じゅうきょ）（　）

(三) 次の漢字の色の画のところは筆順の何画目か。また総画数は何画か。算用数字で書きなさい。〈1×10＝10点〉

	何画目	総画数
1 報	（　）	（　）
2 導	（　）	（　）
3 謝	（　）	（　）
4 桜	（　）	（　）
5 減	（　）	（　）

(四) 次の**カタカナ**をそれぞれ別の**漢字**に直しなさい。〈2×9＝18点〉

1 国**サイ**的に有名な人。（　　）
2 会社が新人を**サイ**用する。（　　）

3 友人を夕食に**ショウ**待する。（　　）
4 全員を対**ショウ**としたテスト。（　　）

5 **ハン**人をつかまえる。（　　）
6 試合の**ハン**定を下す。（　　）

7 家族**コウ**成を記入する。（　　）
8 水害にあった街が復**コウ**する。（　　）
9 作家の**コウ**演を聞く。（　　）

(五) 上の読みの漢字を後の□の中から選び、（　）にあてはめて**熟語**を作りなさい。〈2×6＝12点〉

シ
1 （　）育
2 （　）望
3 技（　）

セイ
1 情（　）
2 （　）神
3 （　）質

精	志	制	政
師	飼	製	勢
枝	支	性	資

(六) 後の□の中のひらがなを漢字に直して、**対義語と類義語**を書きなさい。□の中のひらがなは一度だけ使うこと。〈2×10＝20点〉

〈対義語〉
1 （　）路―復路
2 権利―義（　）
3 新式―（　）式
4 （　）可―禁止
5 安全―危（　）

〈類義語〉
6 （　）失―失敗
7 （　）成―同意
8 （　）等―平等
9 用意―準（　）
10 女性―（　）人

む・ふ・び・さん・けん・きん・きょ・きゅう・か・おう

（七）漢字を組み合わせた熟語では、二つの漢字の間に意味の上で次のような関係があります。〈2×10＝20点〉

ア　反対の意味の漢字を組み合わせたもの。（例…**大小**）
イ　同じような意味の漢字を組み合わせたもの。（例…**身体**）
ウ　上の字の意味が下の字の意味をくわしく説明しているもの。（例…**赤色**）
エ　下の字から上へ返って読むと意味がよくわかるもの。（例…**決心**）
オ　上の字が下の字の意味を打ち消しているもの。（例…**不明**）

次の**熟語**は右の**ア**～**オ**のどれにあたるか。**記号**で答えなさい。

1　重圧（　）
2　営業（　）
3　山河（　）
4　個展（　）
5　無限（　）
6　過去（　）
7　貸借（　）
8　貧弱（　）
9　開眼（　）
10　非情（　）

（八）次の**カタカナ**を、□の中の**漢字**と**送りがな**（**ひらがな**）で書きなさい。〈1×10＝10点〉

〈例〉［正］**タダシイ**字を書く。　答（正しい）

1　［過］楽しい時を**スゴス**。（　）
2　［逆］大勢に**サカラウ**。（　）
3　［久］会えなくなって**ヒサシイ**。（　）
4　［潔］負け方が**イサギヨイ**。（　）
5　［険］**ケワシイ**表情。（　）
6　［現］目の前に馬が**アラワレル**。（　）
7　［謝］心から**アヤマル**。（　）
8　［構］大きな家を**カマエル**。（　）
9　［混］食塩を水に**マゼル**。（　）
10　［増］教室を**フヤス**。（　）

（九）次の**カタカナ**を**漢字**に直して書きなさい。〈2×10＝20点〉

1　**エン**　□芸会
2　**キ**　□生虫
3　**トウ**　□治者
4　**ユ**　□出入
5　**ボウ**　□風雨
6　**カン**　新□線
7　**コウ**　休□田
8　**シキ**　非常□
9　**ピョウ**　品□会
10　**ゾク**　無所□

(十) 次の漢字の**部首名**と**部首**を書きなさい。**部首名**は下の□から選んで**記号**で書きなさい。〈1×10＝10点〉

〈例〉 林・板　部首名（ア） 部首（木）

		部首名	部首
1	適・迷	（　）	（　）
2	団・因	（　）	（　）
3	減・演	（　）	（　）
4	刊・判	（　）	（　）
5	快・性	（　）	（　）

ア きへん
イ りっとう
ウ りっしんべん
エ くにがまえ
オ はこがまえ
カ さんずい
キ しんにょう
　 しんにゅう

(十一) 次の**カタカナ**の部分を**漢字**に直しなさい。〈2×20＝40点〉

1 問題が**カイケツ**する。（　）
2 不便な生活に**ナ**れる。（　）
3 すべてを**コクハク**する。（　）
4 身分**ソウオウ**なくらし。（　）
5 病気が**ゼンカイ**する。（　）
6 **シンカンセン**で大阪へ行く。（　）
7 現在の**シンキョウ**を語る。（　）
8 音楽に**ムチュウ**になる。（　）
9 自動車を**ユシュツ**する。（　）
10 長い時間を**ツイ**やす。（　）
11 食品を**ヨウキ**につめる。（　）
12 **ユウノウ**な人材をさがす。（　）
13 事故で車が**タイハ**した。（　）
14 庭で落葉を**モ**やす。（　）
15 **オウダン**歩道をわたる。（　）
16 中学生の**ジッタイ**調査。（　）
17 今後のなりゆきを**ヨソク**する。（　）
18 人事課に**ハイゾク**された。（　）
19 試合の感想を**ノ**べる。（　）
20 **ワザワ**いを転じて福となす。（　）

5級
イ〜ケン
1

漢字	読み	部首・画数	用例
胃	イ	月 9	胃袋(いぶくろ) 胃痛(イツウ) 胃液(イエキ)
異	イ こと	田 11	異常(イジョウ) 異議(イギ) 異(こと)なる考え
遺	イ ユイ	辶 15	遺産(イサン) 遺失(イシツ) 遺言(ユイゴン(イゴン))
域	イキ	土 11	地域(チイキ) 流域(リュウイキ) 区域(クイキ) 全域(ゼンイキ)
宇	ウ	宀 6	宇宙(ウチュウ) 気宇(キウ) 堂宇(ドウウ)
映	エイ うつる うつす はえる	日 9	映画(エイガ) 反映(ハンエイ) 夕映(ゆうば)え
延	エン のびる のべる のばす	廴 8	延長(エンチョウ) 延期(エンキ) 日延(ひの)べ
沿	エン そう	氵 8	沿岸(エンガン) 沿線(エンセン) 道に沿(そ)う
恩	オン	心 10	恩人(オンジン) 恩師(オンシ) 恩恵(オンケイ) 恩情(オンジョウ)
我	ガ われ わ	戈 7	我田引水(ガデンインスイ) 我(わ)が家
灰	カイ はい	火 6	石灰(セッカイ) 灰色(はいいろ) 灰皿(はいざら)
拡	カク	扌 8	拡大(カクダイ) 拡張(カクチョウ) 拡声器(カクセイキ)
革	カク かわ	革 9	改革(カイカク) 革新(カクシン) 革(かわ)ぐつ
閣	カク	門 14	内閣(ナイカク) 閣議(カクギ) 天守閣(テンシュカク)
割	カツ わる わり われる さく	刂 12	分割(ブンカツ) 割愛(カツアイ) 割合(わりあい) 三割(サンわり)引き 時間を割(さ)く
株	かぶ	木 10	株式(かぶシキ) 古株(ふるかぶ) 切り株(かぶ)
干	カン ほす ひる	干 3	干害(カンガイ) 若干(ジャッカン) 干物(ひもの)
巻	カン まく まき	㔾 9	一巻(イッカン) 巻頭(カントウ) 舌を巻(ま)く
看	カン	目 9	看病(カンビョウ) 看板(カンバン) 看護師(カンゴシ)
簡	カン	⺮ 18	簡単(カンタン) 簡素(カンソ) 書簡(ショカン) 簡潔(カンケツ)
危	キ あぶない あやうい あやぶむ	㔾 6	危険(キケン) 危害(キガイ) 命が危(あや)うい
机	キ つくえ	木 6	机下(キカ) 机上(キジョウ) 勉強机(づくえ)
揮	キ	扌 12	発揮(ハッキ) 揮発(キハツ) 指揮者(シキシャ)
貴	キ たっとい とうとい たっとぶ とうとぶ	貝 12	貴重(キチョウ) 高貴(コウキ) 貴金属(キキンゾク) 貴(とうと(たっと))い体験 生命を貴(とうと(たっと))ぶ
疑	ギ うたがう	疋 14	半信半疑(ハンシンハンギ) 疑(うたが)い深い
吸	キュウ すう	口 6	吸収(キュウシュウ) 吸入(キュウニュウ) 息を吸(す)う
供	キョウ ク そなえる とも	亻 8	供給(キョウキュウ) 供養(クヨウ) お供(そな)え物
胸	キョウ むね むな	月(にくづき) 10	度胸(ドキョウ) 胸中(キョウチュウ) 胸(むな)さわぎ
郷	キョウ ゴウ	阝 11	故郷(コキョウ) 望郷(ボウキョウ) 水郷(スイゴウ) 近郷(キンゴウ)
勤	キン ゴン つとめる つとまる	力 12	勤務(キンム) 勤行(ゴンギョウ) 会社勤(づと)め
筋	キン すじ	⺮ 12	筋肉(キンニク) 鉄筋(テッキン) 大筋(おおすじ) 筋道(すじみち)
系	ケイ	糸 7	体系(タイケイ) 系統(ケイトウ) 太陽系(タイヨウケイ)
敬	ケイ うやまう	攵 12	敬意(ケイイ) 敬愛(ケイアイ) 先生を敬(うやま)う
警	ケイ	言 19	警報(ケイホウ) 警告(ケイコク) 警官(ケイカン) 警備(ケイビ)
劇	ゲキ	刂 15	演劇(エンゲキ) 悲劇(ヒゲキ) 劇的(ゲキテキ) 劇団(ゲキダン)
激	ゲキ はげしい	氵 16	激動(ゲキドウ) 感激(カンゲキ) 激(はげ)しい雨
穴	ケツ あな	穴 5	墓穴(ボケツ) 穴場(あなば) 節穴(ふしあな)
券	ケン	刀 8	証券(ショウケン) 旅券(リョケン) 図書券(トショケン)
絹	ケン きぬ	糸 13	絹布(ケンプ) 正絹(ショウケン) 絹織物(きぬおりもの)

(1) **胃**が痛い。

(2) **異議**を唱える。
ちがった意見

(3) **遺失**物を預かる。
忘れ物・落とし物

(4) 最上川（もがみ）の**流域**。

(5) **気宇**壮大な計画。
考え方や気持ちが大きく広いこと

(6) 国民の意見を**反映**させる。

(7) 試合を**延期**する。

(8) 私鉄の**沿線**に住む。

(9) 小学校時代の**恩師**。
教えを受け、世話になった先生

(10) **我**を忘れる。
心をうばわれてむちゅうになる

(11) **灰色**の空をあおぐ。

(12) 事業を**拡張**する。

(13) 保守と**革新**の対立。

(14) 新品の**革**ぐつ。

(15) **閣議**で決定する。

(16) 一対二の**割合**。

(17) 話を**割愛**する。

(18) この町では**古株**の家。
昔からいる人

(19) **若干**の差がある。
いくらか・少し

(20) **干渉**はしない。
口出し

(21) 雑誌の**巻頭**をかざる。

(22) 駅前の大きな**看板**。

(23) あらすじを**簡潔**に話す。
要領よくまとまっているようす

(24) **簡素**な生活。
かざりけのないようす

(25) **危害**を加える。

(26) **危**うく転びそうだった。

(27) **机上**の空論をさける。
頭で考えただけの役に立たない意見

(28) **揮発**性の液体。
常温で液体が気体になる性質

(29) 高**貴**な身分。

(30) **貴**い生命が救われる。

(31) **疑問**を解決する。

(32) **疑**いの余地はない。

(33) 酸素**吸入**の用意。

(34) 先祖の**供養**をする。

(35) **胸中**を告白する。

(36) **望郷**の念にかられる。

(37) **近郷**の農家。
都市の近くの村

(38) 一心に**勤行**する僧。
仏前で経を読み、いのること

(39) 会社に**勤**める。

(40) 物事の**筋道**。

(41) **系統**立てて話す。
順序を追ったつながり

(42) 祖父を**敬愛**している。

(43) **警告**を発する。
事前に注意をうながすこと

(44) ビルの**警備**をする。

(45) **劇団**に所属する。

(46) **感激**にひたる。

(47) **激**しい雨降り。

(48) つりの**穴場**を教わる。

(49) **旅券**を発行する。
外国への旅行を許す身分証明書

(50) **正絹**のスカーフ。
まじりもののない絹

まめ知識 「つとめる」のいろいろ

問 次の「つとめる」を漢字に直してみよう。

健康を保つことに**つと**めたので、休まずに**つと**めることができ、今日の会議では議長を**つと**めることになった。

答（順に）努・勤・務

(1) **イ**で消化する。
(2) **イジョウ**気象が続く。
(3) **イサン**を相続する。
(4) ナイル川**リュウイキ**。
(5) 広大な**ウチュウ**空間。
(6) **エイガ**を見に行く。
(7) 夕日に山々が**は**える。（光りかがやくこと）
(8) 時間を**エンチョウ**する。
(9) 雨天のため出発が**の**びる。
(10) 線路に**そ**って歩く。
(11) かれは命の**オンジン**だ。（助けてくれたひと）
(12) **ガ**田引水のやり方。（自分の都合のいいようにはからうこと）
(13) **わがや**でくつろぐ。
(14) **セッカイ**の粉で線を引く。
(15) 文字を**カクダイ**する。
(16) 制度を**カイカク**する。（あらため良くすること）
(17) **ナイカク**総理大臣に会う。
(18) 城の**テンシュカク**。（城の中央の一番高い建物）
(19) 領土を**ブンカツ**する。
(20) 会議に時間を**さ**く。
(21) **かぶシキ**会社を設立する。
(22) **ひもの**を焼いて食べる。
(23) 時計のねじを**ま**く。
(24) **カンゴシ**になりたい。
(25) **カンタン**に勝負がつく。
(26) **キケン**を察知する。
(27) **あやう**く助かる。（あぶないところで）
(28) 木製の**つくえ**。
(29) 実力を**ハッキ**する。（もっている力を示すこと）
(30) 彼は有名な**シキシャ**だ。
(31) **キチョウ**な助言を得る。
(32) **コウキ**な身分。
(33) 半信**ハンギ**で話を聞く。（なかば信じなかばうたがうこと）
(34) 知識を**キュウシュウ**する。
(35) おいしい空気を**す**う。
(36) 防災用品の**キョウキュウ**。（品物をさし出すこと）
(37) お**そな**え物の品を買う。
(38) **ドキョウ**がある人。
(39) なぜか**むな**さわぎがする。
(40) **コキョウ**へ帰る。
(41) 商社に**キンム**する。
(42) うでの**キンニク**をつける。
(43) 学問の**タイケイ**。（順序づけてまとめたもの）
(44) 目上の人を**うやま**う。
(45) 火災**ケイホウ**が鳴る。
(46) **エンゲキ**部に入る。
(47) **はげ**しい争いに勝つ。
(48) 自ら**ボケツ**をほる。（自分で自分の身をほろぼすこと）
(49) **トショケン**で本を買う。
(50) **きぬ**織物の産地。

まめ知識

辶と廴

辶（しんにゅう・しんにょう）⋯▶ 少し歩く意の彳と止とを合わせた形。行きつ、止まりつする意。

遠近週通運遊選辺過迷適逆造退述

廴（えんにょう）⋯▶ 少し歩く意の彳をのばした形。行く、進むの意。
建延廷

5級

1 次の漢字の色の部分は筆順の何画目か、算用数字で書きなさい。

(1) 延（　　）
(2) 系（　　）
(3) 劇（　　）
(4) 我（　　）

2 次の熟語の構成は後のA～Dのどれにあたるか、記号で答えなさい。

(1) 分割（　　）
(2) 旅券（　　）
(3) 看病（　　）
(4) 干満（　　）

A 同じような意味の漢字を重ねたもの。(例)…進行
B 反対または対応する意味の漢字を重ねたもの。(例)…大小
C 上の字が下の字の意味を修飾しているもの。(例)…緑色
D 下の字が上の字の目的・対象などを示すもの。(例)…登山

3 次の文の□に入る適切な漢字または熟語を、後から一つずつ選び、記号で答えなさい。

(1) □潔にまとめなさい。
ア 感　イ 巻　ウ 干　エ 簡（　　）

(2) 市役所に□める。
ア 務　イ 勤　ウ 努　エ 働（　　）

(3) 法案の成立に□をとなえる。
ア 意義　イ 異義　ウ 異議（　　）

4 下の□の中のひらがなを漢字に直して書き、対義語を作りなさい。

(1) 安全↔（　　）険
(2) 短縮↔（　　）長
(3) 縮小↔（　　）大
(4) 正常↔（　　）常

かく・い
き・えん

5 次の漢字の部首を（　）に、部首名を〔　〕に書きなさい。

(1) 宇（　　）〔　　〕
(2) 郷（　　）〔　　〕
(3) 映（　　）〔　　〕
(4) 劇（　　）〔　　〕
(5) 域（　　）〔　　〕
(6) 延（　　）〔　　〕

6 次の——線のところにあてはまる送りがなを書きなさい。

(1) 恩師を敬——。（　　）
(2) 花を供——。（　　）
(3) 貴——経験。（　　）
(4) 鏡に姿が映——。（　　）
(5) 意見が割——。（　　）
(6) 激——雨。（　　）

7 下の□の中から漢字を選んで、次の意味にあてはまる二字の熟語を作りなさい。

(1) 事前に注意をうながすこと。（　　）
(2) 鉄道にそった地域。（　　）
(3) 要領よくまとまっているようす。（　　）
(4) 必要に応じて物品をさし出すこと。（　　）

線・給
告・簡
沿・警
潔・供

5級 ケン～シュウ 2

漢字	読み	部首	画数	用例
権	ケン ゴン	木	15	人権（ジンケン） 権利（ケンリ） 権現（ゴンゲン） 権化（ゴンゲ）
憲	ケン	心	16	憲法（ケンポウ） 憲章（ケンショウ） 立憲（リッケン） 憲兵（ケンペイ）
源	ゲン みなもと	氵	13	資源（シゲン） 起源（キゲン） 川の源（みなもと）
厳	ゲン ゴン おごそか きびしい	⺍	17	厳守（ゲンシュ） 荘厳（ソウゴン） 厳（おごそ）かな儀式
己	コ キ おのれ	己	3	利己（リコ） 克己（コッキ） 己（おのれ）を知る
呼	コ よぶ	口	8	呼吸（コキュウ） 点呼（テンコ） 呼（よ）びかける
誤	ゴ あやまる	言	14	誤解（ゴカイ） 誤差（ゴサ） 道を誤（あやま）る
后	コウ	口	6	皇后（コウゴウ） 皇太后（コウタイゴウ）
孝	コウ	子	7	孝行（コウコウ） 孝養（コウヨウ） 親不孝（おやフコウ）
皇	コウ オウ	白	9	皇居（コウキョ） 皇室（コウシツ） 天皇（テンノウ） 法皇（ホウオウ）
紅	コウ ク べに くれない	糸	9	紅白（コウハク） 真紅（シンク） 口紅（くちべに） 紅色（くれないいろ）

漢字	読み	部首	画数	用例
降	コウ おりる おろす ふる	阝	10	以降（イコウ） 降雨（コウウ） 昇（のぼ）り降（お）り
鋼	コウ はがね	金	16	鉄鋼（テッコウ） 鋼材（コウザイ） 鋼（はがね）を打つ
刻	コク きざむ	刂	8	時刻（ジコク） 深刻（シンコク） 時を刻（きざ）む
穀	コク	禾	14	穀物（コクモツ） 穀倉（コクソウ） 穀類（コクルイ） 雑穀（ザッコク）
骨	コツ ほね	骨	10	骨折（コッセツ） 筋骨（キンコツ） 骨惜（ほねお）しみ
困	コン こまる	口	7	貧困（ヒンコン） 困難（コンナン） 困（こま）り者（もの）
砂	サ シャ すな	石	9	砂丘（サキュウ） 砂金（サキン） 土砂（ドシャ） 砂場（すなば）
座	ザ すわる	广	10	星座（セイザ） 座席（ザセキ） 座（すわ）りこむ
済	サイ すむ すます	氵	11	経済（ケイザイ） 返済（ヘンサイ） 用済（ず）み
裁	サイ たつ さばく	衣	12	裁判（サイバン） 洋裁（ヨウサイ） 布を裁（た）つ
策	サク	⺮	12	対策（タイサク） 策略（サクリャク） 政策（セイサク） 散策（サンサク）

漢字	読み	部首	画数	用例
冊	サツ サク	冂	5	別冊（ベッサツ） 冊子（サッシ） 短冊（タンザク）
蚕	サン かいこ	虫	10	養蚕（ヨウサン） 蚕業（サンギョウ） 蚕（かいこ）の糸
至	シ いたる	至	6	至急（シキュウ） 必至（ヒッシ） 今に至（いた）る
私	シ わたくし わたし	禾	7	私立（シリツ） 私財（シザイ） 私事（わたくしごと） 私（わたし・わたくし）
姿	シ すがた	女	9	姿勢（シセイ） 容姿（ヨウシ） 後ろ姿（すがた）
視	シ	見	11	視線（シセン） 視野（シヤ） 重視（ジュウシ） 無視（ムシ）
詞	シ	言	12	歌詞（カシ） 動詞（ドウシ） 品詞（ヒンシ） 作詞（サクシ）
誌	シ	言	14	雑誌（ザッシ） 日誌（ニッシ） 月刊誌（ゲッカンシ）
磁	ジ	石	14	磁石（ジシャク） 磁気（ジキ） 磁力（ジリョク） 磁場（ジば）
射	シャ いる	寸	10	注射（チュウシャ） 反射（ハンシャ） 的を射（い）る
捨	シャ すてる	扌	11	取捨選択（シュシャセンタク） 捨（す）て身（み）
尺	シャク	尸	4	尺度（シャクド） 縮尺（シュクシャク） 尺八（シャクハチ） 巻き尺（ジャク）
若	ジャク ニャク わかい もしくは	艹	8	若年（ジャクネン） 若干（ジャッカン） 老若（ロウニャク） 若葉（わかば）

漢字	読み	部首	画数	用例
樹	ジュ	木	16	樹木（ジュモク） 樹立（ジュリツ） 植樹祭（ショクジュサイ）
収	シュウ おさめる おさまる	又	4	回収（カイシュウ） 収集（シュウシュウ） 蔵に収（おさ）める
宗	シュウ ソウ	宀	8	宗教（シュウキョウ） 改宗（カイシュウ） 宗派（シュウハ） 宗家（ソウケ）
就	シュウ ジュ つく つける	尢	12	就職（シュウショク） 成就（ジョウジュ） 職に就（つ）く

(1) **権利**を主張する。
(2) 児童**憲章**。（おきて）
(3) 人類の**起源**をたどる。
(4) 自分に**厳**しい人。
(5) **克己**心を持つ。（自分にうち勝つこと）
(6) 人員の**点呼**をとる。（人数を確かめること）
(7) わずかな**誤差**が出る。
(8) **皇太后**の海外訪問。
(9) 両親に**孝養**をつくす。
(10) 室町時代の**法皇**。
(11) **真紅**のバラの花。
(12) 空が**紅**に染まる。
(13) **降雨**量が例年より多い。
(14) **鋼材**を運送する。
(15) **鋼**のような身体。
(16) **深刻**な顔つき。
(17) 日本の**穀倉**地帯。（米や麦の収穫量の多い所）
(18) **雑穀**を育てる。（あわ・ひえ・豆・そばなど）
(19) **筋骨**たくましい人。
(20) **困難**に打ち勝つ。
(21) **砂金**をすくう。
(22) **砂場**で遊ぶ。
(23) **座席**を確保する。
(24) 借金を**返済**する。
(25) 用事が**済**む。
(26) **洋裁**をならう。
(27) **策略**をめぐらす。（はかりごと）
(28) あたりを**散策**する。
(29) 感想文を**冊子**にまとめる。（紙を重ねてとじた本）
(30) **蚕業**にたずさわる。（養蚕・製糸の事業）
(31) 勝利は**必至**だ。（そうなるのがさけられないこと）
(32) 命の価値に思い**至**る。
(33) **私財**を投げうつ。
(34) 整った**容姿**。
(35) **視野**を広げる。（考えの及ぶ範囲）
(36) 助言を**無視**する。
(37) かれは**作詞**家だ。
(38) **日誌**をつける。
(39) **磁気**を帯びたくぎ。
(40) 光が窓に**反射**する。
(41) 的を**射**る。
(42) **捨**て身で立ち向かう。（自分を犠牲にする覚悟）
(43) 百分の一の**縮尺**。
(44) **若干**数の合格。
(45) **若葉**のころとなる。
(46) 政権を**樹立**する。（うちたてること）
(47) 切手を**収集**する。
(48) 仏教に**改宗**する。
(49) **就職**祝いを買う。
(50) 大願が**成就**する。（かなうこと）

まめ知識

阝と阝

左に付くのが「**こざとへん**」です。「積み上げた土」「階段」などに関係があります。

右に付くのが「**おおざと**」です。地名や人のいる場所に関係があります。

(1) 基本的**ジンケン**の尊重。
(2) **ケンポウ**の三大理念。
(3) 森林**シゲン**を育てる。 産業のもとになる物
(4) 世界文明の**みなもと**。 物事の始まるもと
(5) 集合時間を**ゲンシュ**する。
(6) **おのれ**の信念をつらぬく。 自分自身
(7) みんなに**よ**びかける。
(8) 友人の**ゴカイ**をとく。
(9) **コウゴウ**陛下のことば。
(10) 親**コウコウ**する。
(11) **コウキョ**を訪れる。
(12) **コウハク**歌合戦。
(13) 五時**イコウ**に電話します。
(14) 車を**お**りる。
(15) **テッコウ**業がさかんだ。
(16) 列車の**ジコク**表。
(17) 石に字を**きざ**む。
(18) **コクモツ**を収穫する。
(19) **コッセツ**する。

(20) 文章の**ほね**組み。 基本の構造
(21) 返事に**こま**る。
(22) 鳥取の**サキュウ**。
(23) **ドシャ**くずれをおこす。
(24) **セイザ**を見つける。
(25) 窓辺に**すわ**る。
(26) **ケイザイ**学を勉強する。
(27) 最高**サイバン**所。
(28) 布を**た**ち切る。
(29) 水不足の**タイサク**を練る。
(30) 森を**サンサク**する。
(31) **ベッサツ**の付録。 主となる本とはべつに作った本
(32) **ヨウサン**農家。 かいこをそだてること
(33) 大**シキュウ**かけつける。
(34) そして今に**イタ**る。
(35) **わたくしごと**で恐縮です。 個人的なこと
(36) **シセイ**を正す。
(37) **すがた**が見えない。
(38) **シセン**をそらす。 見る方向

(39) 新曲の**カシ**を覚える。
(40) **ザッシ**を読む。
(41) **ジシャク**が北を指す。
(42) 予防**チュウシャ**をうける。
(43) **シュシャ**選択する。 よいものをとり、悪いものをすてる
(44) 物を見る**シャクド**がちがう。 判断の基準
(45) **ロウニャク**男女が集まる。
(46) **ジュモク**を育てる。
(47) ゴミを**カイシュウ**する。
(48) 成功を**おさ**める。 よい結果を得ること
(49) **シュウキョウ**を研究する。
(50) 職業に**つ**く。

まめ知識

貝はお金に関係する

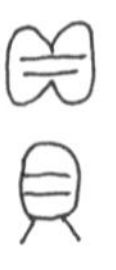

「貝」はこやすがいのからの形から作られた象形文字です。古代には、こやすがいが貨幣の役目をしたので、お金に関する字につくようになりました。

貧…貝（お金）を分（わける）→貧乏になる

賣（売）…買ったものが出る→売る
（士は出の省略形）

1 次の漢字の総画数を算用数字で書きなさい。

(1) 降（　　）
(2) 刻（　　）
(3) 骨（　　）
(4) 権（　　）

2 次の熟語の構成は後のA～Dのどれにあたるか、記号で答えなさい。

(1) 不孝（　　）
(2) 私財（　　）
(3) 土砂（　　）
(4) 老若（　　）

A 同じような意味の漢字を重ねたもの。(例)…進行
B 反対または対応する意味の漢字を重ねたもの。(例)…大小
C 上の字が下の字の意味を修飾しているもの。(例)…緑色
D 上の字が下の字の意味を打ち消しているもの。(例)…不通

3 次の太字をそれぞれ別の漢字に直して書きなさい。

(1) 型紙どおりに布を**たつ**。（　　）
(2) 願いがかなうまで好きな甘い物を**たつ**。（　　）
(3) となりに高いビルが**たつ**。（　　）
(4) 記念切手を**シュウ**集する。（　　）
(5) 大統領に**シュウ**任する。（　　）
(6) 自分で作**シ**作曲する。（　　）
(7) 船旅の間、航海日**シ**をつける。（　　）

4 下の□の中のひらがなを漢字に直して書き、類義語を作りなさい。

(1) 散歩―散（　　）
(2) 所得―（　　）入
(3) 時間―時（　　）
(4) 返金―返（　　）

しゅう・さい
さく・こく

5 次の漢字の部首を（　）に、部首名を〔　〕に書きなさい。

(1) 座（　　）〔　　〕
(2) 憲（　　）〔　　〕
(3) 策（　　）〔　　〕
(4) 困（　　）〔　　〕
(5) 私（　　）〔　　〕
(6) 后（　　）〔　　〕

6 次の――線のところにあてはまる送りがなを書きなさい。

(1) 席に**座**――。（　　）
(2) **厳**――校則。（　　）
(3) バスを**降**――。（　　）
(4) 布を**裁**――。（　　）
(5) 時を**刻**――。（　　）
(6) 道を**誤**――。（　　）

7 下の□の中から漢字を選んで、次の意味にあてはまる二字の熟語を作りなさい。

(1) 体のかっこうや構え方。（　　）
(2) 人数を確かめること。（　　）
(3) そうなるのがさけられないこと。（　　）
(4) まっすぐに見ること。（　　）

点・姿
正・至
必・呼
勢・視

5級 ③ シュウ～ソウ

漢字	読み	部首	画数	用例
衆	シュウ シュ	血	12	観衆（カンシュウ） 群衆（グンシュウ） 衆生（シュジョウ）
従	ジュウ ショウ ジュ したがう したがえる	彳	10	従事（ジュウジ） 従順（ジュウジュン） 従容（ショウヨウ） 道順に従（したが）う 敵を従（したが）える
縦	ジュウ たて	糸	16	縦横（ジュウオウ） 縦断（ジュウダン） 縦（たて）書き
縮	シュク ちぢむ ちぢまる ちぢめる ちぢれる ちぢらす	糸	17	短縮（タンシュク） 収縮（シュウシュク） 縮図（シュクズ） 縮小（シュクショウ） 伸び縮（ちぢ）み 縮（ちぢ）れ毛
熟	ジュク うれる	灬	15	未熟（ミジュク） 熟読（ジュクドク） 熟（う）れた果実
純	ジュン	糸	10	純真（ジュンシン） 単純（タンジュン） 純情（ジュンジョウ） 純白（ジュンパク）
処	ショ	几	5	処置（ショチ） 対処（タイショ） 処理（ショリ） 処分（ショブン）
署	ショ	罒	13	署名（ショメイ） 部署（ブショ） 消防署（ショウボウショ）
諸	ショ	言	15	諸国（ショコク） 諸相（ショソウ） 諸君（ショクン） 諸説（ショセツ）

漢字	読み	部首	画数	用例
除	ジョ ジ のぞく	阝	10	除外（ジョガイ） 掃除（ソウジ） 取り除（のぞ）く
承	ショウ うけたまわる	手	8	承知（ショウチ） 承認（ショウニン） 用件を承（うけたまわ）る
将	ショウ	寸	10	将来（ショウライ） 主将（シュショウ） 将軍（ショウグン） 大将（タイショウ）
傷	ショウ きず いたむ いためる	亻	13	負傷（フショウ） 傷口（きずぐち） 体を傷（いた）める
障	ショウ さわる	阝	14	保障（ホショウ） 故障（コショウ） 差し障（さわ）り
蒸	ジョウ むす むれる むらす	艹	13	蒸気（ジョウキ） 蒸発（ジョウハツ） 蒸（む）し暑い
針	シン はり	金	10	方針（ホウシン） 指針（シシン） 縫（ぬ）い針（ばり）
仁	ジン ニ	亻	4	仁義（ジンギ） 仁愛（ジンアイ） 仁王（ニオウ）立ち
垂	スイ たれる たらす	土	8	垂直（スイチョク） 垂線（スイセン） 水が垂（た）れる
推	スイ おす	扌	11	推理（スイリ） 推進（スイシン） 委員に推（お）す
寸	スン	寸	3	寸法（スンポウ） 寸断（スンダン） 寸分（スンブン） 寸前（スンゼン）

漢字	読み	部首	画数	用例
盛	セイ ジョウ もる さかる さかん	皿	11	盛大（セイダイ） 全盛（ゼンセイ） 繁盛（ハンジョウ） 盛（も）り上がる 血気盛（さか）ん
聖	セイ	耳	13	神聖（シンセイ） 聖母（セイボ） 聖火（セイカ） 聖人（セイジン）
誠	セイ まこと	言	13	誠心誠意（セイシンセイイ） 誠（まこと）を尽くす
舌	ゼツ した	舌	6	弁舌（ベンゼツ） 筆舌（ヒツゼツ） 舌（した）打ち
宣	セン	宀	9	宣伝（センデン） 宣言（センゲン） 宣告（センコク） 宣戦（センセン）
専	セン もっぱら	寸	9	専念（センネン） 専門（センモン） 専（もっぱ）らの評判
泉	セン いずみ	水	9	温泉（オンセン） 源泉（ゲンセン） 泉（いずみ）のほとり
洗	セン あらう	氵	9	洗顔（センガン） 洗練（センレン） 洗（あら）い物
染	セン そめる そまる しみる しみ	木	9	伝染（デンセン） 感染（カンセン） 髪を染（そ）める 赤に染（そ）まる 染（し）み抜き
銭	セン ぜに	金	14	金銭（キンセン） 悪銭（アクセン） 小銭（こぜに）入れ
善	ゼン よい	口	12	善悪（ゼンアク） 改善（カイゼン） 善（よ）い行い

漢字	読み	部首	画数	用例
奏	ソウ かなでる	大	9	合奏（ガッソウ） 演奏（エンソウ） 笛を奏（かな）でる
窓	ソウ まど	穴	11	同窓（ドウソウ） 車窓（シャソウ） 窓口（まどぐち） 窓際（まどぎわ）
創	ソウ つくる	刂	12	創立（ソウリツ） 独創（ドクソウ） 創造（ソウゾウ） 創（つく）る
装	ソウ ショウ よそおう	衣	12	包装（ホウソウ） 衣装（イショウ） 新たな装（よそお）い
層	ソウ	尸	14	高層（コウソウ） 地層（チソウ） 上層（ジョウソウ） 断層（ダンソウ）

(1) 広場に集まった**群衆**。

(2) **従順**な態度。（おとなしくすなおな様子）

(3) 説明書に**従**う。

(4) 列島を**縦断**する。

(5) 毛が**縮**れている犬。

(6) 小説を**熟読**する。

(7) **純白**のドレス。

(8) 問題に**対処**する。（適切にしまつをつけること）

(9) 各**部署**で待機する。

(10) **諸説**入りみだれる。（いろいろな意見）

(11) **掃除**当番。

(12) ご用件を**承**ります。（相手の言うことをしっかり聞くこと）

(13) 野球部の**主将**。

(14) **傷口**を消毒する。

(15) 自動車が**故障**する。

(16) 水分が**蒸発**する。

(17) 今後の**指針**を求める。（進むべき方向を示すこと）

(18) **仁愛**に満ちた行い。（他人に対するいつくしみ）

(19) 底辺に**垂線**を引く。

(20) 雨**垂**れの音。

(21) 文化活動を**推進**する。（おし進めること）

(22) 道路が**寸断**される。（ずたずたになること）

(23) **一寸**先はやみ。

(24) **全盛**期をむかえる。

(25) 皿に料理を**盛**る。

(26) **聖母**マリアの像。

(27) **聖人**君子。（知識と徳のある理想的な人）

(28) **誠心誠意**世話をする。

(29) **誠**に申し訳ありません。

(30) **筆舌**につくしがたい。（文章でも言葉でも言い表せない）

(31) 開会を**宣言**する。

(32) **宣戦**を布告する。（戦争開始を通告すること）

(33) **専門**家の意見を聞く。

(34) エネルギーの**源泉**。（わき出るもと）

(35) **泉**の水を飲む。

(36) **洗練**された文章。（上品であるようす）

(37) 台所の**洗**い物。

(38) 風邪（かぜ）に**感染**する。

(39) ほおが赤く**染**まる。

(40) **悪銭**身につかず。（不正に得たお金）

(41) 体質を**改善**する。

(42) **善**い行いをする。

(43) ピアノの**演奏**。

(44) **車窓**を流れる景色。

(45) 銀行の**窓口**。

(46) **独創**性のある人。（自分で新しいものをつくり出すこと）

(47) 新しい文化を**創**る。

(48) **衣装**を合わせる。

(49) 無関係を**装**う。

(50) 太古の**地層**。

まめトライ

問 特別な読み方をする漢字を読んでみよう。

○声色

○土産

○海原

答 こわいろ・みやげ・うなばら

(1) 四万人の大**カンシュウ**。

(2) 農業に**ジュウジ**する。
ある仕事につくこと

(3) **たて**書きのノート。

(4) 人生の**シュクズ**。
小さくして示したもの

(5) かきの実が**うれる**。

(6) **ジュンシン**な笑顔。
心がきれいな様子

(7) 適切な**ショチ**をする。

(8) **ショメイ**運動をする。

(9) **ショコク**を歴訪する。

(10) ごみを取り**のぞく**。

(11) それは百も**ショウチ**だ。
よくわかっていること

(12) **ショウライ**の夢を語る。

(13) 果物が**いたむ**。
きずがつく・くさる

(14) 差し**さわり**のない話。
差しつかえること

(15) 日本の夏は**むし**暑い。

(16) 経営の**ホウシン**を語る。

(17) **ジンギ**を重んじる。
人として行うべき道徳

(18) **スイチョク**に曲げる。

(19) **スイリ**小説を読む。

(20) 生徒会長に**おす**。
支持してすすめること

(21) 洋服の**スンポウ**を測る。

(22) **スンブン**の違いもない。

(23) **セイダイ**なパーティー。

(24) 血気**さかん**な年ごろ。
いきおいがあるようす

(25) 教会は**シンセイ**な場所だ。

(26) オリンピックの**セイカ**。

(27) **セイシンセイイ**努力する。
まごころをこめて行うこと

(28) **ベンゼツ**がさわやかだ。
話し方や話しぶり

(29) 商品を**センデン**する。

(30) **センセン**布告する。

(31) 研究に**センネン**する。
それだけにうちこむこと

(32) **もっぱら**寝てすごす。
そのことだけであるようす

(33) **オンセン**に保養に行く。

(34) 朝はまず**センガン**する。

(35) **あら**いざらしの服。
何度もあらって色あせること

(36) **デンセン**を予防する。

(37) 夕日が空を**そめる**。

(38) **キンセン**を貸し借りする。

(39) **ゼンアク**を判断する。

(40) 生活を**カイゼン**する。

(41) 音楽会で**ガッソウ**する。

(42) 楽器を**かな**でる。

(43) **ドウソウ**会へ行く。

(44) 郵便局の**まどぐち**。

(45) **ソウリツ**記念日。

(46) **ソウイ**工夫をする。

(47) 銀色の**ホウソウ**紙。

(48) 美しく**よそおう**。
着かざる

(49) **コウソウ**ビルを建てる。

(50) 会社の**ジョウソウ**部。

まめ知識

「ホショウ」のいろいろ

・**保証**…うけあう。責任をもって引き受ける。
　保証人・保証期間・保証書

・**保障**…権利・安全などが守られるようにする。
　安全保障・社会保障

・**補償**…与えた損害などをつぐなう。
　補償金・損害補償

5級

1 次の漢字の色の部分は筆順の何画目か、算用数字で書きなさい。

(1) 垂（　　）
(2) 善（　　）
(3) 熟（　　）
(4) 承（　　）

2 次の熟語の構成は後のA〜Dのどれにあたるか、記号で答えなさい。

(1) 悪銭（　　）
(2) 創造（　　）
(3) 縦横（　　）
(4) 負傷（　　）

A 同じような意味の漢字を重ねたもの。(例)…進行
B 反対または対応する意味の漢字を重ねたもの。(例)…大小
C 上の字が下の字の意味を修飾しているもの。(例)…緑色
D 下の字が上の字の目的・対象などを示すもの。(例)…登山

3 次の文の□に入る適切な漢字または熟語を、後から一つずつ選び、記号で答えなさい。

(1) 応急処置が功を□した。
ア 送　イ 層　ウ 奏　エ 早（　　）

(2) □外国を訪問する。
ア 諸　イ 処　ウ 署　エ 所（　　）

(3) □期には得点王になったこともある。
ア 善政　イ 全盛　ウ 前世（　　）

4 下の□の中のひらがなを漢字に直して書き、対義語を作りなさい。

(1) 悪意↔（　　）意
(2) 模倣(もほう)↔（　　）造
(3) 水平↔（　　）直
(4) 複雑↔単（　　）

そう・ぜん じゅん・すい

5 次の漢字の部首を（　）に、部首名を〔　〕に書きなさい。

(1) 承（　　）〔　　〕
(2) 従（　　）〔　　〕
(3) 盛（　　）〔　　〕
(4) 熟（　　）〔　　〕
(5) 宣（　　）〔　　〕
(6) 窓（　　）〔　　〕

6 次の——線のところにあてはまる送りがなを書きなさい。

(1) 布を染——。（　　）
(2) 盛——になる。（　　）
(3) 家来を従——。（　　）
(4) 身を縮——。（　　）
(5) 用件を承——。（　　）
(6) 夏の装——。（　　）

7 次の熟語の読みは後のア〜エのどれにあたるか。記号で答えなさい。

(1) 小銭（　　）
(2) 弁舌（　　）
(3) 仁愛（　　）
(4) 温泉（　　）

ア 音と音　イ 音と訓　ウ 訓と訓　エ 訓と音

漢字	読み	部首・画数	筆順	用例
操	ソウ／みさお／あやつる	扌 16	扌 扫 扫 挹 挹 撔 操 操	体操（タイソウ） 操作（ソウサ） 操り人形（あやつりにんぎょう）
蔵	ゾウ／くら	艹 15	艹 芦 芦 芦 蒾 蔵 蔵	所蔵（ショゾウ） 蔵書（ゾウショ） 蔵出し（くらだし）
臓	ゾウ	（にくづき）月 19	月 肝 肝 肝 臓 臓 臓 臓	臓器（ゾウキ） 内臓（ナイゾウ） 心臓（シンゾウ） 臓物（ゾウモツ）
存	ソン／ゾン	子 6	一 ナ 才 存 存 存	存在（ソンザイ） 存続（ソンゾク） 保存（ホゾン） 存分（ゾンブン）
尊	ソン／たっとい／とうとい／たっとぶ／とうとぶ	寸 12	丷 䒑 产 酋 酋 尊 尊	尊敬（ソンケイ） 尊重（ソンチョウ） 尊大（ソンダイ） 尊厳（ソンゲン） 尊い教え（とうと（たっと）い） 神を尊ぶ（とうと（たっと）ぶ）
退	タイ／しりぞく／しりぞける	辶 9	フ ヨ 艮 艮 艮 退 退 退	退屈（タイクツ） 辞退（ジタイ） 一線を退く（しりぞく）
宅	タク	宀 6	丶 宀 宀 宅 宅	帰宅（キタク） 宅地（タクチ） 宅配便（タクハイビン）
担	タン／かつぐ／になう	扌 8	一 十 扌 扣 扣 担 担 担	分担（ブンタン） 担当（タントウ） 明日を担う（になう）
探	タン／さぐる／さがす	扌 11	扌 扌 扌 扌 挥 探 探 探	探検（タンケン） 探知（タンチ） 手探り（てさぐり）
誕	タン	言 15	亠 言 訁 言 証 誕 誕 誕	誕生（タンジョウ） 生誕（セイタン） 降誕（コウタン）

漢字	読み	部首・画数	筆順	用例
段	ダン	殳 9	亻 ㇀ 乍 旨 阝 段 段	段階（ダンカイ） 手段（シュダン） 段取り（だんどり）
暖	ダン／あたたか／あたたかい／あたたまる／あたためる	日 13	日 日 旷 旷 昭 暖 暖	温暖（オンダン） 暖冬（ダントウ） 寒暖計（カンダンケイ） 暖かい空気（あたたかい） 暖めた部屋（あたためた）
値	チ／ね／あたい	亻 10	亻 仁 仕 付 佶 値 値	価値（カチ） 値段（ねダン） 値千金（あたいセンキン）
宙	チュウ	宀 8	丶 丷 宀 宀 宁 宙 宙 宙	宇宙（ウチュウ） 宙づり（チュウ） 宙返り（チュウがえり）
忠	チュウ	心 8	丶 口 口 中 中 忠 忠 忠	忠実（チュウジツ） 忠告（チュウコク） 忠誠（チュウセイ） 忠義（チュウギ）
著	チョ／あらわす／いちじるしい	艹 11	一 艹 艹 芏 芏 芏 著 著	著者（チョシャ） 著名（チョメイ） 著しい発展（いちじるしい）
庁	チョウ	广 5	丶 亠 广 庁 庁	県庁（ケンチョウ） 官庁（カンチョウ） 気象庁（キショウチョウ）
頂	チョウ／いただく／いただき	頁 11	丁 丁 丆 丆 頂 頂 頂 頂	頂上（チョウジョウ） 絶頂（ゼッチョウ） 山の頂（いただき）
腸	チョウ	月 13	月 月 肌 肥 肥 腸 腸 腸	断腸（ダンチョウ） 小腸（ショウチョウ） 胃腸（イチョウ）
潮	チョウ／しお	氵 15	氵 氵 汁 洁 淖 潮 潮 潮	潮流（チョウリュウ） 風潮（フウチョウ） 潮風（しおかぜ） 潮時（しおどき）

漢字	読み	部首・画数	筆順	用例
賃	チン	貝 13	亻 仁 仟 任 賃 賃 賃 賃	家賃（やチン） 運賃（ウンチン） 賃金（チンギン） 賃貸（チンタイ）
痛	ツウ／いたい／いたむ／いためる	疒 12	亠 广 疒 疒 疒 病 痛 痛	苦痛（クツウ） 痛感（ツウカン） 悲痛（ヒツウ） 痛手（いたで）
敵	テキ／かたき	攵 15	亠 产 产 商 商 商 敵 敵	強敵（キョウテキ） 無敵（ムテキ） 敵意（テキイ） 敵役（かたきやく）
展	テン	尸 10	コ 尸 尸 屈 屈 屈 展 展	発展（ハッテン） 展望（テンボウ） 展覧会（テンランカイ）
討	トウ／うつ	言 10	亠 亠 言 言 言 言 討 討	検討（ケントウ） 討論（トウロン） 敵討ち（かたきうち）
党	トウ	儿 10	丶 丷 ⺌ 尚 尚 尚 党 党	政党（セイトウ） 徒党（トトウ） 悪党（アクトウ） 与党（ヨトウ）
糖	トウ	米 16	米 米 籵 籵 粧 粧 糖 糖	砂糖（サトウ） 糖分（トウブン） 糖類（トウルイ） 製糖（セイトウ）
届	とどける／とどく	尸 8	コ 尸 尸 尸 吊 届 届 届	届け先（とどけさき） 手紙が届く（とどく）
難	ナン／かたい／むずかしい	隹 18	艹 苎 茣 茣 歎 歎 難 難	災難（サイナン） 避難（ヒナン） 難しい顔（むずかしい）
乳	ニュウ／ちち／ち	乚 8	一 乛 乛 孚 孚 孚 乳	牛乳（ギュウニュウ） 乳歯（ニュウシ） 乳飲み子（ちのみご）
認	ニン／みとめる	言 14	亠 言 訂 訒 認 認 認 認	承認（ショウニン） 認識（ニンシキ） 認め印（みとめイン）
納	ノウ／ナッ／ナ／ナン／トウ／おさめる／おさまる	糸 10	幺 糸 糸 糸 約 納 納 納	納品（ノウヒン） 納税（ノウゼイ） 納得（ナットク） 納戸（ナンど） 納屋（ナや） 出納（スイトウ） 税を納める（おさめる）

漢字	読み	部首・画数	筆順	用例
脳	ノウ	（にくづき）月 11	月 月 肝 肝 脳 脳 脳 脳	首脳（シュノウ） 頭脳（ズノウ） 脳死（ノウシ） 脳天（ノウテン）
派	ハ	氵 9	氵 氵 氵 汀 沂 沂 派 派	流派（リュウハ） 派生（ハセイ） 特派員（トクハイン）
拝	ハイ／おがむ	扌 8	一 十 扌 扌 扌 拝 拝 拝	拝見（ハイケン） 参拝（サンパイ） 拝みたおす（おがみ）
背	ハイ／せ・せい／そむく／そむける	肉 9	一 コ ヨ 北 北 背 背 背	背後（ハイゴ） 背中（せなか） 背比べ（せいくらべ）
肺	ハイ	（にくづき）月 9	月 月 月 肘 肝 肝 肺 肺	肺病（ハイビョウ） 肺炎（ハイエン） 肺活量（ハイカツリョウ）
俳	ハイ	亻 10	亻 仂 付 付 侍 俳 俳 俳	俳人（ハイジン） 俳句（ハイク） 俳号（ハイゴウ） 俳優（ハイユウ）

(1) 機械を**操作**する。
(2) **操**り人形で遊ぶ。
(3) **蔵書**の印をおす。（持っている書物）
(4) **内臓**の検査をする。
(5) 思う**存分**遊ぶ。
(6) 少数意見を**尊重**する。（たっとび重く見ること）
(7) 師を**尊**ぶ。
(8) 出場を**辞退**する。
(9) **自宅**へ帰る。
(10) **宅地**の造成。
(11) 社会科を**担当**する。
(12) 縁起を**担**ぐ。
(13) 海底の様子を**探知**する。（さぐり知ること）
(14) 作家の**生誕**百年祭。
(15) 最後の**手段**。
(16) 今年は**暖冬**だ。
(17) **暖**かい部屋に入る。
(18) **値段**が安い。
(19) 足が**宙**にうく。
(20) 先生の**忠告**に従う。
(21) **著名**な作家。（有名）
(22) 書物を**著**す。
(23) 昼休みの**官庁**街。
(24) 幸福の**絶頂**。
(25) **胃腸**が弱い。
(26) 社会の新しい**風潮**。（世の中のなりゆき）
(27) **運賃**を値上げする。
(28) 苦労を**痛感**する。
(29) 小さな胸を**痛**める。
(30) **無敵**の勢い。（相手がいないほど強いこと）
(31) **展望**が開ける。（将来の見通し）
(32) 政治**討論**会。
(33) **敵討**ちをする。
(34) **徒党**を組む。（あることをたくらんで集まる）
(35) **糖分**をひかえる。
(36) 注意が行き**届**く。
(37) **非難**の的になる。（せめとがめること）
(38) **乳歯**が生える。
(39) 山羊の**乳**をしぼる。
(40) **認識**を深める。
(41) 主張を**認**める。
(42) **納税**の義務。
(43) 市役所の**出納**係。（お金や物の出し入れ）
(44) すぐれた**頭脳**を持つ。
(45) ある語から**派生**した語。（別のものが出てくること）
(46) 神社に**参拝**する。
(47) 神仏を**拝**む。
(48) **背中**を向ける。
(49) **肺炎**にかかる。
(50) 人気のある**俳優**。

まめ知識

蔵と臓

蔵

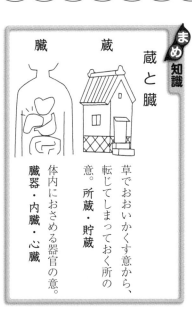

草でおおいかくす意から、転じてしまっておく所の意。**所蔵・貯蔵**

臓

体内におさめる器官の意。**臓器・内臓・心臓**

(1) 準備**タイソウ**をする。
(2) 舟を自由に**あやつる**。
(3) 名画を**ショゾウ**する。（しまって持っていること）
(4) **シンゾウ**がドキドキする。
(5) **ソンザイ**感のある人物。
(6) 野菜を**ホゾン**する。
(7) **ソンダイ**な態度をとる。（人を見くだしている様子）
(8) 現役を**しりぞく**。（今の地位から身を引く）
(9) **タクハイビン**で荷物を送る。
(10) 仕事を**ブンタン**する。
(11) 明日を**になう**若者。（責任を持って引き受けること）
(12) 新しい仕事を**さがす**。
(13) **タンジョウ**日を祝う。
(14) 次の**ダンカイ**に進む。
(15) **オンダン**な気候。
(16) 部屋を**あたためる**。
(17) **カチ**のある史料。
(18) 賞賛に**あたい**する。（ねうちがある）
(19) **ウチュウ**飛行士になる。
(20) 職務に**チュウジツ**だ。（正直でまじめに働くこと）
(21) **いちじるしい**発展をとげる。（程度がはっきり目立つようす）
(22) **ケンチョウ**所在地。
(23) 山の**いただき**に登る。（いちばん高い所）
(24) **ダイチョウ**の働き。
(25) **しおかぜ**に吹かれる。
(26) 社員に**チンギン**をはらう。
(27) **クツウ**に顔をゆがめる。
(28) 試合で**キョウテキ**に勝つ。
(29) 大事件に**ハッテン**する。
(30) よく**ケントウ**して決める。（調べ考えること）
(31) 新しい**セイトウ**を結成する。
(32) **サトウ**を使った菓子。
(33) 荷物を**とどける**。
(34) **クナン**を乗りこえる。
(35) とても**むずかしい**問題。
(36) **ち**飲み子をかかえる。
(37) 議会の**ショウニン**を得る。（きき入れてみとめること）
(38) **みとめ**印を押す。
(39) ようやく**ナットク**する。
(40) 給食費を**おさめる**。
(41) 両国の**シュノウ**が会談する。（おもだった人）
(42) **ノウリ**に焼きつく。
(43) 各国からの**トクハイン**。
(44) お手を**ハイシャク**。
(45) 両親を**おがみ**たおす。（むりにたのみこむ）
(46) **ハイゴ**からおどろかす。
(47) 言いつけに**そむく**。（はむかう）
(48) **ハイカツリョウ**を測る。
(49) **ハイク**同好会の一員。
(50) **ハイジン**の小林一茶。

まめ知識

「おさ―める」のいろいろ

治める…安定させる。国を治める・騒ぎを治める・痛みを治める
修める…習い学ぶ。学業を修める・身を修める
収める…手に入れる。博物館に収める・成功を収める・カメラに収める
納める…払いこむ。税を納める・商品を納める

5級

1 次の漢字の総画数を算用数字で書きなさい。

(1) 蔵（　）
(2) 派（　）
(3) 退（　）
(4) 段（　）

2 次の熟語の構成は後のA～Dのどれにあたるか、記号で答えなさい。

(1) 痛感（　）
(2) 尊敬（　）
(3) 難易（　）
(4) 帰宅（　）

A 同じような意味の漢字を重ねたもの。（例…進行）
B 反対または対応する意味の漢字を重ねたもの。（例…大小）
C 上の字が下の字の意味を修飾しているもの。（例…緑色）
D 下の字が上の字の目的・対象などを示すもの。（例…登山）

3 次の太字をそれぞれ別の漢字に直して書きなさい。

(1) 期日までに月謝を**おさ**める。（　）
(2) 学業を**おさ**める。（　）
(3) 勝利をこの手に**おさ**める。（　）
(4) 飲料水を貯**ゾウ**する。（　）
(5) 心**ゾウ**の手術をする。（　）
(6) **タン**任の先生に相談する。（　）
(7) 魚群**タン**知機を使う。（　）

4 下の□の中のひらがなを漢字に直して書き、類義語を作りなさい。

(1) 方法―手（　）
(2) 了解―（　）得
(3) 価格―（　）段
(4) 有名―（　）名

なっ・ちょ・だん・ね

5 次の漢字の部首を（　）に、部首名を〔　〕に書きなさい。

(1) 難（　）〔　〕
(2) 臓（　）〔　〕
(3) 討（　）〔　〕
(4) 宅（　）〔　〕
(5) 暖（　）〔　〕
(6) 潮（　）〔　〕

6 次の――線のところにあてはまる送りがなを書きなさい。

(1) 人形を**操**――。（　）
(2) 顔を**背**――。（　）
(3) 教えを**尊**――。（　）
(4) 進歩が**著**――。（　）
(5) **暖**――部屋。（　）
(6) 税金を**納**――。（　）

7 次の熟語の読みは後のア～エのどれにあたるか。記号で答えなさい。

(1) 潮路（　）
(2) 家賃（　）
(3) 値段（　）
(4) 辞退（　）

ア 音と音　イ 音と訓　ウ 訓と訓　エ 訓と音

5級

ハン～ロン

5

漢字	読み	部首・画数	用例
班	ハン	王 10	班長(ハンチョウ)　班別(ハンベツ)　救護班(キュウゴハン)
晩	バン	日 12	晩秋(バンシュウ)　今晩(コンバン)　大器晩成(タイキバンセイ)
否	ヒ・いな	口 7	否定(ヒテイ)　安否(アンピ)　否(いな)めない
批	ヒ	扌 7	批判(ヒハン)　批評(ヒヒョウ)　批准(ヒジュン)
秘	ヒ・ひめる	禾 10	神秘(シンピ)　秘境(ヒキョウ)　秘(ひ)め事
俵	ヒョウ・たわら	亻 10	土俵(ドヒョウ)　一俵(イッピョウ)　米俵(こめだわら)　炭俵(すみだわら)
腹	フク・はら	月(にくづき) 13	空腹(クウフク)　中腹(チュウフク)　腹(はら)黒い
奮	フン・ふるう	大 16	興奮(コウフン)　発奮(ハップン)　奮(ふる)い立つ
並	ヘイ・なみ・ならべる・ならぶ・ならびに	一 8	並列(ヘイレツ)　並行(ヘイコウ)　人並(ひとなみ)　並木(なみき)　軒(のき)を並(なら)べる　居並(いなら)ぶ
陛	ヘイ	阝 10	天皇陛下(ヘイカ)

漢字	読み	部首・画数	用例
閉	ヘイ・とじる・とざす・しめる・しまる	門 11	閉会(ヘイカイ)　閉口(ヘイコウ)　目を閉(と)じる　口を閉(と)ざす　戸を閉(し)める
片	ヘン・かた	片 4	破片(ハヘン)　断片(ダンペン)　片手(かたて)　片側(かたがわ)
補	ホ・おぎなう	衤 12	補欠(ホケツ)　補給(ホキュウ)　欠点を補(おぎな)う
暮	ボ・くれる・くらす	日 14	歳暮(セイボ)　暮色(ボショク)　夕暮(ゆうぐ)れ
宝	ホウ・たから	宀 8	家宝(カホウ)　財宝(ザイホウ)　子宝(こだから)　宝船(たからぶね)
訪	ホウ・おとずれる・たずねる	言 11	訪問(ホウモン)　来訪(ライホウ)　冬の訪(おとず)れ
亡	ボウ・モウ・ない	亠 3	亡命(ボウメイ)　亡者(モウジャ)　今は亡(な)き人
忘	ボウ・わすれる	心 7	忘年会(ボウネンカイ)　忘(わす)れ物
棒	ボウ	木 12	鉄棒(テツボウ)　相棒(あいボウ)　針小棒大(シンショウボウダイ)
枚	マイ	木 8	枚数(マイスウ)　枚挙(マイキョ)　大枚(タイマイ)

漢字	読み	部首・画数	用例
幕	マク・バク	巾 13	開幕(カイマク)　暗幕(アンマク)　幕府(バクフ)　幕末(バクマツ)
密	ミツ	宀 11	密着(ミッチャク)　綿密(メンミツ)　密集(ミッシュウ)　親密(シンミツ)
盟	メイ	皿 13	連盟(レンメイ)　加盟(カメイ)　同盟(ドウメイ)　盟約(メイヤク)
模	モ・ボ	木 14	模様(モヨウ)　模型(モケイ)　大規模(ダイキボ)
訳	ヤク・わけ	言 11	通訳(ツウヤク)　和訳(ワヤク)　言い訳(わけ)
郵	ユウ	阝 11	郵便(ユウビン)　郵送(ユウソウ)
優	ユウ・やさしい・すぐれる	亻 17	優勝(ユウショウ)　優位(ユウイ)　優(すぐ)れた人
預	ヨ・あずける・あずかる	頁 13	預金通帳(ヨキンツウチョウ)　命を預(あず)かる
幼	ヨウ・おさない	幺 5	幼児(ヨウジ)　幼年(ヨウネン)　幼(おさな)なじみ
欲	ヨク・ほっする・ほしい	欠 11	食欲(ショクヨク)　意欲(イヨク)　物欲(ものほ)しげ
翌	ヨク	羽 11	翌日(ヨクジツ)　翌週(ヨクシュウ)　翌朝(ヨクあさ)　翌年(ヨクネン)
乱	ラン・みだれる・みだす	乚 7	混乱(コンラン)　乱戦(ランセン)　咲き乱(みだ)れる
卵	ラン・たまご	卩 7	卵黄(ランオウ)　産卵(サンラン)　ゆで卵(たまご)

漢字	読み	部首・画数	用例
覧	ラン	見 17	展覧(テンラン)　観覧(カンラン)　回覧(カイラン)　遊覧(ユウラン)
裏	リ・うら	衣 13	脳裏(ノウリ)　表裏(ヒョウリ)　裏側(うらがわ)　裏口(うらぐち)
律	リツ・リチ	彳 9	規律(キリツ)　法律(ホウリツ)　調律(チョウリツ)　律義(リチギ)
臨	リン・のぞむ	臣 18	臨機応変(リンキオウヘン)　試合に臨(のぞ)む
朗	ロウ・ほがらか	月(つき) 10	明朗(メイロウ)　朗読(ロウドク)　朗(ほが)らかな人
論	ロン	言 15	論理(ロンリ)　言論(ゲンロン)　論争(ロンソウ)　口論(コウロン)

5級

(1) クラスを**班**に分ける。
(2) **今晩**は冷えこみそうだ。
(3) **安否**を気づかう。（無事かどうかということ）
(4) 正解か**否**か調べる。
(5) **批評**家の意見をきく。
(6) **秘境**を探検する。（人に知られていない土地）
(7) 米を**一俵**買う。
(8) **炭俵**をかつぐ。
(9) 山の**中腹**まで登る。
(10) 友の一言に**発奮**する。（心をふるい立たせること）
(11) 道路と線路が**並行**する。
(12) **並木**道を歩く。
(13) 女王**陛下**の親衛隊。
(14) 長話には**閉口**だ。（すっかりこまること）
(15) 門を**閉**ざす。
(16) 記憶の**断片**をたどる。（きれはし）
(17) 道の**片側**に寄る。
(18) 燃料を**補給**する。
(19) **暮色**がせまる。（夕暮れのうす暗い感じ）
(20) おだやかな**暮**らし。
(21) 金銀**財宝**。
(22) 知人が**来訪**した。
(23) 春の**訪**れを感じる。
(24) 金の**亡者**。（それにとらわれてぬけ出せない者）
(25) **亡**き人をしのぶ。
(26) **忘**れ物を取りに行く。
(27) 仕事の**相棒**。（仲間）
(28) **枚挙**にいとまがない。（多すぎて数えられないこと）
(29) **暗幕**を張りめぐらす。
(30) **幕末**の志士。（江戸時代の末期）
(31) **綿密**に計画をたてる。（細かく、ぬかりがない様子）
(32) 地域団体に**加盟**する。
(33) 鉄道**模型**を作る。
(34) 英文を**和訳**する。（日本語になおすこと）
(35) 言い**訳**はしません。
(36) 手紙を**郵送**する。
(37) 試合で**優位**に立つ。
(38) 拾得物を**預**かる。
(39) **幼年**時代の思い出。
(40) **幼**なじみと会う。
(41) 研究に**意欲**を燃やす。（何かをやろうとする意志）
(42) **翌週**は期末試験だ。
(43) 試合は**乱戦**模様だ。
(44) サケの**産卵**期。
(45) 遊園地の**観覧**車。
(46) **表裏**一体の現象。
(47) 約束を**律義**に守る。（きまじめなこと）
(48) 落ち着いて試験に**臨**む。
(49) 詩の**朗読**をする。
(50) **言論**の自由を勝ち取る。

まめ知識

肉（月）（にく・にくづき）と月（つきへん・つき）

切りとった鳥獣の肉片をかたどった象形文字で、肉の状態・体の部分・状態の意を示す字を作る。

肉（月） 
脳肺胃育能

つきが欠けたさまをかたどった象形文字で、月の状態・時間などの意を示す字を作る。

月 
服朗朝有望

(1) **ハンチョウ**会議を開く。
(2) 大器**バン**成。（年をとってから大成すること）
(3) うわさを**ヒテイ**する。
(4) 行動を厳しく**ヒハン**する。
(5) **シンピ**的な湖。
(6) 可能性を**ひ**める。
(7) **ドヒョウ**に上がる力士。
(8) **はら**をわって話す。（本心をかくさない様子）
(9) **コウフン**が冷めない。
(10) 勇気を**ふる**う。（心をわき立たせる）
(11) 電池を**ヘイレツ**にする。
(12) 料理を**なら**べる。
(13) 天皇皇后両**ヘイカ**。
(14) **ヘイカイ**式を行う。
(15) 店を**と**じる。
(16) 土器の**ハヘン**が見つかる。（こわれたかけら）
(17) **かたて**運転は危ない。
(18) 不足分を**おぎな**う。
(19) お**セイボ**の品を選ぶ。
(20) **こだから**に恵まれる。
(21) 家庭**ホウモン**の日。
(22) 他国へ**ボウメイ**する。（外国へ逃げること）
(23) **ボウネン**会をする。
(24) 物事を針小**ボウダイ**に言う。（小さいことをおおげさに言うこと）
(25) **マイスウ**を数える。
(26) **タイマイ**をはたいて買う。（多額のお金）
(27) 体育大会が**カイマク**する。
(28) 人家が**ミッシュウ**する。（すきまもないほどあること）
(29) 高校野球の**レンメイ**。
(30) 部屋の**モヨウ**替えをする。
(31) **ダイキボ**な農業経営。
(32) 遅刻の言い**わけ**をする。
(33) **ユウビン**局へ行く。
(34) **す**ぐれた才能の持ち主。
(35) 銀行に**ヨキン**する。
(36) **おさな**い女の子。
(37) **ショクヨク**がわく。
(38) おもちゃを**ほ**しがる。
(39) 試合を**ヨクジツ**にのばす。
(40) コスモスが咲き**みだ**れる。
(41) 彼は学者の**たまご**だ。（一人前になっていない人）
(42) 絵の**テンラン**会。
(43) 笑顔が**ノウリ**にうかぶ。（頭の中）
(44) **うらぐち**から出る。
(45) **キリツ**正しい生活。
(46) **リンキ**応変に対処する。（その場に応じて適切に計らうこと）
(47) 君にとって**ロウホウ**だ。
(48) **ほが**らかに笑う。
(49) **ロンリ**的な文章。
(50) 友達と**コウロン**になる。

まめ知識

預金と貯金

お金をあずけるにも二通りの言い方があります。どう違うのでしょうか。

・**預金**…銀行にお金をあずける。
・**貯金**…郵便局にお金をあずける。

「預」の部首「頁」は頭や人を表し、「貯」の部首「貝」はお金を表しています。

1 次の漢字の総画数を算用数字で書きなさい。

(1) **批**（　　）
(2) **預**（　　）
(3) **覧**（　　）
(4) **卵**（　　）

2 次の熟語の構成は後のA～Dのどれにあたるか、記号で答えなさい。

(1) **臨海**（　　）
(2) **幼年**（　　）
(3) **無欲**（　　）
(4) **開閉**（　　）

A 反対または対応する意味の漢字を重ねたもの。(例)…大小
B 上の字が下の字の意味を修飾しているもの。(例)…緑色
C 下の字が上の字の目的・対象などを示すもの。(例)…登山
D 上の字が下の字の意味を打ち消しているもの。(例)…不通

3 次の太字をそれぞれ別の漢字に直して書きなさい。

(1) 大事な試験に**のぞ**む。（　　）
(2) 試験に合格することを**のぞ**む。（　　）
(3) 山の中**フク**に小屋がある。（　　）
(4) 授業で習ったことを**フク**習する。（　　）
(5) 海外旅行で英会話が**ヤク**にたった。（　　）
(6) 英語を日本語に**ヤク**すのは難しい。（　　）

4 下の□の中のひらがなを漢字に直して書き、類義語を作りなさい。

(1) 仲間―相（　　）
(2) 今夜―今（　　）
(3) 明朝―（　　）朝
(4) 雑然―（　　）雑

ばん・らん
ぼう・よく

5 次の漢字の部首を（　　）に、部首名を〔　　〕に書きなさい。

(1) **閉**（　　）〔　　〕
(2) **忘**（　　）〔　　〕
(3) **補**（　　）〔　　〕
(4) **郵**（　　）〔　　〕
(5) **陛**（　　）〔　　〕
(6) **欲**（　　）〔　　〕

6 次の――線のところにあてはまる送りがなを書きなさい。

(1) 本が**欲**――。（　　）
(2) お金を**預**――。（　　）
(3) 心に**秘**――。（　　）
(4) 一列に**並**――。（　　）
(5) **幼**――子供。（　　）
(6) 面接に**臨**――。（　　）

7 次の太字を漢字に直して書きなさい。

(1) 針小**ボウ**大（　　）
(2) 家庭**ホウ**問（　　）
(3) **カタ**側通行（　　）
(4) 朝三**ボ**四（　　）
(5) 自**リツ**神経（　　）
(6) 大器**バン**成（　　）
(7) 表**リ**一体（　　）
(8) 明**ロウ**快活（　　）
(9) 一心不**ラン**（　　）
(10) 秘**ミツ**主義（　　）

5級　模擬試験

60分

／200点

(一) 次の――線の読みをひらがなで書きなさい。〈1×20＝20点〉

1 かれの提案に異論はない。
2 自我に目覚める。
3 皮革製品の売り場へ行く。
4 神社仏閣を保存する。
5 詳しい説明は割愛します。
6 台風で屋根が傷んだ。
7 今度の休みに郷里へ帰る。
8 激しい思いにとらわれる。
9 厳重に注意する。
10 財源を確保する。
11 利己的な行動をつつしむ。
12 寒さが骨身にしみる。
13 今日中に仕上げるのは至難のわざだ。
14 寄らば大樹のかげ。
15 世に並びない名人。
16 雪を頂く山に登る。
17 仮装パーティーに招かれる。
18 車のハンドルを操作する。
19 旧友を訪ねる。
20 私利私欲を捨て去る。

(二) 次の漢字の部首と部首名を、後の□から選んで記号で答えなさい。〈1×10＝10点〉

〈例〉休（い）（ク）　部首　部首名

	漢字	部首	部首名
1	肺	（　）	（　）
2	厳	（　）	（　）
3	展	（　）	（　）
4	筋	（　）	（　）
5	遺	（　）	（　）

あ 貝	い 亻	う 尸	え 亠	お 辶
か 月	き 力	く 厂	け ⺍	こ ⺮

ア ちから	イ しんにょう　しんにゅう
ウ にくづき	エ なべぶた　けいさんかんむり
オ かいへん	カ つかんむり
キ たけかんむり	ク にんべん
ケ がんだれ	コ かばね　しかばね

（三）次の**カタカナ**を**漢字と送りがな**（**ひらがな**）で書きなさい。〈2×10=20点〉

〈例〉質問に**コタエル**。（答える）

1 運動会を明日に**ノバス**。（　）
2 **アヤウイ**ところで間に合う。（　）
3 かれの人がらを**ウタガウ**。（　）
4 **オゴソカ**に式を挙げる。（　）
5 犯罪人を**サバク**。（　）
6 簡単に食事を**スマス**。（　）
7 旅行記を**アラワス**。（　）
8 都会で**クラス**。（　）
9 母校を**オトズレル**。（　）
10 母の**ヤサシイ**笑顔。（　）

（四）次の**カタカナ**を**漢字**に直して書きなさい。〈2×10=20点〉

1 開□（マク）試合
2 海底□（タン）査
3 財政改□（カク）
4 一□（コク）千金
5 人権□（セン）言
6 □（ザ）席指定
7 □（ホ）正予算
8 朝令□（ボ）改
9 同時通□（ヤク）
10 賛□（ピ）両論

（五）次の漢字の**色の画**のところは**筆順の何画目**か。また**総画数**は**何画**か。**算用数字**で書きなさい。〈1×10=10点〉

		何画目	総画数
1	域	（　）	（　）
2	勤	（　）	（　）
3	姿	（　）	（　）
4	若	（　）	（　）
5	臓	（　）	（　）

（六）次の熟語は□の中のどんな組み合わせになっているか。**記号**で答えなさい。〈2×10=20点〉

ア 音と音　**イ** 音と訓　**ウ** 訓と訓　**エ** 訓と音

1 危害（　）
2 忠実（　）
3 骨身（　）
4 敬愛（　）
5 納戸（　）
6 磁場（　）
7 傷口（　）
8 裏側（　）
9 株式（　）
10 若葉（　）

(七) 後の□の中のひらがなを漢字に直して、**対義語**と**類義語**を書きなさい。（□の中のひらがなは一度だけ使うこと）〈2×10＝20点〉

〈対義語〉

1 拾得――（　）失
2 寛容――（　）格
3 上昇――下（　）
4 支出――（　）入
5 反抗――服（　）

〈類義語〉

6 手紙――書（　）
7 絶賛――（　）賞
8 帰省――帰（　）
9 作者――（　）者
10 進歩――発（　）

い・かん・きょう・げき・げん・こう・しゅう・じゅう・てん・ちょ

(八) 次の**カタカナ**をそれぞれ別の**漢字**に直しなさい。〈2×10＝20点〉

1 道を**アヤマ**る。（　）
2 親に**アヤマ**る。（　）
3 答案用紙を**カイシュウ**する。（　）
4 道路の**カイシュウ**工事。（　）
5 大臣の座に**ツ**く。（　）
6 荷物が家に**ツ**く。（　）
7 天地**ソウゾウ**の物語。（　）
8 **ソウゾウ**を絶する暑さ。（　）
9 計画を具体的に**ケントウ**する。（　）
10 **ケントウ**はずれの答え。（　）

(九) 漢字を組み合わせた熟語では、二つの漢字の間に意味の上で次のような関係があります。〈2×10＝20点〉

ア 反対の意味の漢字を組み合わせたもの。（例…**大小**）
イ 同じような意味の漢字を組み合わせたもの。（例…**身体**）
ウ 上の字の意味が下の字の意味をくわしく説明しているもの。（例…**赤色**）
エ 下の字から上へ返って読むと意味がよくわかるもの。（例…**決心**）
オ 上の字が下の字の意味を打ち消しているもの。（例…**不明**）

次の熟語は右の**ア**～**オ**のどれにあたるか。**記号**で答えなさい。

1 敬意（　）
2 無難（　）
3 激戦（　）
4 正誤（　）
5 延期（　）
6 訪問（　）
7 表裏（　）
8 納税（　）
9 価値（　）
10 否定（　）

(十) 後の□の中から漢字を選んで、次の意味にあてはまる**熟語**を作りなさい。答えは**記号**で書くこと。〈2×5＝10点〉

1 相手の言ったことの意味をとりちがえること。
2 書物の最初の部分。
3 国の行政を担当する最高機関。
4 とても大切であるようす。
5 病人の手当てや世話をすること。

ア 看	イ 巻	ウ 誤	エ 重	
オ 閣	カ 貴	キ 呼	ク 護	
ケ 解	コ 内	サ 頭	シ 革	

(土) 次の**カタカナ**の部分を**漢字**に直しなさい。〈2×15＝30点〉

1 関東地方**ゼンイキ**で雨が降る。
2 頭にほうたいを**マ**く。
3 道に**ソ**って家が並ぶ。
4 **カクセイ**器を使って号令をかける。
5 森の中で**シンコキュウ**をする。
6 **キョウチュウ**をお察しします。
7 **スジ**書きどおりに事が運ぶ。
8 事故現場に**ケイカン**がかけつける。
9 **ゲキダン**に入る。
10 まぶしい光が目を**イ**る。
11 **タイシュウ**食堂に入る。
12 ご飯を**ム**らす。
13 **ハリ**に糸を通す。
14 事態はかなり**シンテン**している。
15 長距離走の自己最高記録を**チヂ**める。

4級

アク〜キ

1

握	扱	依	威	為	偉	違	維	緯	壱	芋
アク にぎる	あつかう	イ エ	イ	イ	イ えらい	イ ちがう ちがえる	イ	イ	イチ	いも
扌 12	扌 6	亻 8	女 9	灬 9	亻 12	辶 13	糸 14	糸 16	士 7	艹 6
把握(ハアク) 握手(アクシュ) 握り飯(にぎりめし)	取り扱う(とりあつかう) 客扱い(キャクあつかい)	依存(イゾン) 依頼(イライ) 依然(イゼン) 帰依(キエ)	威力(イリョク) 権威(ケンイ) 威厳(イゲン) 威圧(イアツ)	行為(コウイ) 作為(サクイ) 人為(ジンイ) 無為(ムイ)	偉大(イダイ) 偉人(イジン) 偉い(えらい)人物	違反(イハン) 相違(ソウイ) 思い違い(おもいちがい)	維持(イジ) 繊維(センイ) 維新(イシン)	緯度(イド) 経緯(ケイイ) 北緯(ホクイ)	壱万円(イチマンエン)	山芋(やまいも) 芋虫(いもむし)

陰	隠	影	鋭	越	援	煙	鉛	縁	汚
イン かげ かげる	イン かくす かくれる	エイ かげ	エイ するどい	エツ こす こえる	エン	エン けむる けむり けむい	エン なまり	エン ふち	オ けがす けがれる けがらわしい よごす よごれる きたない
阝 11	阝 14	彡 15	金 15	走 12	扌 12	火 13	金 13	糸 15	氵 6
陰気(インキ) 陰湿(インシツ) 木陰(こかげ)	隠居(インキョ) 隠匿(イントク) 雲隠れ(くもがくれ)	影響(エイキョウ) 撮影(サツエイ) 影絵(かげえ)を見る	精鋭(セイエイ) 鋭利(エイリ) 鋭い(するどい)指摘(してき)	超越(チョウエツ) 卓越(タクエツ) 山越え(やまごえ)	援助(エンジョ) 援護(エンゴ) 応援(オウエン) 支援(シエン)	煙突(エントツ) 煙幕(エンマク) 土煙(つちけむり)	鉛筆(エンピツ) 鉛色(なまりいろ)	縁起(エンギ) 縁故(エンコ) 額縁(がくぶち)	汚染(オセン) 汚点(オテン) 汚名(オメイ) 汚職(オショク) 口汚し(くちよごし)

押	奥	憶	菓	暇	箇	雅	介	戒	皆	壊	較	獲
オウ おす おさえる	オウ おく	オク	カ	カ ひま	カ	ガ	カイ	カイ いましめる	カイ みな	カイ こわす こわれる	カク	カク える
扌 8	大 12	忄 16	艹 11	日 13	竹 14	隹 13	人 4	戈 7	白 9	土 16	車 13	犭 16
押収(オウシュウ) 押印(オウイン) 手押し車(ておしぐるま)	奥義(オウギ) 胸奥(キョウオウ) 奥地(おくチ)	記憶(キオク) 憶測(オクソク) 追憶(ツイオク)	菓子(カシ) 製菓業(セイカギョウ)	余暇(ヨカ) 休暇(キュウカ) 暇つぶし(ひまつぶし)	箇所(カショ) 箇条(カジョウ)	優雅(ユウガ) 風雅(フウガ)	紹介(ショウカイ) 介入(カイニュウ) 介抱(カイホウ) 仲介(チュウカイ)	訓戒(クンカイ) 戒律(カイリツ) 戒めを解く(いましめをとく)	皆勤(カイキン) 皆無(カイム) 皆様(みなさま)	破壊(ハカイ) 崩壊(ホウカイ) 壊れ物(こわれもの)	比較(ヒカク) 較差(カクサ)	捕獲(ホカク) 獲得(カクトク) 獲物(えもの)

刈	甘	汗	乾	勧	歓	監	環	鑑	含	奇	祈
かる	カン あまい あまえる あまやかす	カン あせ	カン かわく かわかす	カン すすめる	カン	カン	カン	カン かんがみる	ガン ふくむ ふくめる	キ	キ いのる
刂 4	甘 5	氵 6	乙 11	力 13	欠 15	皿 15	王 17	金 23	口 7	大 8	礻 8
芝刈り(しばかり) 草刈り(くさかり)	甘言(カンゲン) 甘味(カンミ) 甘酒(あまざけ)	発汗(ハッカン) 汗顔(カンガン) 冷や汗(ひやあせ)	乾燥(カンソウ) 乾杯(カンパイ) 服を乾かす(かわかす)	勧誘(カンユウ) 勧告(カンコク) 入部の勧め(すすめ)	歓喜(カンキ) 歓待(カンタイ) 歓談(カンダン) 交歓(コウカン)	監督(カントク) 監査(カンサ) 監禁(カンキン) 総監(ソウカン)	環境(カンキョウ) 循環(ジュンカン) 一環(イッカン) 環状(カンジョウ)	鑑賞(カンショウ) 鑑定(カンテイ) 年鑑(ネンカン) 鑑識(カンシキ)	含蓄(ガンチク) 含有(ガンユウ) 含み笑い(ふくみわらい)	奇妙(キミョウ) 奇跡(キセキ) 奇抜(キバツ) 奇遇(キグウ)	祈念(キネン) 祈願(キガン) 神に祈る(いのる)

(1) **握手**をして別れる。
(2) 客**扱**いがうまい。
(3) 仕事を**依頼**される。
(4) 彼は心理学の**権威**だ。（その道にすぐれた人）
(5) **無作為**に選ぶ。
(6) **偉人**伝を出版する。
(7) 意見の**相違**がある。
(8) **繊維**を多く含む野菜。
(9) **経緯**を説明する。
(10) **壱万**円札で払う。
(11) **芋虫**を観察する。
(12) **陰湿**なやり方だ。
(13) 証拠を**隠匿**する。（かくすこと）
(14) 写真**撮影**をする。
(15) **鋭利**な刃物。（刃物などがよく切れること）
(16) **卓越**した技術。（他よりはるかにすぐれていること）
(17) 味方を**援護**する。
(18) 留学生を**支援**する。
(19) **煙幕**を張りめぐらす。（敵の目をくらますための煙）

(20) **鉛**色の海。
(21) 親の**縁故**で世話になる。（かかわりあい・つながり）
(22) 経歴に**汚点**をつける。
(23) 自署**押印**する。
(24) **胸奥**に秘めた思い。（心の中）
(25) **憶測**がはずれる。（推量・推測）
(26) **製菓**業を営む。
(27) **休暇**を海外で過ごす。
(28) 要点を**箇条**書きにする。
(29) **風雅**なたたずまい。（風流で上品なこと）
(30) 紛争に軍事**介入**する。
(31) 不動産の**仲介**業。
(32) **戒律**の厳しい宗派。
(33) 思い当たるふしは**皆無**だ。（まったく何もないこと）
(34) がけが**崩壊**する。
(35) 気温の年間**較差**。
(36) 賞金を**獲得**する。
(37) 庭の**草刈**りをする。
(38) 人工**甘味**料を使用する。

(39) **汗顔**のいたり。（恥じて顔に汗をかくこと）
(40) 勝利を祝して**乾杯**する。
(41) 国の**勧告**に従う。（わけを話してすすめること）
(42) 友の**歓待**を受ける。（手厚くもてなすこと）
(43) 会計**監査**を行う。（とりしまり調べること）
(44) 警視**総監**賞を受ける。
(45) 大気は**循環**している。
(46) **環状**七号線を通る。
(47) 刀を**鑑定**する。
(48) 金の**含有**量を調べる。
(49) **奇跡**的に一命をとりとめる。
(50) 優勝を**祈願**する。

まめ知識

ネと衤

「ネ」か「衤」か迷うことがありませんか。それぞれの部首の意味の違いを覚えておきましょう。

ネ…示（神の意味）
社神祈礼祝福祖

衤…衣（衣服の意味）
複被補裸褐裕

(1) 質問の意味を**ハアク**する。（よく理解すること）
(2) 取り**あつか**いに注意する。
(3) 輸入に**イソン**する。（他にたよって生きること・いぞん）
(4) 爆薬の**イリョク**は大きい。
(5) 不正**コウイ**をあばく。
(6) **イダイ**な功績を残す。
(7) 交通**イハン**を取りしまる。
(8) 健康を**イジ**する。（もちこたえること）
(9) **イド**と経度を地図で調べる。
(10) **イチ**万円の商品券を贈る。
(11) **やまいも**を料理する。
(12) **こかげ**で休む。
(13) 気楽な**インキョ**生活を送る。（責任をゆずり、静かに暮らすこと）
(14) 友人に**エイキョウ**を与える。
(15) 陸軍の**セイエイ**を集める。（勢いが強くてするどい力があること）
(16) 人知を**チョウエツ**する。（はるかにこえること）
(17) 国の**エンジョ**を受ける。
(18) 銭湯の**エントツ**。
(19) **つちけむり**で何も見えない。
(20) 色**エンピツ**で絵を描く。
(21) **エンギ**の良い話。
(22) 河川が**オセン**される。
(23) 書類を**オウシュウ**する。（裁判所が取り上げること）
(24) 学問の**オウギ**を極める。（一番大事なところ）
(25) 密林の**おくチ**を探検する。
(26) **キオク**力を養う。
(27) お**カシ**を食べる。
(28) **ヨカ**を有効に使う。
(29) 間違えた**カショ**を直す。
(30) **ユウガ**な生活を送る。
(31) 両親を**ショウカイ**する。
(32) **クンカイ**を垂れる。（教えさとして、いましめること）
(33) **カイキン**賞でほめられる。（一日も休まずつとめること）
(34) 台風で町が**ハカイ**された。
(35) 今日は**ヒカク**的暖かい。
(36) 逃げた猿を**ホカク**する。（いけどること）
(37) **えもの**を取り逃がした。
(38) 芝**かり**機の手入れをする。
(39) **カンゲン**にのせられる。（相手の気に入りそうなあまいことば）
(40) 冷や**あせ**をかく。
(41) 空気が**カンソウ**している。
(42) クラブに**カンユウ**する。（すすめさそうこと）
(43) **カンキ**に満ちた声。（非常によろこぶこと）
(44) 映画**カントク**を取材する。
(45) 自然**カンキョウ**を守る。
(46) 音楽を**カンショウ**する。
(47) **ガンチク**のある言葉。（意味する内容が深く、味わいのあること）
(48) **ふく**み笑いする。
(49) それは**キミョウ**な話だ。
(50) 旅の無事を**いの**る。

まめ知識

陰（かげ）と影（かげ）はどう違う？

陰　影

陰 ⇩ 太陽のあたらない所、くらい意を表す。

影 ⇩ 日の光によってできる物のかたちを表す。

1 次の漢字の部首を後のア〜クから選び、記号で答えなさい。

(1) 依（　）
(2) 隠（　）
(3) 祈（　）
(4) 環（　）
(5) 煙（　）
(6) 憶（　）

ア 王　イ 火　ウ 礻　エ 忄
オ 亻　カ 礻　キ 阝　ク 心

2 下の□の中のひらがなを漢字に直して書き、対義語を作りなさい。

(1) 悲哀↔（　）喜
(2) 合憲↔（　）憲
(3) 建設↔破（　）
(4) 陽気↔（　）気

かい・いん
い・かん

3 次の文の□に入る適切な漢字を、後のア〜エから一つずつ選び、記号で答えなさい。

(1) とらの□を借るきつね。
ア 衣　イ 為　ウ 威　エ 意（　）

(2) 寸□を惜しんで勉強する。
ア 暇　イ 課　ウ 過　エ 価（　）

(3) 災害にあった人を支□する。
ア 園　イ 演　ウ 延　エ 援（　）

4 次の熟語の構成は後のA〜Dのどれにあたるか、記号で答えなさい。

(1) 握手（　）
(2) 鉛筆（　）
(3) 比較（　）
(4) 経緯（　）

A 同じような意味の漢字を重ねたもの。(例)…進行
B 反対または対応する意味の漢字を重ねたもの。(例)…大小
C 上の字が下の字の意味を修飾しているもの。(例)…緑色
D 下の字が上の字の目的・対象などを示すもの。(例)…登山

5 次の文中の誤字を正しい漢字で書きなさい。

(1) 美術展で名画を監賞する。（　）
(2) 私財を投じたかれの行為は緯大だ。（　）
(3) 追われて木隠に逃げこむ。（　）

6 次の——線のところにあてはまる送りがなを書きなさい。

(1) 入会を**勧**——。（　）
(2) 服が**乾**——。（　）
(3) **鋭**——視線。（　）
(4) 現金を**扱**——。（　）

7 次の太字を漢字に直して書きなさい。

(1) 大気**オ**染（　）
(2) 賞金**カク**得（　）
(3) **エン**故採用（　）
(4) 軍事**カイ**入（　）

4級 ❷ キ～ゴ

漢字	読み	部首・画数	用例
鬼	キ / おに	鬼 10	鬼才（キサイ） 鬼神（キジン（シン）） 鬼に金棒（おに・かなボウ）
幾	キ / いく	幺 12	幾何（キカ） 幾分（いくブン） 幾度（いくド）
輝	キ / かがやく	車 15	光輝（コウキ） 輝き出す（かがや）
儀	ギ	イ 15	儀式（ギシキ） 礼儀（レイギ） 地球儀（チキュウギ）
戯	ギ / たわむれる	戈 15	遊戯（ユウギ） 戯曲（ギキョク） 犬と戯れる（たわむ）
詰	キツ / つめる / つまる / つむ	言 13	詰問（キツモン） 難詰（ナンキツ） 詰め寄る（つ）
却	キャク	卩 7	退却（タイキャク） 返却（ヘンキャク） 却下（キャッカ） 忘却（ボウキャク）
脚	キャク / キャ / あし	月（にくづき） 11	脚本（キャクホン） 失脚（シッキャク） 雨脚（あまあし）
及	キュウ / およぶ / および / およぼす	又 3	普及（フキュウ） 追及（ツイキュウ） 及び腰（およ・ごし）
丘	キュウ / おか	一 5	砂丘（サキュウ） 丘陵（キュウリョウ） 丘の上（おか）
朽	キュウ / くちる	木 6	不朽（フキュウ） 老朽（ロウキュウ） 朽ち葉（く・ば）

漢字	読み	部首・画数	用例
巨	キョ	工 5	巨大（キョダイ） 巨人（キョジン） 巨漢（キョカン） 巨星（キョセイ）
拠	キョ / コ	扌 8	根拠（コンキョ） 準拠（ジュンキョ） 占拠（センキョ） 証拠（ショウコ）
距	キョ	𧾷 12	距離（キョリ）
御	ギョ / ゴ / おん	彳 12	制御（セイギョ） 御所（ゴショ） 御中（おんチュウ）
凶	キョウ	凵 4	凶器（キョウキ） 凶作（キョウサク） 吉凶（キッキョウ）
叫	キョウ / さけぶ	口 6	絶叫（ゼッキョウ） 叫喚（キョウカン） 叫び声（さけ・ごえ）
狂	キョウ / くるう / くるおしい	犭 7	熱狂（ネッキョウ） 狂気（キョウキ） 狂い咲き（くる・ざ）
況	キョウ	氵 8	状況（ジョウキョウ） 実況（ジッキョウ） 不況（フキョウ） 盛況（セイキョウ）
狭	キョウ / せまい / せばめる / せばまる	犭 9	狭義（キョウギ） 偏狭（ヘンキョウ） 狭苦しい（せまくる）
恐	キョウ / おそれる / おそろしい	心 10	恐怖（キョウフ） 恐縮（キョウシュク） 恐れ多い（おそ）
響	キョウ / ひびく	音 20	影響（エイキョウ） 反響（ハンキョウ） 鳴り響く（ひび）

漢字	読み	部首・画数	用例
驚	キョウ / おどろく / おどろかす	馬 22	驚異（キョウイ） 驚嘆（キョウタン） 驚き入る（おどろ・い）
仰	ギョウ / コウ / あおぐ / おおせ	イ 6	信仰（シンコウ） 仰天（ギョウテン） 仰向け（あおむ）
駆	ク / かける / かる	馬 14	駆使（クシ） 駆除（クジョ） 駆け足（か）
屈	クツ	尸 8	不屈（フクツ） 屈指（クッシ） 屈服（クップク） 理屈（リクツ）
掘	クツ / ほる	扌 11	採掘（サイクツ） 発掘（ハックツ） 井戸掘り（いど・ほ）
繰	くる	糸 19	繰り返す（く・かえ） 繰り延べ（く・の）
恵	ケイ / エ / めぐむ	心 10	知恵（チエ） 恩恵（オンケイ） 恵みの雨（めぐ）
傾	ケイ / かたむく / かたむける	イ 13	傾斜（ケイシャ） 傾倒（ケイトウ） 傾き加減（かたむ・カゲン）
継	ケイ / つぐ	糸 13	継続（ケイゾク） 継承（ケイショウ） 跡継ぎ（あとつ）
迎	ゲイ / むかえる	辶 7	歓迎（カンゲイ） 送迎（ソウゲイ） 出迎え（でむか）
撃	ゲキ / うつ	手 15	攻撃（コウゲキ） 撃退（ゲキタイ） 早撃ち（はやう）
肩	ケン / かた	肉 8	双肩（ソウケン） 比肩（ヒケン） 肩書き（かたが）
兼	ケン / かねる	八 10	兼用（ケンヨウ） 兼業（ケンギョウ） 見兼ねる（みか）

漢字	読み	部首・画数	用例
剣	ケン / つるぎ	刂 10	剣道（ケンドウ） 真剣（シンケン） 剣の山（つるぎ）
軒	ケン / のき	車 10	一軒（イッケン） 軒数（ケンスウ） 軒並み（のきな）
圏	ケン	囗 12	圏内（ケンナイ） 首都圏（シュトケン）
堅	ケン / かたい	土 12	堅固（ケンゴ） 堅持（ケンジ） 堅物（かたブツ）
遣	ケン / つかう / つかわす	辶 13	派遣（ハケン） 小遣い（こづか）
玄	ゲン	玄 5	玄関（ゲンカン） 玄米（ゲンマイ） 幽玄（ユウゲン）
枯	コ / かれる / からす	木 9	枯渇（コカツ） 栄枯（エイコ） 木枯らし（こが）
誇	コ / ほこる	言 13	誇張（コチョウ） 誇大（コダイ） 国の誇り（ほこ）
鼓	コ / つづみ	鼓 13	太鼓（タイコ） 鼓舞（コブ） 舌鼓（したつづみ）
互	ゴ / たがい	二 4	互角（ゴカク） 交互（コウゴ） 互い違い（たが）

(1) 鬼神のように立ちはだかる。（　　）
(2) 幾分涼しくなった。（　　）
(3) 夜空の星が輝き出す。（　　）
(4) 礼儀正しくふるまう。（　　）
(5) 戯曲を上演する。（演劇の脚本・台本）（　　）
(6) 大声で難詰される。（欠点をあげてせめること）（　　）
(7) 借りた本を返却する。（　　）
(8) 忘却のかなたへ押しやる。（忘れてしまうこと）（　　）
(9) 大臣が失脚する。（地位や立場を失うこと）（　　）
(10) 責任を追及する。（　　）
(11) 丘陵地帯に住む。（　　）
(12) 建物の老朽化がすすむ。（　　）
(13) 経済界の巨人に会う。（すぐれた人物・偉人）（　　）
(14) 規則に準拠する。（よりどころとすること）（　　）
(15) 論より証拠だ。（　　）
(16) 長距離走に出場する。（　　）
(17) 京都御所を見学する。（　　）
(18) 凶作にみまわれる。（　　）
(19) 阿鼻叫喚の光景。（わめきさけぶこと）（　　）

(20) 狂気を感じさせる絵。（　　）
(21) 野球の実況放送を聞く。（　　）
(22) バザーは盛況だった。（　　）
(23) それは偏狭な考え方だ。（度量が小さいこと）（　　）
(24) 手厚いもてなしに恐縮する。（　　）
(25) トンネルでは声が反響する。（　　）
(26) 人々を驚嘆させる技。（驚き感心すること）（　　）
(27) びっくり仰天する。（　　）
(28) 草原に仰向けになる。（　　）
(29) 害虫を駆除する。（　　）
(30) 世界でも屈指の名選手。（多数の中で特にすぐれていること）（　　）
(31) 理屈をこねる。（　　）
(32) 遺跡を発掘する。（　　）
(33) 予定を繰り延べにする。（　　）
(34) 天の恩恵を受ける。（　　）
(35) 近世の文学に傾倒する。（熱中すること）（　　）
(36) 王位を継承する。（　　）
(37) 送迎バスを待つ。（　　）
(38) 敵を撃退する。（　　）

(39) この小説は名作に比肩する。（肩を並べること・同等なこと）（　　）
(40) 兼業農家。（　　）
(41) 真剣なまなざし。（　　）
(42) 家の軒数を調べる。（　　）
(43) 首都圏の交通事情。（　　）
(44) 三割を堅持する打者。（かたく守ってゆずらないこと）（　　）
(45) 小遣いをもらう。（　　）
(46) 玄米は健康食品だ。（　　）
(47) 歴史は栄枯盛衰だ。（栄えることと衰えること）（　　）
(48) 誇大広告に注意する。（　　）
(49) 選手の士気を鼓舞する。（人の気持ちを奮い立たせること）（　　）
(50) 交互に意見を述べる。（　　）

まめ知識

「ツイキュウ」のいろいろ

・追求…あるものを得ようと、どこまでも追い求めること。**理想を追求する**
・追究…どこまでもつきつめて明らかにしようとすること。**真理を追究する**
・追及…追いかけること。どこまでも追いせめること。**責任を追及する**

(1) 映画界の**キサイ**。（すぐれたさいのうをもつ人）

(2) **キカ**学を教える。（図形や空間に関する学問）

(3) **コウキ**ある母校の伝統。（ほまれ）

(4) **ギシキ**をとり行う。

(5) お**ユウギ**の時間。

(6) 野原で小犬と**たわむ**れる。

(7) 理由を**キツモン**する。（厳しくといつめること）

(8) **タイキャク**を命じる。

(9) **キャクホン**を書き終える。

(10) **フキュウ**率を上げる。

(11) 鳥取**サキュウ**を歩く。

(12) **フキュウ**の名作を読む。（ほろびないこと）

(13) **キョダイ**な岩石を運ぶ。

(14) **コンキョ**のない話だ。

(15) 学校までの**キョリ**は長い。

(16) 自動**セイギョ**に切りかえる。

(17) **キョウキ**を取り上げる。（人に危害を加えるための道具）

(18) 山の頂上から**さけ**ぶ。

(19) **ネッキョウ**的な野球ファン。

(20) 現場の**ジョウキョウ**を知る。

(21) **キョウギ**に解釈する。（意味する範囲がせまいこと）

(22) **せまくる**しい部屋に住む。

(23) 高所**キョウフ**症。

(24) 父の**エイキョウ**が強い。

(25) **キョウイ**的な記録をつくる。

(26) **シンコウ**心があつい。

(27) 三か国語を**クシ**する。（思いのままにつかいこなすこと）

(28) **フクツ**の精神で戦う。

(29) 石炭の**サイクツ**現場へ行く。

(30) 何度も**くり**返す。

(31) **チエ**をしぼる。

(32) **ケイシャ**の激しい坂。（かたむき・こうばい）

(33) 会議は**ケイゾク**している。

(34) 客を**カンゲイ**する。

(35) 敵に**コウゲキ**をしかける。

(36) 責任を**ソウケン**でになう。（左右両かた）

(37) 母と**ケンヨウ**の洋服。（かねてもちいること）

(38) **ケンドウ**日本一の学校。

(39) **イッケン**先に消防署がある。

(40) **のきなみ**に台風にやられる。（どれもこれもみな）

(41) 合格**ケンナイ**に入った。

(42) **ケンゴ**な城壁を築く。（しっかりしていて攻撃などに負けない様子）

(43) 記者を**ハケン**する。（命じて行かせること）

(44) **ゲンカン**を掃除する。

(45) 井戸の水が**コカツ**する。（物が尽きてなくなること）

(46) **コチョウ**した表現。（おおげさに言うこと）

(47) 自分に**ほこ**りを持つ。

(48) **タイコ**をたたく。

(49) 実力は二人とも**ゴカク**だ。（たがいに優劣がないこと）

(50) 男女が**たが**い違いにならぶ。

まめ知識

はねる、はねない

・はねているへんの縦画（たてかく）

扌 犭 月 孑 予 方 舟 角 弓

・とめているへんの縦画

亻 彳 丬 忄 阝 木 禾 礻 巾 歹

衤 糸 牜 車 耳 米 耒 釆 革 片

4級

1 次の熟語の構成は後のA～Dのどれにあたるか、記号で答えなさい。

(1) **比肩**（　）
(2) **栄枯**（　）
(3) **不朽**（　）
(4) **攻撃**（　）

A 同じような意味の漢字を重ねたもの。 (例)…進行
B 反対または対応する意味の漢字を重ねたもの。 (例)…大小
C 下の字が上の字の目的・対象などを示すもの。 (例)…登山
D 上の字が下の字の意味を打ち消しているもの。 (例)…不信

2 下の□の中のひらがなを漢字に直して書き、類義語を作りなさい。

(1) 不作―（　）作
(2) 知能―知（　）
(3) 対等―（　）角
(4) 苦難―難（　）

え・ぎ
ご・きょう

3 次の太字をそれぞれ別の漢字に直して書きなさい。

(1) **ケン**実な作戦をとる。（　）
(2) 海外へ使節を派**ケン**する。（　）
(3) ロケットが大気**ケン**外へ飛び出す。（　）
(4) 王位を**ケイ**承する資格がある。（　）
(5) 出題の**ケイ**向を研究する。（　）
(6) 近**キョウ**を報告し合う。（　）
(7) 報道番組が大きな反**キョウ**をよんだ。（　）

4 次の漢字の部首を（　）に、部首名を〔　〕に書きなさい。

(1) **迎**（　）〔　〕
(2) **狭**（　）〔　〕
(3) **屈**（　）〔　〕
(4) **脚**（　）〔　〕
(5) **戯**（　）〔　〕
(6) **御**（　）〔　〕

5 次の文中の誤字を正しい漢字で書きなさい。

(1) 激しく攻撃されて退脚する。（　）
(2) 古代人の遺骨を発屈する。（　）
(3) 会長に就任すべきか真検に考える。（　）

6 次の――線のところにあてはまる送りがなを書きなさい。

(1) 朝日が**輝**――。（　）
(2) 水と**戯**――。（　）
(3) 結果に**驚**――。（　）
(4) 病気を**恐**――。（　）

7 次の太字にあてはまる漢字を後から選び、書きなさい。

(1) **コ**大広告（　）
(2) 男女**ケン**用（　）
(3) 相**ゴ**理解（　）
(4) 害虫**ク**除（　）
(5) 至近**キョ**離（　）
(6) 徹底追**キュウ**（　）

及　距　駆　兼　誇　互

4級 コウ～ショウ ③

漢字	読み	部首	画数	用例
抗	コウ	扌	7	反抗 抗議 抵抗 対抗
攻	コウ せめる	攵	7	攻撃 攻守 水攻め
更	コウ さら ふける ふかす	日	7	変更 更新 夜更け
恒	コウ	忄	9	恒例 恒常 恒久 恒星
荒	コウ あらい あれる あらす	艹	9	荒廃 荒涼 荒波
項	コウ	頁	12	項目 事項 要項 条項
稿	コウ	禾	15	原稿 遺稿 寄稿 起稿
豪	ゴウ	豕	14	豪華 豪放 文豪 豪勢
込	こむ こめる	辶	5	人込み やり込める
婚	コン	女	11	結婚 婚約 婚期 婚礼
鎖	サ くさり	金	18	閉鎖 鎖国 鉄の鎖

漢字	読み	部首	画数	用例
彩	サイ いろどる	彡	11	色彩 水彩 美しい彩り
歳	サイ セイ	止	13	歳末 歳入 歳暮 万歳
載	サイ のせる のる	車	13	連載 記載 雑誌に載る
剤	ザイ	刂	10	薬剤 下剤 調剤
咲	さく	口	9	咲き誇る 遅咲き
惨	サン ザン みじめ	忄	11	悲惨 惨敗 惨めな試合
旨	シ むね	日	6	主旨 要旨 その旨
伺	シ うかがう	イ	7	伺候 お伺い
刺	シ さす ささる	刂	8	名刺 風刺 刺し身
脂	シ あぶら	月（にくづき）	10	脂肪 油脂 脂身 脂汗
紫	シ むらさき	糸	12	紫煙 紫色

漢字	読み	部首	画数	用例
雌	シ め めす	隹	14	雌雄 雌伏 雌牛 雌花
執	シツ シュウ とる	土	11	固執 執筆 筆を執る
芝	しば	艹	6	芝生 芝居 芝刈り
斜	シャ ななめ	斗	11	傾斜 斜面 斜めに傾く
煮	シャ にる にえる にやす	灬	12	煮沸 煮物 雑煮
釈	シャク	釆	11	解釈 釈放 釈明 会釈
寂	ジャク セキ さび さびしい さびれる	宀	11	静寂 物寂しい 寂れた村
朱	シュ	木	6	朱肉 朱色 朱筆
狩	シュ かる かり	犭	9	狩猟 潮干狩り
趣	シュ おもむき	走	15	趣味 趣向 自然の趣
需	ジュ	雨	14	需要 必需 特需
舟	シュウ ふね ふな	舟	6	呉越同舟 小舟 舟歌

漢字	読み	部首	画数	用例
秀	シュウ ひいでる	禾	7	優秀 秀才 秀でた力
襲	シュウ おそう	衣	22	襲撃 襲来 台風が襲う
柔	ジュウ ニュウ やわらか やわらかい	木	9	柔道 柔軟 柔和 手触りが柔らかい
獣	ジュウ けもの	犬	16	猛獣 怪獣 獣道
瞬	シュン またたく	目	18	瞬間 一瞬 瞬く間
旬	ジュン シュン	日	6	上旬 旬間 旬の野菜
巡	ジュン めぐる	巛	6	巡視 巡査 堂堂巡り
盾	ジュン たて	目	9	矛盾 盾に取る
召	ショウ めす	口	5	召集 召喚 召し上げ
床	ショウ とこ ゆか	广	7	病床 温床 床の間

(1) **抗議**のデモに参加する。（　　）
(2) クラス**対抗**の試合。（　　）
(3) **攻守**のバランスがよい。（　　）
(4) 記録を**更新**する。（あらためること）（　　）
(5) **恒常**的な天体の動き。（変わらないこと）（　　）
(6) **荒涼**とした砂漠。（あれはててさびしいさま）（　　）
(7) **荒波**が打ち寄せる。（　　）
(8) 重要**事項**を記録する。（　　）
(9) 著名作家の**遺稿**が見つかる。（発表されず死後に残された原稿）（　　）
(10) 祖父は**豪放**な性格だ。（太っ腹で小さな事にこだわらないこと）（　　）
(11) ライバルをやり**込**める。（　　）
(12) 姉が**婚約**をする。（　　）
(13) **婚礼**の日どりを決める。（　　）
(14) 江戸時代の**鎖国**政策。（外国とのまじわりを絶つこと）（　　）
(15) **水彩**画をかく。（　　）
(16) 国の**歳入**を調べる。（一年間の収入の総計）（　　）
(17) 報告書に氏名を**記載**する。（　　）
(18) 薬局で**下剤**を買う。（　　）
(19) **遅咲**きの桜。（　　）
(20) 試合で**惨敗**した。（　　）
(21) 文章の**要旨**をつかむ。（　　）
(22) 上司に**伺**いをたてる。（　　）
(23) まんがで世相を**風刺**する。（遠回しに批判すること）（　　）
(24) 植物性**油脂**の石けん。（　　）
(25) **紫**色の花が咲く。（　　）
(26) 今は**雌伏**の時だ。（活躍する機会をじっと待つこと）（　　）
(27) 受粉した**雌花**。（　　）
(28) **執筆**活動を休止する。（　　）
(29) **芝居**を見物しに行く。（　　）
(30) 急な**斜面**を登る。（　　）
(31) 正月は**雑煮**を食べる。（　　）
(32) 疑いが晴れて**釈放**される。（　　）
(33) 先輩に**会釈**する。（軽く礼をすること）（　　）
(34) 物**寂**しい風景の絵。（　　）
(35) 器に**朱色**をぬる。（　　）
(36) 遠足で**潮干狩**りに行く。（　　）
(37) **趣向**をこらす。（くふう）（　　）
(38) 生活**必需**品をそろえる。（　　）
(39) あじわい深い**舟歌**。（　　）
(40) 兄は**秀才**だといわれる。（　　）
(41) 敵の**襲来**に備える。（おそってくること）（　　）
(42) **柔軟**体操をする。（　　）
(43) **柔**らかい手触りの布。（　　）
(44) **怪獣**映画をみる。（　　）
(45) 稲妻が**一瞬**光る。（　　）
(46) 交通安全**旬間**。（一〇日間）（　　）
(47) 交番の**巡査**と話す。（　　）
(48) 忙しいのを**盾**に取る。（　　）
(49) 職員を急いで**召喚**する。（役所からの呼びだし）（　　）
(50) **温床**で苗を育てる。（適度の温熱で促成栽培するなどこ）（　　）

まめ知識

舟と船

昔、中国では、関東（函谷関（かんこくかん）から東）では舟、関西（函谷関から西）では船といいました。

一般には次のように分けられます。

舟…小型のもの。　小舟　丸木舟

船…大型のもの。　汽船　船舶

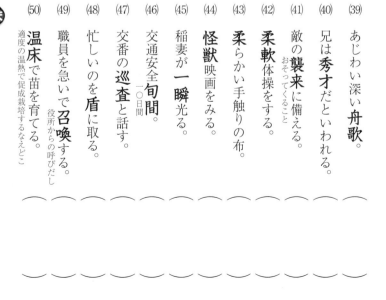

(1) **ハンコウ**期に入る。
(2) **コウゲキ**をしかける。
(3) 敵の城を**みずぜめ**にする。
(4) 目的地を**ヘンコウ**する。
(5) 毎年**コウレイ**の大運動会。（ならわしとなっている行事）
(6) **コウハイ**した土地。（あれすたれること）
(7) 船が**あらなみ**にもまれる。
(8) 全体を**コウモク**別に分ける。
(9) **ゲンコウ**用紙に作文を書く。
(10) **ゴウカ**な商品が当たる。
(11) **ゴウセイ**な料理。
(12) **ひとごみ**を避ける。
(13) **ケッコン**式の招待状。
(14) 映画館が**ヘイサ**される。（とじて出入りのできないこと）
(15) **シキサイ**感覚にすぐれる。
(16) 美しい**いろどり**の絵。
(17) **サイマツ**大売り出し。（年のくれ）
(18) 雑誌に小説を**レンサイ**する。
(19) **ヤクザイ**師になりたい。
(20) 梅の花が**さき**始める。
(21) **ヒサン**な結末を迎える。
(22) 先生に休む**むね**を伝える。
(23) 宮中に**シコウ**する。（貴人のそば近くに仕えること）
(24) **メイシ**を交換する。
(25) 身体に**シボウ**がつく。
(26) **あぶらみ**の少ない肉を買う。
(27) **シエン**をくゆらす。（タバコのけむりのこと）
(28) **シユウ**を決する戦い。（優劣・勝負）
(29) 自分の考えに**コシツ**する。（自分の考え、意見を曲げないこと）
(30) 庭の**しばふ**の手入れをする。
(31) **ケイシャ**のきつい山道。
(32) ふきんを**シャフツ**消毒する。（水などを火にかけてにたたせること）
(33) 別の**カイシャク**をする。
(34) **セイジャク**を破る音。
(35) **シュニク**を使って印を押す。
(36) **シュリョウ**採集の生活。
(37) **シュミ**は音楽鑑賞だ。
(38) **ジュヨウ**と供給のバランス。（もとめ・いりよう）
(39) **こぶね**にのってつりをする。
(40) **ユウシュウ**な成績を収める。
(41) 敵の**シュウゲキ**にあう。（いきなりおそうこと）
(42) **ニュウワ**な仏像の顔。（優しくおとなしいこと）
(43) 動物園の**モウジュウ**のおり。
(44) **けものみち**を歩く。
(45) **シュンカン**最大風速。
(46) 十月**ジョウジュン**。（月はじめの十日間）
(47) 海軍の**ジュンシ**船。（みてまわること）
(48) 相手の**ムジュン**をつく。（つじつまがあわないこと）
(49) 国会を**ショウシュウ**する。
(50) **ビョウショウ**を見舞う。

まめ知識

「煮る」のいろいろ

中国料理では、「煮る」をいろいろ使い分けています。さすが料理にうるさい国ならではといえます。

・煮（ジュー）…芋を煮る
・燉（トゥン）…肉を煮る
・熬（アオ）…大根や粥（かゆ）を煮る

4級

1 次の漢字の部首を後のア～クから選び、記号で答えなさい。

(1) 瞬（　）
(2) 稿（　）
(3) 寂（　）
(4) 斜（　）
(5) 彩（　）
(6) 床（　）

ア 亠　イ 宀　ウ 斗　エ 目
オ 彡　カ 广　キ 木　ク 禾

2 下の□の中のひらがなを漢字に直して書き、対義語を作りなさい。

(1) 服従↕反（　）
(2) 開放↕閉（　）
(3) 雄花↕（　）花
(4) 供給↕（　）要

さ・こう
じゅ・め

3 次の文の□に入る適切な漢字を、後のア～エから一つずつ選び、記号で答えなさい。

(1) □撃は最大の防御なり。
ア 荒　イ 効　ウ 攻　エ 功（　）

(2) 父は会社で事務を□っている。
ア 取　イ 採　ウ 捕　エ 執（　）

(3) □向をこらした演出。
ア 趣　イ 朱　ウ 狩　エ 酒（　）

4 次の熟語の構成は後のA～Dのどれにあたるか、記号で答えなさい。

(1) 巡視（　）
(2) 優秀（　）
(3) 起稿（　）
(4) 未婚（　）

A 同じような意味の漢字を重ねたもの。(例)…進行
B 上の字が下の字の意味を修飾しているもの。(例)…緑色
C 下の字が上の字の目的・対象などを示すもの。(例)…登山
D 上の字が下の字の意味を打ち消しているもの。(例)…不通

5 次の文中の誤字を正しい漢字で書きなさい。

(1) 天皇が国会を昭集する。（　）
(2) 論説文の要脂を簡潔に述べる。（　）
(3) 姉は薬済師として病院に勤めている。（　）

6 次の——線のところにあてはまる送りがなを書きなさい。

(1) **秀**——才能。（　）
(2) 思いを**込**——。（　）
(3) 星が**瞬**——。（　）
(4) 指揮を**執**——。（　）

7 次の太字を漢字に直して書きなさい。

(1) 必要事**コウ**（　）
(2) 優**ジュウ**不断（　）
(3) **シャ**沸消毒（　）
(4) 社会風**シ**（　）

4級

ショウ～タン

漢字	読み	部首	画数	用例
沼	ショウ・ぬま	氵	8	湖沼（コショウ） 沼地（ぬまチ）
称	ショウ	禾	10	称賛（ショウサン） 対称（タイショウ） 称号（ショウゴウ） 愛称（アイショウ）
紹	ショウ	糸	11	紹介（ショウカイ）
詳	ショウ・くわしい	言	13	詳細（ショウサイ） 未詳（ミショウ） 詳しい話（くわ）
丈	ジョウ・たけ	一	3	丈夫（ジョウブ） 気丈（キジョウ） 背丈（せたけ）
畳	ジョウ・たたむ・たたみ	田	12	半畳（ハンジョウ） 畳語（ジョウゴ） 畳替え（たたみが）
殖	ショク・ふえる・ふやす	歹	12	繁殖（ハンショク） 養殖（ヨウショク） 魚を殖やす（ふ）
飾	ショク・かざる	食	13	装飾（ソウショク） 修飾（シュウショク） 飾り気（かざ・ケ）
触	ショク・ふれる・さわる	角	13	接触（セッショク） 感触（カンショク） 手触り（てざわ）
侵	シン・おかす	亻	9	侵入（シンニュウ） 侵略（シンリャク） 領土を侵す（おか）
振	シン・ふる・ふるう・ふれる	扌	10	振動（シンドウ） 不振（フシン） 振り子（ふ・こ）

漢字	読み	部首	画数	用例
浸	シン・ひたす・ひたる	氵	10	浸水（シンスイ） 浸透（シントウ） 水浸し（みずびた）
寝	シン・ねる・ねかす	宀	13	就寝（シュウシン） 寝具（シング） 昼寝（ひるね） 寝息（ねいき）
慎	シン・つつしむ	忄	13	慎重（シンチョウ） 謹慎（キンシン） 慎み深い（つつし・ぶか）
震	シン・ふるう・ふるえる	雨	15	震動（シンドウ） 地震（ジシン） 身震い（みぶる）
薪	シン・たきぎ	艹	16	薪炭（シンタン） 薪を燃やす（たきぎ）
尽	ジン・つくす・つきる・つかす	尸	6	尽力（ジンリョク） 無尽（ムジン） 心尽くし（こころづ）
陣	ジン	阝	10	陣地（ジンチ） 出陣（シュツジン） 円陣（エンジン） 陣中（ジンチュウ）
尋	ジン・たずねる	寸	12	尋問（ジンモン） 尋常（ジンジョウ） 尋ね人（たず・びと）
吹	スイ・ふく	口	7	吹奏（スイソウ） 鼓吹（コスイ） 吹き出物（ふ・でもの）
是	ゼ	日	9	是認（ゼニン） 是非（ゼヒ） 是正（ゼセイ） 国是（コクゼ）
姓	セイ・ショウ	女	8	姓名（セイメイ） 改姓（カイセイ） 同姓（ドウセイ）

漢字	読み	部首	画数	用例
征	セイ	彳	8	征服（セイフク） 遠征（エンセイ） 征伐（セイバツ） 出征（シュッセイ）
跡	セキ・あと	𧾷	13	遺跡（イセキ） 人跡（ジンセキ） 足跡（あしあと） 跡目（あとめ）
占	セン・しめる・うらなう	卜	5	占領（センリョウ） 占有（センユウ） 買い占め（し）
扇	セン・おうぎ	戸	10	扇動（センドウ） 扇子（センス） 舞扇（まいおうぎ）
鮮	セン・あざやか	魚	17	新鮮（シンセン） 鮮度（センド） 鮮やかな色（あざ）
訴	ソ・うったえる	言	12	起訴（キソ） 敗訴（ハイソ） 無実の訴え（うった）
僧	ソウ	亻	13	僧侶（ソウリョ） 高僧（コウソウ） 僧坊（ソウボウ）
燥	ソウ	火	17	乾燥（カンソウ） 焦燥（ショウソウ） 燥湿（ソウシツ） 高燥（コウソウ）
騒	ソウ・さわぐ	馬	18	騒動（ソウドウ） 騒然（ソウゼン） 胸騒ぎ（むなさわ）
贈	ゾウ・ソウ・おくる	貝	18	寄贈（キゾウ） 贈答（ゾウトウ） 贈り物（おく）
即	ソク	卩	7	即席（ソクセキ） 即刻（ソッコク） 即座（ソクザ） 即興（ソッキョウ）
俗	ゾク	亻	9	風俗（フウゾク） 俗物（ゾクブツ） 低俗（テイゾク） 俗悪（ゾクアク）
耐	タイ・たえる	而	9	忍耐（ニンタイ） 耐久（タイキュウ） 耐え忍ぶ（た・しの）

漢字	読み	部首	画数	用例
替	タイ・かえる・かわる	日	12	交替（コウタイ） 代替（ダイタイ） 日替わり（ひが）
沢	タク・さわ	氵	7	光沢（コウタク） 沼沢（ショウタク） 沢歩き（さわある）
拓	タク	扌	8	開拓（カイタク） 干拓（カンタク） 魚拓（ギョタク） 拓本（タクホン）
濁	ダク・にごる・にごす	氵	16	濁流（ダクリュウ） 汚濁（オダク） 言葉を濁す（にご）
脱	ダツ・ぬぐ・ぬげる	月（にくづき）	11	脱落（ダツラク） 脱退（ダッタイ） 一肌脱ぐ（ひとはだぬ）
丹	タン	丶	4	丹念（タンネン） 丹精（タンセイ）
淡	タン・あわい	氵	11	冷淡（レイタン） 淡泊（タンパク） 淡雪（あわゆき）
嘆	タン・なげく・なげかわしい	口	13	感嘆（カンタン） 驚嘆（キョウタン） 嘆かわしい（なげ）
端	タン・はし・は・はた	立	14	極端（キョクタン） 先端（センタン） 端数（ハスウ） 道端（みちばた）

(1) **沼地**に迷い込む。
(2) 左右**対称**の図形。
(3) 自己**紹介**をする。
(4) 作者**未詳**の歌。（まだはっきりわからないこと）
(5) **気丈**にふるまう。（心がしっかりしているさま）
(6) 「国々」などは**畳語**という。（同じ単語をかさねて一語としたもの）
(7) えびを**養殖**する。
(8) 主語を**修飾**する。
(9) 柔らかい**感触**のタオル。
(10) 敵の**侵略**に抵抗する。
(11) 成績**不振**を打開する。
(12) 新しい習慣が**浸透**する。（社会や人心にしみとおること）
(13) 夏用の**寝具**に切りかえる。
(14) 赤ちゃんの**寝息**をうかがう。
(15) 自宅**謹慎**を命じられる。
(16) 火山の噴火で山が**震動**する。
(17) **薪**を燃やして温まる。
(18) 縦横**無尽**に動き回る。（つきないこと）
(19) いざ、**出陣**だ。
(20) **陣中**見舞いに行く。
(21) これは**尋常**ではない。（特別でない、普通のこと）
(22) チーム全体を**鼓吹**する。（はげます）
(23) 物事の**是非**を問う。（物事のよいことと悪いこと）
(24) **同姓**同名の友達。
(25) 結婚して**改姓**する。
(26) 初めての海外**遠征**。
(27) **人跡**未踏の地。
(28) **跡目**相続で争う。
(29) 小屋を**占有**している猫。（独占）
(30) **扇子**を出してあおぐ。
(31) **鮮度**のよい魚。
(32) 裁判で逆転**敗訴**した。
(33) **高僧**の教えを学ぶ。
(34) **焦燥**感にかられる。（いらだつこと）
(35) **騒然**とした場内。
(36) **贈答**品を買う。
(37) **即刻**退場を命じる。（すぐに）
(38) **即興**で演奏する。（その場で感じたことをすぐに表現すること）
(39) しょせん彼は**俗物**だ。
(40) **耐久**性を調べる。
(41) **代替**品でがまんする。（かわり）
(42) 美しい**沼沢**地帯。
(43) **干拓**地で農業を行う。（湖や海の水を除いた陸地）
(44) 水質**汚濁**の原因を探る。
(45) グループを**脱退**する。
(46) **丹精**込めてつくった作品。（まごころをこめてすること）
(47) **淡泊**な味付けの料理。
(48) すばらしい技に**驚嘆**する。
(49) **先端**技術を学ぶ。（時代のさきがけ）
(50) **道端**に咲く花。

まめ知識

大丈夫は立派な男子

中国の周の時代に一丈（いちじょう）を男子の身長の基準としました。そこで、身長が一丈になれば一人前の男子であるということから「丈夫」という言葉が生まれました。「大丈夫」は、その中でも立派な男子という意味です。

(1) **コショウ**にすむ生き物。
(2) 評論家に**ショウサン**（ほめたたえること）される。
(3) 友人を**ショウカイ**する。
(4) **ショウサイ**（くわしくこまかいこと）に記録する。
(5) 心身ともに**ジョウブ**だ。
(6) かなり**せたけ**が伸びる。
(7) **たたみ**を取りかえる。
(8) 雑草が**ハンショク**（しげりふえること）する。
(9) **ソウショク**品を身に付ける。
(10) 車の**セッショク**事故。
(11) 他国の領土を**おか**す。
(12) **シンドウ**数を測定する。
(13) 柱時計の**ふり**子の音。
(14) 床上まで**シンスイ**する。
(15) 店中**みずびた**しになる。
(16) **シュウシン**（ねむるために床に入ること）時間を守る。
(17) **シンチョウ**な行動をとる。
(18) 体が**ふる**える。
(19) **シンタン**（たきぎとすみ）を燃料とする。

(20) 再建に**ジンリョク**（ちからをつくすこと）する。
(21) 川岸に**ジンチ**を構える。
(22) 警察官に**ジンモン**される。
(23) **たず**ね人が見つかる。
(24) **スイソウ**楽団に所属する。
(25) 明日は明日の風が**ふ**く。
(26) 改正案を**ゼニン**（そうであるとみとめること）する。
(27) **セイメイ**判断をしてもらう。
(28) 山頂を**セイフク**する。
(29) 古代の**イセキ**を調査する。
(30) 座席を**センリョウ**する。
(31) 市民を**センドウ**（ある行動をおこすように仕向けること）する。
(32) **シンセン**な野菜を買う。
(33) **キソ**（法律適用の手続きを裁判所におこすこと）事実を認める。
(34) 寺の**ソウリョ**になる。
(35) **カンソウ**注意報が出される。
(36) お家**ソウドウ**が起こる。
(37) 母校にピアノを**キゾウ**する。
(38) **ソクセキ**（その場・そくざ）料理をつくる。

(39) 最近の**フウゾク**（生活のならわし）を反映する。
(40) **ニンタイ**力を養う。
(41) 選手の**コウタイ**を告げる。
(42) **コウタク**（物の表面のつや、輝き）のある布地。
(43) 新しい分野を**カイタク**する。
(44) **ダクリュウ**に押し流される。
(45) **ダツラク**者が出る。
(46) **タンネン**（ねんを入れること）に仕上げる。
(47) **レイタン**（思いやりのないこと）な態度をとる。
(48) 春の**あわゆき**。
(49) **カンタン**の声が上がる。
(50) 物事を**キョクタン**に考える。

まめ知識

「か―える」のいろいろ

・変える…別な状態・位置にする。　変化　変更
・代える…かわりの役をさせる。　代理　代用　交代　代筆
・替える…入れかえて、別のものにする。　交替
・換える…とりかえる。　交換　換気　換金

4級

1 次の熟語の構成は後のA～Dのどれにあたるか、記号で答えなさい。

(1) **是非**（　　）　(2) **代替**（　　）　(3) **起訴**（　　）　(4) **未詳**（　　）

A 同じような意味の漢字を重ねたもの。（例…進行）
B 反対または対応する意味の漢字を重ねたもの。（例…大小）
C 下の字が上の字の目的・対象などを示すもの。（例…登山）
D 上の字が下の字の意味を打ち消しているもの。（例…不通）

2 下の□の中のひらがなを漢字に直して書き、対義語を作りなさい。

(1) 着衣↔（　　）衣　(2) 親切↔冷（　　）
(3) 清流↔（　　）流　(4) 軽率↔（　　）重

たん・しん・だつ・だく

3 次の太字をそれぞれ別の漢字に直して書きなさい。

(1) 決戦に備えて背水の**ジン**をしく。（　　）
(2) 縦横無**ジン**に活やくする。（　　）
(3) はまちの養**ショク**に力を入れる。（　　）
(4) 服**ショク**デザイナーをめざす。（　　）
(5) 取り引き先のよい感**ショク**を得る。（　　）
(6) 練習試合のため地方に遠**セイ**する。（　　）
(7) 同**セイ**同名の人を見つける。（　　）

4 次の漢字の部首を（　）に、部首名を〔　〕に書きなさい。

(1) **称**（　　）〔　　〕　(2) **鮮**（　　）〔　　〕　(3) **燥**（　　）〔　　〕
(4) **贈**（　　）〔　　〕　(5) **即**（　　）〔　　〕　(6) **薪**（　　）〔　　〕

5 次の各組の□に共通してあてはまる漢字を後のア～カから選び、記号で答えなさい。

(1) □有　独□　□領（　　）
(2) □賛　対□　通□（　　）
(3) 風□　世□　□人（　　）
(4) 感□　賛□　□願（　　）

ア 嘆　イ 詳　ウ 是　エ 占　オ 俗　カ 称

6 次の――線のところにあてはまる送りがなを書きなさい。

(1) 平和を**訴**――。（　　）
(2) 地理に**詳**――。（　　）
(3) 選手が**替**――。（　　）
(4) 多数を**占**――。（　　）

7 次の太字にあてはまる漢字を後から選び、書きなさい。

(1) 先**タン**技術（　　）
(2) 就**シン**時間（　　）
(3) 人**セキ**未踏（　　）
(4) 開**タク**精神（　　）
(5) **タイ**久年数（　　）
(6) 話題**ソウ**然（　　）

寝　跡　騒　耐　拓　端

4級 5 ダン～ハク

漢字	読み	部首	画数	用例
弾	ダン／ひく／はずむ／たま	弓	12	弾圧(ダンアツ)　弾力(ダンリョク)　弾き語り(ひ)
恥	チ／はじる／はじ／はじらう／はずかしい	心	10	恥辱(チジョク)　破廉恥(ハレンチ)　恥じ入る(は)　生き恥(はじ)
致	チ／いたす	至	10	誘致(ユウチ)　一致(イッチ)　思いを致す(いた)
遅	チ／おくれる／おくらす／おそい	辶	12	遅刻(チコク)　遅延(チエン)　遅咲き(おそざ)
蓄	チク／たくわえる	艹	13	貯蓄(チョチク)　蓄積(チクセキ)　蓄え(たくわ)
跳	チョウ／はねる／とぶ	⻊	13	跳躍(チョウヤク)　跳馬(チョウバ)　跳び箱(と)
徴	チョウ	彳	14	象徴(ショウチョウ)　特徴(トクチョウ)　徴収(チョウシュウ)
澄	チョウ／すむ／すます	氵	15	清澄(セイチョウ)　上澄み(うわず)
沈	チン／しずむ／しずめる	氵	7	沈没(チンボツ)　沈黙(チンモク)　浮き沈み(う・しず)
珍	チン／めずらしい	王	9	珍事(チンジ)　珍重(チンチョウ)　物珍しい(ものめずら)
抵	テイ	扌	8	抵抗(テイコウ)　抵触(テイショク)　抵当(テイトウ)
堤	テイ／つつみ	土	12	堤防(テイボウ)　防波堤(ボウハテイ)
摘	テキ／つむ	扌	14	指摘(シテキ)　摘出(テキシュツ)　摘み草(つ)
滴	テキ／しずく／したたる	氵	14	水滴(スイテキ)　点滴(テンテキ)　雨の滴(しずく)
添	テン／そえる／そう	氵	11	添加(テンカ)　添付(テンプ)　添え物(そ)
殿	デン／テン／との／どの	殳	13	御殿(ゴテン)　宮殿(キュウデン)　殿様(とのさま)　殿方(とのがた)
吐	ト／はく	口	6	吐血(トケツ)　吐露(トロ)　吐き気(は)
途	ト	辶	10	途中(トチュウ)　前途(ゼント)　途端(トタン)　途上(トジョウ)
渡	ト／わたる／わたす	氵	12	渡航(トコウ)　渡米(トベイ)　渡し舟(わた)
奴	ド	女	5	奴隷(ドレイ)　農奴(ノウド)
怒	ド／いかる／おこる	心	9	激怒(ゲキド)　怒声(ドセイ)　怒り狂う(いか)
到	トウ	刂	8	到着(トウチャク)　到達(トウタツ)　周到(シュウトウ)　殺到(サットウ)
逃	トウ／にげる／にがす／のがす／のがれる	辶	9	逃亡(トウボウ)　逃避(トウヒ)　逃げ腰(に・ごし)　見逃す(のが)　一時逃れ(のが)
倒	トウ／たおれる／たおす	亻	10	傾倒(ケイトウ)　打倒(ダトウ)　行き倒れ(だお)
唐	トウ／から	口	10	唐突(トウトツ)　唐草(からくさ)　唐紙(からかみ)
桃	トウ／もも	木	10	桃源(トウゲン)　白桃(ハクトウ)　桃色(もも)
透	トウ／すく／すかす／すける	辶	10	透明(トウメイ)　浸透(シントウ)　透き間(す)
盗	トウ／ぬすむ	皿	11	強盗(ゴウトウ)　盗難(トウナン)　盗み聞き(ぬす)
塔	トウ	土	12	石塔(セキトウ)　仏塔(ブットウ)　金字塔(キンジトウ)
稲	トウ／いね／いな	禾	14	水稲(スイトウ)　陸稲(リクトウ)　稲作(いなサク)　稲穂(いなほ)
踏	トウ／ふむ／ふまえる	⻊	15	雑踏(ザットウ)　踏襲(トウシュウ)　足踏み(ぶ)
闘	トウ／たたかう	門	18	闘争(トウソウ)　格闘(カクトウ)　病気と闘う(たたか)
胴	ドウ	月(にくづき)	10	胴体(ドウタイ)　胴着(ドウギ)　胴上げ(ドウ)
峠	とうげ	山	9	峠道(とうげみち)　峠路(とうげジ)　峠越え(とうげご)
突	トツ／つく	穴	8	突然(トツゼン)　突入(トツニュウ)　玉突き(つ)
鈍	ドン／にぶい／にぶる	金	12	鈍感(ドンカン)　鈍行(ドンコウ)　動きが鈍い(にぶ)
曇	ドン／くもる	日	16	曇天(ドンテン)　曇り空(くも)
弐	ニ	弋	6	弐千円(ニ)
悩	ノウ／なやむ／なやます	忄	10	苦悩(クノウ)　煩悩(ボンノウ)　悩みの種(なや)
濃	ノウ／こい	氵	16	濃霧(ノウム)　濃淡(ノウタン)　濃い色(こ)
杯	ハイ／さかずき	木	8	乾杯(カンパイ)　祝杯(シュクハイ)　水杯(みずさかずき)
輩	ハイ	車	15	先輩(センパイ)　後輩(コウハイ)　若輩(ジャクハイ)
拍	ハク／ヒョウ	扌	8	拍手(ハクシュ)　拍車(ハクシャ)　拍子(ヒョウシ)
泊	ハク／とまる／とめる	氵	8	宿泊(シュクハク)　停泊(テイハク)　素泊まり(スど)

(1) **弾力**性のある床。

(2) 生き**恥**をさらす。（生きていてうける恥）

(3) 全会**一致**で承認する。

(4) **遅延**証明をもらう。（おくれること）

(5) データを**蓄積**する。

(6) 資金を**蓄**える。

(7) **跳馬**競技に出場する。

(8) **特徴**のある話し方。

(9) **上澄**み液を利用する。（液体の上の澄んだ部分）

(10) **沈黙**を破る。

(11) 希少な宝石を**珍重**する。（珍しいものを大事にすること）

(12) 法律に**抵触**する。（きまりや制限にふれること）

(13) **防波堤**に打ち寄せる波。

(14) ガンの**摘出**手術を受ける。（つまみ出すこと）

(15) 病院で**点滴**をしてもらう。

(16) 案内状に地図を**添付**する。（参考となるものをそえること）

(17) ヴェルサイユ**宮殿**。

(18) **殿方**用の風呂。

(19) 心情を**吐露**する。（かくさずに全部述べること）

(20) **前途**多難な計画。

(21) 発展の**途上**にある国。

(22) 船で**渡米**する。（アメリカへわたること）

(23) **農奴**に自由を与える。

(24) **怒声**を浴びせる。

(25) 南極点に**到達**する。

(26) 申し込みが**殺到**する。（一時に押しよせること）

(27) 現実から**逃避**する。

(28) 見たい番組を見**逃**す。

(29) ライバルを**打倒**する。

(30) **唐草**模様のふろしき。

(31) 缶詰の**白桃**を食べる。

(32) 地面に水が**浸透**する。

(33) ホテルで**盗難**にあう。

(34) タイで**仏塔**を見る。

(35) **陸稲**を栽培する。（畑につくる稲・おかぼ）

(36) **稲穂**が風にそよぐ。

(37) 昔ながらの文化を**踏襲**する。（前のやり方をうけつぐこと）

(38) **格闘**技を観戦する。

(39) **胴着**を身につける。（上着とはだ着との間に着るもの）

(40) やっと**峠路**にさしかかる。

(41) 敵陣に**突入**する。

(42) **鈍行**列車で旅行する。（各駅に停車する普通列車）

(43) 雨が降りそうな**曇**り空。

(44) **弐**千万円の小切手。

(45) **煩悩**を絶って修行する。（心身を悩ます一切の欲望）

(46) 墨の**濃淡**でえがく山水画。

(47) 勝利の**祝杯**をあげる。

(48) **後輩**を指導する。

(49) いちだんと**拍車**をかける。（物事がいちだんと進むようにすること）

(50) 港に**停泊**している客船。

まめ知識

「ハク」のいろいろ

伯…おさ（長）、長兄などの意。　伯父（おじ）　画伯（がはく）

拍…うつ、ひょうしなどの意。　拍手（はくしゅ）　拍子（ひょうし）

泊…とまる、とまりなどの意。　宿泊　停泊

迫…せまる、きびしい、おしつけるなどの意。

迫力　緊迫　圧迫　迫害　脅迫

(1) 民衆を**ダンアツ**する。（権力をふるって押さえつけること）
(2) ピアノの**ひき**語り。
(3) 失敗を**はじ**入る。
(4) 大型小売店を**ユウチ**する。（物事をさそい寄せること）
(5) 学校に**チコク**する。
(6) こつこつと**チョチク**する。
(7) **チョウヤク**力を測定する。（とび上がること）
(8) 池のこいが**は**ねる。
(9) 平和の**ショウチョウ**。（代表するもの）
(10) **セイチョウ**な川の流れ。（きれいにすみきっているさま）
(11) **チンボツ**船を引きあげる。
(12) 石が川底に**しず**んでいく。
(13) 物**めずら**しそうに見る。
(14) 必死に**テイコウ**する。
(15) 波が**テイボウ**を越える。
(16) まちがいを**シテキ**する。
(17) 窓の**スイテキ**をふく。
(18) 雨の**しずく**が落ちる。
(19) 食品**テンカ**物を調べる。（そえくわえること）
(20) 王様の**ゴテン**。（身分の高い人の邸宅）
(21) **はき**気をもよおす。
(22) **トチュウ**から参加する。
(23) 海外へ**トコウ**する。
(24) **ドレイ**解放宣言。
(25) 態度の悪さに**ゲキド**する。
(26) **トウチャク**時間が早まる。
(27) 犯人が**トウボウ**する。
(28) 純文学に**ケイトウ**する。（ある人や物事に熱中すること）
(29) **トウトツ**な質問に困る。（だしぬけ・とつぜん）
(30) **ももいろ**の壁紙を貼る。
(31) **トウメイ**度の高い湖。
(32) **ゴウトウ**が押し入る。
(33) 金字**トウ**を打ちたてる。（後世まで残るすぐれた業績）
(34) **いなサク**が盛んな地域。
(35) **ザットウ**で母を見失う。（多人数でこみあっていること）
(36) **トウソウ**心の強い人。（たたかうこと）
(37) 監督を**ドウ**上げする。
(38) けわしい**とうげみち**。
(39) **トツゼン**の大雨に驚く。
(40) **ドンカン**な人。（かんじ方がにぶいこと）
(41) **ドンテン**で気がめいる。（くもり空）
(42) 金**二**千円なりと書き込む。
(43) **クノウ**に満ちた顔。
(44) **なやみ**を打ち明ける。
(45) **ノウム**注意報が出される。
(46) 優勝を祝して**カンパイ**する。
(47) **センパイ**にあいさつをする。
(48) **ハクシュ**が鳴り止まない。
(49) **ヒョウシ**抜けする。
(50) 旅館に**シュクハク**する。（やどにとまること）

まめ知識

微…ひそか、かすか、すくないなどの意。
微小　微細　微風　微生物　微動　機微

徴…しるし、めす（召す）などの意。
徴候　徴集　徴収　徴兵　徴発　追徴

滴…したたる、しずくの意。
雨滴　点滴　水滴

摘…つむ、あばく、ゆびさすなどの意。
摘発　指摘　摘出　摘要

4級

1 次の漢字の部首を後のア〜クから選び、記号で答えなさい。

(1) **突**（　　）　(2) **怒**（　　）　(3) **悩**（　　）
(4) **稲**（　　）　(5) **殿**（　　）　(6) **奴**（　　）

ア 忄	イ 禾	ウ 心	エ 穴
オ 殳	カ 女	キ 罒	ク 土

2 下の□の中のひらがなを漢字に直して書き、類義語を作りなさい。

(1) 貯金―貯（　　）
(2) 悲痛―（　　）痛
(3) 反抗―（　　）抗
(4) 若年―若（　　）

はい・ちく
ちん・てい

3 次の文の□に入る適切な漢字を、後のア〜エから一つずつ選び、記号で答えなさい。

(1) 会社に□まりこんで仕事をする。
ア 泊　イ 停　ウ 止　エ 留（　　）

(2) 問題箇所を指□する。
ア 滴　イ 摘　ウ 適　エ 敵（　　）

(3) 敵の急所を□く。
ア 着　イ 付　ウ 突　エ 就（　　）

4 次の熟語の構成は後のA〜Dのどれにあたるか、記号で答えなさい。

(1) **渡米**（　　）　(2) **激怒**（　　）
(3) **濃淡**（　　）　(4) **添加**（　　）

A 同じような意味の漢字を重ねたもの。(例)…進行
B 反対または対応する意味の漢字を重ねたもの。(例)…大小
C 上の字が下の字の意味を修飾しているもの。(例)…緑色
D 下の字が上の字の目的・対象などを示すもの。(例)…登山

5 次の文中の誤字を正しい漢字で書きなさい。

(1) 防波提の改修工事が始まる。（　　）
(2) 飛行機が同体着陸に成功する。（　　）
(3) 苦戦の末に強敵を打到する。（　　）

6 次の――線のところにあてはまる送りがなを書きなさい。

(1) **珍**――切手。（　　）
(2) 学校に**遅**――。（　　）
(3) 耳を**澄**――。（　　）
(4) 汗が**滴**――。（　　）

7 次の太字を漢字に直して書きなさい。

(1) 前**ト**多難（　　）
(2) 一**チ**団結（　　）
(3) 賃金**トウ**争（　　）
(4) 意気消**チン**（　　）

漢字	読み	部首・画数	用例
迫	ハク せまる	辶 8	迫力（ハクリョク） 迫害（ハクガイ） 鬼気迫る（キキせま）
薄	ハク うすい うすめる うすまる うすらぐ うすれる	⺾ 16	軽薄（ケイハク） 薄氷（ハクヒョウ） 薄暮（ハクボ） 薄命（ハクメイ） 薄着（うすぎ） 薄物（うすもの） 薄笑い（うすわら）
爆	バク	火 19	爆発（バクハツ） 爆弾（バクダン） 爆風（バクフウ）
髪	ハツ かみ	髟 14	頭髪（トウハツ） 散髪（サンパツ） 日本髪（がみ）
抜	バツ ぬく ぬける ぬかす ぬかる	扌 7	抜群（バツグン） 抜粋（バッスイ） 選抜（センバツ） 抜き足（ぬ あし） 抜け駆け（ぬ が）
罰	バツ バチ	罒 14	罰則（バッソク） 処罰（ショバツ） 罰当たり（バチあ）
般	ハン	舟 10	一般（イッパン） 全般（ゼンパン） 先般（センパン） 諸般（ショハン）
販	ハン	貝 11	販売（ハンバイ） 市販（シハン） 販路（ハンロ）
搬	ハン	扌 13	運搬（ウンパン） 搬入（ハンニュウ） 搬出（ハンシュツ）

漢字	読み	部首・画数	用例
範	ハン	⺮ 15	模範（モハン） 規範（キハン） 範囲（ハンイ） 広範（コウハン）
繁	ハン	糸 16	繁殖（ハンショク） 繁栄（ハンエイ） 繁盛（ハンジョウ）
盤	バン	皿 15	地盤（ジバン） 終盤（シュウバン） 円盤（エンバン）
彼	ヒ かれ かの	彳 8	彼岸（ヒガン） 彼と彼女（かれ かのジョ）
疲	ヒ つかれる	疒 10	疲労（ヒロウ） 疲弊（ヒヘイ） 気疲れ（きづか）
被	ヒ こうむる	衤 10	被害（ヒガイ） 被服（ヒフク） 損害を被る（こうむ）
避	ヒ さける	辶 16	避難（ヒナン） 避暑（ヒショ） 難を避ける（ナン さ）
尾	ビ お	尸 7	尾行（ビコウ） 首尾（シュビ） 尾根（おね）
微	ビ	彳 13	微妙（ビミョウ） 微笑（ビショウ） 微細（ビサイ） 機微（キビ）
匹	ヒツ ひき	匸（かくしがまえ） 4	匹敵（ヒッテキ） 数匹（スウひき）
描	ビョウ えがく かく	扌 11	描写（ビョウシャ） 素描（ソビョウ） 描く（えが） 絵描き（エか）

漢字	読み	部首・画数	用例
浜	ヒン はま	氵 10	海浜（カイヒン） 砂浜（すなはま） 浜辺（はまべ）
敏	ビン	攵 10	敏感（ビンカン） 機敏（キビン） 鋭敏（エイビン） 敏速（ビンソク）
怖	フ こわい	忄 8	恐怖（キョウフ） 怖がる（こわ）
浮	フ うく うかれる うかぶ うかべる	氵 10	浮上（フジョウ） 浮力（フリョク） 浮沈（フチン） 浮き沈み（う しず） 浮世絵（うきよエ）
普	フ	日 12	普通（フツウ） 普及（フキュウ） 普遍（フヘン） 普請（フシン）
腐	フ くさる くされる くさらす	肉 14	腐敗（フハイ） 豆腐（トウフ） 腐れ縁
敷	フ しく	攵 15	敷設（フセツ） 屋敷（やしき） 敷居（しきい）
膚	フ	肉 15	皮膚（ヒフ） 完膚（カンプ）
賦	フ	貝 15	月賦（ゲップ） 天賦（テンプ） 賦与（フヨ） 賦課（フカ）
舞	ブ まう まい	舛 15	舞台（ブタイ） 舞踊（ブヨウ） 舞姫（まいひめ）
幅	フク はば	巾 12	振幅（シンプク） 全幅（ゼンプク） 肩幅（かたはば）
払	フツ はらう	扌 5	払底（フッテイ） 支払い（しはら）

漢字	読み	部首・画数	用例
噴	フン ふく	口 15	噴火（フンカ） 噴水（フンスイ） 噴き出る（ふ）
柄	ヘイ がら え	木 9	横柄（オウヘイ） 人柄（ひとがら） 銘柄（メイがら）
壁	ヘキ かべ	土 16	壁画（ヘキガ） 障壁（ショウヘキ） 壁掛け（かべか）
捕	ホ とらえる とらわれる とる つかまえる つかまる	扌 10	捕獲（ホカク） 逮捕（タイホ） 捕虜（ホリョ） 捕り物（と）
舗	ホ	舌 15	舗装（ホソウ） 店舗（テンポ）
抱	ホウ だく いだく かかえる	扌 8	抱負（ホウフ） 介抱（カイホウ） 抱え込む（かか）
峰	ホウ みね	山 10	連峰（レンポウ） 秀峰（シュウホウ） 峰続き（みねつづ）
砲	ホウ	石 10	大砲（タイホウ） 砲撃（ホウゲキ） 砲弾（ホウダン） 砲声（ホウセイ）
忙	ボウ いそがしい	忄 6	多忙（タボウ） 忙殺（ボウサツ） 大忙し（いそが）
坊	ボウ ボッ	土 7	坊主（ボウズ） 宿坊（シュクボウ） 坊ちゃん（ボッ）
肪	ボウ	月（にくづき） 8	脂肪（シボウ）
冒	ボウ おかす	日 9	冒険（ボウケン） 冒頭（ボウトウ） 危険を冒す（おか）

(1) **迫害**を受ける。（苦しめいじめること）

(2) **薄氷**を踏む思いをする。（ひじょうな危険にのぞむ思い）

(3) 夏は**薄物**を着る。

(4) **爆弾**を処理する。

(5) 床屋へ**散髪**に行く。

(6) 新聞記事からの**抜粋**。（必要な部分だけを抜き出すこと）

(7) 厳重に**処罰**する。

(8) **全般**的によくできている。

(9) **諸般**の事情による。（いろいろ）

(10) **市販**されている本。

(11) 出品物を**搬入**する。（はこびいれること）

(12) **規範**に従う。（手本・公式）

(13) かつて**繁栄**した文明。

(14) 選挙戦が**終盤**を迎える。

(15) **彼**は私の友人だ。

(16) 訪問先で**気疲**れする。

(17) **被服**室のミシンを使う。

(18) **避暑**地へ出かける。

(19) **首尾**よく事を進める。（事の次第・都合）

(20) **微笑**を浮かべる。

(21) **数匹**の猫がいる。

(22) 果物をペンで**素描**する。（デッサン）

(23) **浜辺**で貝を拾う。

(24) **機敏**に動き回る。（機に応じて素早く動くさま）

(25) **敏速**に処理する。

(26) 大きな犬を**怖**がる。

(27) 船の**浮力**を計測する。

(28) ビデオが**普及**する。

(29) **安普請**のアパート。（安くつくった粗悪な家）

(30) **豆腐**料理をつくる。

(31) 大名**屋敷**の残る地区。

(32) **完膚**なきまでにやられる。（徹底的に）

(33) **天賦**の才に恵まれる。（生まれつき）

(34) 母は日本**舞踊**家だ。

(35) **全幅**の信頼をよせる。（あらん限り・最大限）

(36) 電気料金を**支払**う。

(37) **噴水**のある庭園。

(38) 温厚な**人柄**。

(39) **障壁**を取り除く。（障害・じゃまもの）

(40) 犯人を**逮捕**する。

(41) 大**捕**り物となる。

(42) 町の中心に**店舗**を構える。

(43) けが人を**介抱**する。

(44) **秀峰**富士をあおぐ。

(45) **砲撃**を開始する。

(46) **砲声**が天にとどろく。

(47) 仕事に**忙殺**される。（非常に忙しいこと）

(48) **宿坊**に寝泊まりする。（参けい者がとまるための寺の宿）

(49) **脂肪**分をひかえる。

(50) 雑誌の**冒頭**を飾る。

まめ知識

「フン」のいろいろ

噴…ふくの意。
噴火　噴水　噴射　噴出

墳…はか、おか（丘）などの意。
古墳　墳墓

憤…いきどおる、うらむなどの意。
憤慨　憤然　憤死

(1) **ハクリョク**ある画面。（　）
(2) **ケイハク**な行動を慎む。（　）
(3) 夕ぐれ **ハクボ**の街でたたずむ。（　）
(4) 怒りが**バクハツ**する。（　）
(5) **トウハツ**をよく洗う。（　）
(6) **バツグン**の成績をあげる。（　）
(7) **ぬ**け駆けは許さない。（　）
(8) **バッソク**を厳しくする。（しょばつを定めたきそく）（　）
(9) 理論を**イッパン**化する。（全体にいきわたっていること）（　）
(10) 家具を**ハンバイ**する。（　）
(11) 荷物を**ウンパン**する。（　）
(12) **モハン**演技を行う。（手本）（　）
(13) 動物の**ハンショク**期。（ふえること）（　）
(14) **ジバン**沈下をくい止める。（　）
(15) **ヒガン**に墓参りに行く。（春分・秋分の前後各三日間）（　）
(16) **ヒロウ**がピークに達する。（　）
(17) **ヒガイ**を最小限にする。（　）
(18) めいわくを**こうむ**る。（　）
(19) **ヒナン**場所を確認する。（　）
(20) 山の**おね**づたいに歩く。（　）
(21) **ビミョウ**な色を出す。（　）
(22) 勝者に**ヒッテキ**する実力。（実力が同じくらいのこと）（　）
(23) 風景を**ビョウシャ**する。（　）
(24) 将来を思い**えが**く。（　）
(25) **カイヒン**公園を散歩する。（うみべ）（　）
(26) **ビンカン**な反応を示す。（　）
(27) **キョウフ**心がこみ上げる。（　）
(28) 首位に**フジョウ**する。（　）
(29) **フツウ**列車に乗る。（　）
(30) 政治が**フハイ**する。（　）
(31) 水道管を**フセツ**する。（しいて備えもうけること）（　）
(32) **ヒフ**をきたえる。（　）
(33) **ゲップ**でテレビを買う。（つき割りにして支払うこと）（　）
(34) **ブタイ**度胸がある。（　）
(35) **かたはば**を測る。（　）
(36) 在庫品が**フッテイ**する。（非常に乏しくなること・品切れ）（　）
(37) 火山が**フンカ**した。（　）
(38) **オウヘイ**な口のきき方。（いばっていること）（　）
(39) **ヘキガ**を修復する。（　）
(40) 象の**ホカク**を禁止する。（いけどること）（　）
(41) 道路を**ホソウ**する。（　）
(42) 今年の**ホウフ**を語り合う。（心に持っている計画）（　）
(43) 大きな荷物を**かか**え込む。（　）
(44) アルプス**レンポウ**を臨む。（つづいているみね）（　）
(45) **タイホウ**を備えた船。（　）
(46) **タボウ**を極める。（　）
(47) 大**いそが**しの毎日を送る。（　）
(48) 三日**ボウズ**に終わる。（　）
(49) 植物性**シボウ**を使う。（　）
(50) **ボウケン**映画をみる。（　）

まめ知識

無鉄砲の語源

「無点法」の転。「点法（訓点語の決まり）」の教養がないと文章を正確に読めないことから、どうなるかを考えずに事を進めることを「無点法」と言うようになり、やがて「無鉄砲」となりました。

4級

1 次の熟語の構成は後のA～Dのどれにあたるか、記号で答えなさい。

(1) **抜群**（　　）
(2) **敏速**（　　）
(3) **浮沈**（　　）
(4) **振幅**（　　）

A 同じような意味の漢字を重ねたもの。(例)…進行
B 反対または対応する意味の漢字を重ねたもの。(例)…大小
C 上の字が下の字の意味を修飾しているもの。(例)…緑色
D 下の字が上の字の目的・対象などを示すもの。(例)…登山

2 下の□の中のひらがなを漢字に直して書き、類義語を作りなさい。

(1) 運送―運（　　）
(2) 手本―模（　　）
(3) 通常―（　　）通
(4) 障害―障（　　）

ぱん・はん・ふ・へき

3 次の太字をそれぞれ別の漢字に直して書きなさい。

(1) 責任を回**ヒ**する。（　　）
(2) 地震の**ヒ**災者を救う。（　　）
(3) 川で魚を**と**る。（　　）
(4) 山で木の実を**と**る。（　　）
(5) 庭で雑草を**と**る。（　　）
(6) 首**ビ**一貫した主張をする。（　　）
(7) 人情の機**ビ**を理解する。（　　）

4 次の漢字の部首を（　）に、部首名を〔　〕に書きなさい。

(1) **幅**（　　）〔　　〕
(2) **疲**（　　）〔　　〕
(3) **敷**（　　）〔　　〕
(4) **怖**（　　）〔　　〕
(5) **肪**（　　）〔　　〕
(6) **盤**（　　）〔　　〕

5 次の文中の誤字を正しい漢字で書きなさい。

(1) 傷ついた野生の鹿を介砲する。（　　）
(2) 地球環境の危機が迫っている。（　　）
(3) 火山の憤火口を観測する。（　　）

6 次の――線のところにあてはまる送りがなを書きなさい。

(1) 注意を**払**――。（　　）
(2) 舟を**浮**――。（　　）
(3) 果物を**腐**――。（　　）
(4) 腰が**抜**――。（　　）

7 次の太字にあてはまる漢字を後から選び、書きなさい。

(1) **ボウ**険旅行（　　）
(2) 商売**ハン**盛（　　）
(3) 皮**フ**感覚（　　）
(4) 危機一**パツ**（　　）
(5) 心理**ビョウ**写（　　）
(6) **ハン**売促(そく)進（　　）

髪　販　繁　描　膚　冒

4級 7 ボウ～ワン

漢字	読み	部首	画数	用例
傍	ボウ・かたわら	イ	12	傍観（ボウカン）・傍線（ボウセン）・机の傍ら（かたわ）
帽	ボウ	巾	12	帽子（ボウシ）・脱帽（ダツボウ）・制帽（セイボウ）
凡	ボン・ハン	几	3	平凡（ヘイボン）・非凡（ヒボン）・凡例（ハンレイ）
盆	ボン	皿	9	盆地（ボンチ）・盆栽（ボンサイ）・盆踊り（ボンおど）
慢	マン	忄	14	我慢（ガマン）・慢性（マンセイ）・慢心（マンシン）
漫	マン	氵	14	漫画（マンガ）・漫然（マンゼン）・散漫（サンマン）・放漫（ホウマン）
妙	ミョウ	女	7	奇妙（キミョウ）・巧妙（コウミョウ）・妙案（ミョウアン）・微妙（ビミョウ）
眠	ミン・ねむる・ねむい	目	10	安眠（アンミン）・睡眠（スイミン）・眠気（ねむけ）
矛	ム・ほこ	矛	5	矛盾（ムジュン）・矛先（ほこさき）
霧	ム・きり	雨	19	濃霧（ノウム）・霧消（ムショウ）・霧雨（きりさめ）・夜霧（よぎり）
娘	むすめ	女	10	孫娘（まごむすめ）・娘盛り（むすめざか）
茂	モ・しげる	艹	8	繁茂（ハンモ）・茂みの中（しげ）
猛	モウ	犭	11	猛烈（モウレツ）・勇猛（ユウモウ）・猛威（モウイ）
網	モウ・あみ	糸	14	魚網（ギョモウ）・網膜（モウマク）・網戸（あみど）
黙	モク・だまる	黒	15	沈黙（チンモク）・黙認（モクニン）・黙り込む（だま）
紋	モン	糸	10	指紋（シモン）・波紋（ハモン）・紋章（モンショウ）
躍	ヤク・おどる	足	21	跳躍（チョウヤク）・躍進（ヤクシン）・小躍り（こおど）
雄	ユウ・お・おす	隹	12	英雄（エイユウ）・雄姿（ユウシ）・雄花（おばな）・雄犬（おすいぬ）
与	ヨ・あたえる	一	3	関与（カンヨ）・与党（ヨトウ）・本を与える（あた）
誉	ヨ・ほまれ	言	13	名誉（メイヨ）・栄誉（エイヨ）・誉れ高い（ほま）
溶	ヨウ・とける・とかす・とく	氵	13	溶岩（ヨウガン）・溶解（ヨウカイ）・溶け込む（と）
腰	ヨウ・こし	月（にくづき）	13	腰痛（ヨウツウ）・腰抜け（こしぬ）
踊	ヨウ・おどる・おどり	足	14	舞踊（ブヨウ）・踊り場（おど）
謡	ヨウ・うたい・うたう	言	16	童謡（ドウヨウ）・歌謡（カヨウ）・謡の師匠（うたい・シショウ）
翼	ヨク・つばさ	羽	17	尾翼（ビヨク）・両翼（リョウヨク）・翼を広げる（つばさ）
雷	ライ・かみなり	雨	13	雷雨（ライウ）・雷鳴（ライメイ）・雷の音（かみなり）
頼	ライ・たのむ・たのもしい・たよる	頁	16	信頼（シンライ）・依頼（イライ）・頼みの綱（たの）・神頼み（かみだの）
絡	ラク・からむ・からまる・からめる	糸	12	連絡（レンラク）・脈絡（ミャクラク）・糸が絡まる（から）
欄	ラン	木	20	欄外（ランガイ）・欄干（ランカン）・空欄（クウラン）
離	リ・はなれる・はなす	隹	18	離別（リベツ）・離散（リサン）・乳離れ（ちばな）
粒	リュウ・つぶ	米	11	粒子（リュウシ）・微粒（ビリュウ）・豆粒（まめつぶ）・米粒（こめつぶ）
慮	リョ	心	15	遠慮（エンリョ）・配慮（ハイリョ）・考慮（コウリョ）・熟慮（ジュクリョ）
療	リョウ	疒	17	医療（イリョウ）・療養（リョウヨウ）・治療（チリョウ）・診療（シンリョウ）
隣	リン・となる・となり	阝	16	隣接（リンセツ）・隣人（リンジン）・両隣（りょうどなり）
涙	ルイ・なみだ	氵	10	感涙（カンルイ）・涙声（なみだごえ）
隷	レイ	隶	16	奴隷（ドレイ）・隷属（レイゾク）・隷書（レイショ）
齢	レイ	歯	17	年齢（ネンレイ）・老齢（ロウレイ）・樹齢（ジュレイ）・妙齢（ミョウレイ）
麗	レイ・うるわしい	鹿	19	華麗（カレイ）・麗しい人（うるわ）
暦	レキ・こよみ	日	14	旧暦（キュウレキ）・還暦（カンレキ）・花暦（はなごよみ）
劣	レツ・おとる	力	6	優劣（ユウレツ）・劣勢（レッセイ）・見劣り（おと）
烈	レツ	灬	10	猛烈（モウレツ）・熱烈（ネツレツ）・烈火（レッカ）
恋	レン・こう・こい・こいしい	心	10	恋愛（レンアイ）・失恋（シツレン）・恋心（こいごころ）・恋人（こいびと）
露	ロ・ロウ・つゆ	雨	21	露骨（ロコツ）・暴露（バクロ）・披露（ヒロウ）・夜露（よつゆ）
郎	ロウ	阝	9	新郎（シンロウ）・郎党（ロウトウ）
惑	ワク・まどう	心	12	惑星（ワクセイ）・迷惑（メイワク）・戸惑い（とまど）
腕	ワン・うで	月（にくづき）	12	腕力（ワンリョク）・手腕（シュワン）・片腕（かたうで）・腕前（うでまえ）

(1) 重要事項に**傍線**を引く。 文字のわきに引いた線
(2) 友の勇気に**脱帽**する。
(3) **非凡**な才能を見せる。
(4) **盆栽**の手入れをする。
(5) **慢性**的な交通渋滞。
(6) **漫然**と時を過ごす。 とりとめもなく、ぼんやりとしたさま
(7) **巧妙**にごまかす。
(8) **微妙**な色あいを出す。
(9) **睡眠**時間が短い。
(10) **矛先**を他に向ける。 きっさき・攻撃の目標
(11) 計画が雲散**霧消**する。 たちまちなくなること
(12) かわいい**孫娘**。
(13) **茂**みの中で虫が鳴く。
(14) **勇猛**な戦士を描いた絵。
(15) **網膜**に傷がつく。 視神経の分布している膜
(16) 不正を**黙認**する。
(17) 事件の**波紋**が広がる。 影響
(18) 大きく**躍進**を遂げる。
(19) **雄姿**を見せる。 おおしくりっぱな姿

(20) **雄犬**を育てる。
(21) **与党**と野党。 内閣を組織している政党
(22) 選手の**栄誉**をたたえる。
(23) 金属を**溶解**する。 とかすこと
(24) **腰抜**けと笑われる。
(25) 階段の**踊**り場で話す。
(26) **歌謡**曲を歌う。
(27) **両翼**を広げた鳥。
(28) 大きな**雷鳴**が響き渡る。
(29) 学者に講演を**依頼**する。
(30) 困ったときの**神頼**み。
(31) **脈絡**のない話。 物事のつながり・続き・筋道
(32) 橋の**欄干**に寄りかかる。 手すり
(33) 一族が**離散**する。 はなればなれになること
(34) すずめが**米粒**をついばむ。
(35) 細やかな**配慮**をする。
(36) 温泉で**療養**する。
(37) **隣人**に回覧板を渡す。
(38) **涙声**でうったえる。

(39) 強国に**隷属**する。 他の支配をうけて言いなりになること
(40) **老齢**でも足腰が強い。
(41) **麗**しい友情。
(42) 祖母の**還暦**を祝う。 六〇歳
(43) **劣勢**のチームを応援する。
(44) **熱烈**に歓迎する。
(45) **失恋**から立ち直る。
(46) 組織の秘密を**暴露**する。
(47) **夜露**にぬれた草花。
(48) 一族**郎党**が集まる。 武士の家来・家臣
(49) 他人に**迷惑**をかけない。
(50) **手腕**を発揮する。 うでまえ・実力

まめ知識

厂と广と疒

厂…がけ、岩、石を示す字を作る。
原厚厄厘　圧→土　灰→火　歴→止

广…屋根のさま、建物の種類などの意を示す字を作る。
広店庁座床底庫　応→心　席→巾

疒…病気、傷害などの意を示す字を作る。
病痛疫疾症疲療癖

(1) 成りゆきを**ボウカン**する。（そばで見ていること）
(2) 机の**かたわら**に物を置く。
(3) 白い**ボウシ**をかぶる。
(4) **ヘイボン**に生きる。
(5) 山に囲まれた**ボンチ**。（高い山に囲まれた平らなとち）
(6) じっと**ガマン**する。
(7) 雑誌の**マンガ**を読む。
(8) **キミョウ**な出来事。
(9) 静かで**アンミン**できる。（やすらかにねむること）
(10) 以前と**ムジュン**した意見。
(11) **ノウム**で動きがとれない。
(12) **きりさめ**が降り続く。
(13) **むすめ**盛りの年ごろ。
(14) 草木が**ハンモ**する。（さかんにおいしげること）
(15) **モウレツ**に勉強をする。
(16) **あみど**を掃除する。
(17) **チンモク**は金なり。
(18) 両手の**シモン**を照合する。（ゆび先の内側にある曲線状のもよう）
(19) **こおどり**して喜ぶ。（喜んでおどりあがること）
(20) 国の**エイユウ**となる。
(21) 事件に**カンヨ**した人物。（ある物事にかんけいすること）
(22) 自らの**メイヨ**を守る。
(23) 神童の**ほまれ**が高い。（評判のよいこと）
(24) **ヨウガン**がふき出る。
(25) **ヨウツウ**で医者に通う。
(26) スペインの**ブヨウ**を学ぶ。
(27) **ドウヨウ**を歌う。
(28) 飛行機の**ビヨク**。（後方のつばさ）
(29) 激しい**ライウ**に見舞われる。
(30) **シンライ**のおける人。
(31) 父に**レンラク**をする。
(32) **ランガイ**に記入する。（本文をかこむわくのそと）
(33) 家族と**リベツ**する。（わかれること）
(34) **リュウシ**の細かい粉。
(35) **まめつぶ**大ほどの宝石。
(36) **エンリョ**は無用だ。（ひかえめにすること）
(37) 最新の**イリョウ**機器。
(38) 学校に**リンセツ**する建物。
(39) **カンルイ**にむせぶ。（かんげきして出るなみだ）
(40) **ドレイ**解放運動。（自由をそくばくされ、使役される人）
(41) 名前と**ネンレイ**を記入する。
(42) **カレイ**に転身を遂げる。
(43) **キュウレキ**の正月を祝う。（月の運行をもとに作られたこよみ）
(44) **ユウレツ**を見きわめる。
(45) **レッカ**のごとく怒る。
(46) **こいごころ**を抱く。
(47) **ロコツ**にいやな顔をする。（むきだしなこと・あらわなこと）
(48) **シンロウ**新婦の入場。
(49) **ワクセイ**探査機。
(50) **ワンリョク**には自信がある。

まめ知識

霧と夢では大違い

「五里夢中」× →これは間違い。霧の中で道に迷っている状態を表しているので「五里霧中」が正しい。「夢中」と書く四字熟語には「無我夢中」があります。

問 次の四字熟語の誤りを正しなさい。
①異句同音 ②危機一発

答 ①異口同音 ②危機一髪

4級

1 次の漢字の部首を後のア～クから選び、記号で答えなさい。

(1) 帽（　）
(2) 療（　）
(3) 慮（　）
(4) 踊（　）
(5) 眠（　）
(6) 露（　）

ア 目　イ 日　ウ 雨　エ 𧾷
オ 心　カ 疒　キ 巾　ク 厂

2 後の□の中のひらがなを漢字に直して書き、対義語を作りなさい。

(1) 偉人↔（　）人
(2) 優勢↔（　）勢
(3) 新婦↔新（　）
(4) 野党↔（　）党
(5) 急性↔（　）性
(6) 雌花↔（　）花

お・ぼん・まん・よ・れつ・ろう

3 次の各組の□に共通してあてはまる漢字を後のア～キから選び、記号で答えなさい。

(1) □案　奇□　巧□（　）
(2) 遠□　考□　配□（　）
(3) □骨　暴□　吐□（　）
(4) □画　□然　散□（　）
(5) □力　手□　□章（　）
(6) □読　沈□　暗□（　）

ア 漫　イ 妙　ウ 黙　エ 誉　オ 慮　カ 露　キ 腕

4 次の熟語の構成は後のA～Dのどれにあたるか、記号で答えなさい。

(1) 跳躍（　）
(2) 不眠（　）
(3) 還暦（　）
(4) 矛盾（　）

A 同じような意味の漢字を重ねたもの。(例)…進行
B 反対または対応する意味の漢字を重ねたもの。(例)…大小
C 下の字が上の字の目的・対象などを示すもの。(例)…登山
D 上の字が下の字の意味を打ち消しているもの。(例)…不通

5 次の文中の誤字を正しい漢字で書きなさい。

(1) 西暦二〇〇一年から二十一世紀となる。（　）
(2) 多量の容岩が流出する。（　）
(3) 台風で交通綱が寸断される。（　）

6 次の——線のところにあてはまる送りがなを書きなさい。

(1) 仕事を**頼**——。（　）
(2) 故郷を**離**——。（　）
(3) 故郷が**恋**——。（　）
(4) 朝まで**眠**——。（　）

7 次の太字を漢字に直して書きなさい。

(1) 迷**ワク**千万（　）
(2) 容姿端**レイ**（　）
(3) **ボウ**若無人（　）
(4) 勇**モウ**果敢（　）

4級　模擬試験

60分

/200点

(一) 次の――線の読みをひらがなで記せ。〈1×30＝30点〉

1 威風堂々と選手たちが入場する。
2 慎重に行動することを心がける。
3 雅趣にとんだ日本庭園を歩く。
4 友人からの苦言を甘受する。
5 奇抜な衣装で登場する。
6 幾多の苦難を乗りこえる。
7 輝かしい栄光を手に入れる。
8 列車の自動制御装置がはたらく。
9 かれは政治改革運動の先駆者だ。
10 父の志を継いで医者になる。
11 政治的な色彩を帯びた発言。
12 危うく大惨事となるところだった。
13 あいまいな態度に業を煮やす。
14 事件について釈明する。
15 瞬く間にロケットは見えなくなった。
16 町内を巡回して火の用心を呼びかける。
17 世間話から唐突に本題に切りかわる。
18 円陣を組んで作戦を練る。
19 知らない町で道を尋ねる。
20 法律の不備な点を是正する。
21 鮮やかな手つきで魚をさばく。
22 雑草の繁茂をくい止める。
23 古い工場が閉鎖される。
24 蓄えがそろそろ底をついてきた。
25 危ういところで難を逃れる。
26 名誉ばん回するために努力する。
27 絶壁をよじ登って山頂に立つ。
28 花束に手紙を添える。
29 烈火のごとく怒る。
30 うわさに惑わされる。

(二) 次の1～5の三つの□に共通する漢字を、後の□から選んで熟語を作れ。答えは記号で書くこと。〈2×5＝10点〉

1 □入・紹□・仲□
2 □大・□人・□額
3 文□・□雨・□遊
4 接□・感□・□発
5 □台・□踏・□踊

ア 舞	イ 豪	ウ 丈	エ 距	オ 触
カ 巨	キ 鋭	ク 介	ケ 業	コ 忙

（三）次のカタカナを漢字に直して**四字熟語**を完成させよ。〈2×10＝20点〉

1　□（キョウ）天動地の大事件が起きる。

2　同□（セイ）同名の人がクラスにいる。

3　腹痛で七転八□（トウ）の苦しみを味わう。

4　□（カン）境汚染をくいとめる努力をしよう。

5　不□（ミン）不休で新製品の開発に取り組む。

6　□（リ）合集散をくり返すのは世のならいだ。

7　国民が首相の政治手□（ワン）に注目している。

8　このあたりは□（ケン）業農家が多い地域だ。

9　神社に参拝して合格□（キ）願をする。

10　前□（ト）洋々たる若者が海外へ羽ばたく。

（四）次の文中にまちがって使われている**同じ音訓の漢字**が**一字**ずつある。上の（　）に**誤字**を、下の（　）に**正しい字**を記せ。〈2×10＝20点〉

1　畜積された疲労が病気の原因となる。（　）（　）

2　憲法の理念が人々の間に侵透する。（　）（　）

3　外国の貨物船が港に停迫する。（　）（　）

4　厳かに婚礼の義式がとり行われる。（　）（　）

5　陰映に富んだ絵画に強くひかれる。（　）（　）

6　弁論大会で一等賞を穫得する。（　）（　）

7　小さな失敗から問題点が奮出する。（　）（　）

8　億測で発言すると誤解を招くことになる。（　）（　）

9　計画の不備を鋭く指摘される。（　）（　）

10　留学生との交勧会が近日中に開かれる。（　）（　）

（五）次の**カタカナ**を**漢字**と**送りがな（ひらがな）**で記せ。〈2×5＝10点〉

〈例〉人を**アツメル**。（集める）

1　放火犯を**トラエル**。（　）

2　耳を**カタムケ**て相手の話を聞く。（　）

3　家に留学生を**ムカエル**。（　）

4　雑誌に写真を**ノセル**。（　）

5　**ヤワラカイ**春の日ざしが降り注ぐ。（　）

(六) 後の□の中のひらがなを漢字に直して、**対義語**と**類義語**を作れ。
（□の中のひらがなは一度だけ使うこと）　〈2×10＝20点〉

〈対義語〉

1 鋭角―（　）角
2 雨期―（　）期
3 特殊―一（　）
4 落第―（　）第
5 起稿―（　）稿

〈類義語〉

6 弁解―（　）明
7 低劣―（　）悪
8 続行―（　）続
9 年末―（　）末
10 名案―（　）案

かん・けい・さい・しゃく ぞく・だっ・どん・ぱん みょう・きゅう

(七) 次の漢字の**部首**を**ア**～**エ**から選んで、**記号**で記せ。　〈1×10＝10点〉

1 繰〈**ア** 口　**イ** 木　**ウ** 幺　**エ** 糸〉（　）
2 御〈**ア** 𦈢　**イ** 彳　**ウ** 卩　**エ** 亻〉（　）
3 響〈**ア** 幺　**イ** 阝　**ウ** 音　**エ** 日〉（　）
4 趣〈**ア** 走　**イ** 人　**ウ** 又　**エ** 土〉（　）
5 扇〈**ア** 一　**イ** 戸　**ウ** 尸　**エ** 羽〉（　）
6 濁〈**ア** 罒　**イ** 勹　**ウ** 虫　**エ** 氵〉（　）
7 殿〈**ア** 又　**イ** 尸　**ウ** 殳　**エ** 几〉（　）
8 賦〈**ア** 弋　**イ** 目　**ウ** 貝　**エ** 八〉（　）
9 惑〈**ア** 心　**イ** 口　**ウ** 戈　**エ** 丶〉（　）
10 腕〈**ア** 宀　**イ** 月　**ウ** 夕　**エ** 㔾〉（　）

(八) **熟語の構成**のしかたには次のようなものがある。　〈1×10＝10点〉

ア 同じような意味の漢字を重ねたもの。　（例…**寒冷**）
イ 反対または対応の意味を表す字を重ねたもの。　（例…**強弱**）
ウ 上の字が下の字を修飾しているもの。　（例…**緑色**）
エ 下の字が上の字の目的語・補語になっているもの。　（例…**登山**）
オ 上の字が下の字の意味を打ち消しているもの。　（例…**不信**）

次の熟語は右の**ア**～**オ**のどれにあたるか、**記号**で記せ。

1 微細（　）
2 贈答（　）
3 病床（　）
4 不屈（　）
5 処罰（　）
6 遅刻（　）
7 攻守（　）
8 無縁（　）
9 闘争（　）
10 猛獣（　）

(九) 次の**カタカナ**にあてはまる漢字を、後のそれぞれの**ア**～**オ**から選んで**記号**で記せ。〈2×15＝30点〉

1 事件の経**イ**を簡潔に話す。（　）
2 交通**イ**反で罰金をとられる。（　）
3 かれは考古学の権**イ**として知られる。（　）
〈ア 違　イ 威　ウ 維　エ 偉　オ 緯〉

4 厳しい**カイ**律のある宗教。（　）
5 竜巻で多くの建物が破**カイ**された。（　）
6 今日中に線路が復旧する可能性は**カイ**無に等しい。（　）
〈ア 階　イ 壊　ウ 介　エ 皆　オ 戒〉

7 昨年は冷害で**キョウ**作に見まわれた。（　）
8 視聴者の反**キョウ**が大きかった番組。（　）
9 我が子に熱**キョウ**的な声援を送る。（　）
〈ア 凶　イ 叫　ウ 響　エ 狂　オ 恐〉

10 対**コウ**意識をむき出しにしてにらむ。（　）
11 水泳大会で平泳ぎの記録を**コウ**新する。（　）
12 毎年**コウ**例の花火大会がある。（　）
〈ア 項　イ 更　ウ 抗　エ 恒　オ 攻〉

13 恐**フ**心にかられて暗い夜道を走る。（　）
14 自家用車の**フ**及率を調査する。（　）
15 風雨にさらされて**フ**食した手すり。（　）
〈ア 腐　イ 怖　ウ 浮　エ 富　オ 普〉

(十) 次の**カタカナ**の部分を**漢字**に直せ。〈2×20＝40点〉

1 手に汗を**ニギ**る大熱戦。（　）
2 胸の**コドウ**が高まる。（　）
3 電車は**イゼン**として動かないままだ。（　）
4 成績が上がって**ユウエツ**感にひたる。（　）
5 列車の**キンエン**席に座る。（　）
6 **カク**れた才能を発掘する。（　）
7 証拠書類を**オ**さえる。（　）
8 親の**カンシ**の目が厳しい。（　）
9 試験の**ハンイ**が発表される。（　）
10 文章の前後の**ミャクラク**をとらえる。（　）
11 **イライ**心の強い人。（　）
12 古い民家が**ノキ**を連ねる町。（　）
13 社会を**フウシ**した漫画。（　）
14 **シュウネン**深く昔の失敗を責める。（　）
15 道を**ナナ**めに横切る。（　）
16 台風が日本全土を**オソ**う。（　）
17 新しい企業が世界に**ヤクシン**する。（　）
18 姿が見えなくなるまで手を**フ**る。（　）
19 頭痛を**ウッタ**える。（　）
20 植木の展示**ソクバイ**会。（　）

3級

アイ～キク

1

漢字	読み	部首	画数	用例
哀	アイ・あわれ・あわれむ	口	9	哀願（アイガン）・悲哀（ヒアイ）・哀（あわ）れな姿
慰	イ・なぐさめる・なぐさむ	心	15	慰労（イロウ）・慰問（イモン）・慰（なぐさ）めの言葉
詠	エイ・よむ	言	12	詠嘆（エイタン）・朗詠（ロウエイ）・詠（よ）み人
悦	エツ	忄	10	悦楽（エツラク）・満悦（マンエツ）・喜悦（キエツ）
閲	エツ	門	15	閲覧（エツラン）・校閲（コウエツ）・検閲（ケンエツ）
炎	エン・ほのお	火	8	炎症（エンショウ）・炎上（エンジョウ）
宴	エン	宀	10	宴会（エンカイ）・祝宴（シュクエン）・宴席（エンセキ）・酒宴（シュエン）
欧	オウ	欠	8	欧米（オウベイ）・欧州（オウシュウ）・渡欧（トオウ）・西欧（セイオウ）
殴	オウ・なぐる	殳	8	殴打（オウダ）・殴殺（オウサツ）・殴（なぐ）り書き
乙	オツ	乙	1	乙種（オツシュ）・乙（オツ）な味
卸	おろす・おろし	卩	9	卸売（おろしうり）・卸値（おろしね）・卸商（おろししょう）・棚卸（たなおろし）

漢字	読み	部首	画数	用例
穏	オン・おだやか	禾	16	穏健（オンケン）・穏（おだ）やかな海・（安穏（アンノン））
佳	カ	亻	8	佳作（カサク）・佳境（カキョウ）・佳人（カジン）
架	カ・かける・かかる	木	9	架空（カクウ）・書架（ショカ）・橋を架（か）ける
華	カ・ケ・はな	艹	10	豪華（ゴウカ）・昇華（ショウカ）・華（はな）やぐ
嫁	カ・よめ・とつぐ	女	13	転嫁（テンカ）・花嫁（はなよめ）・嫁（とつ）ぎ先
餓	ガ	飠	15	餓死（ガシ）・飢餓（キガ）・餓鬼（ガキ）
怪	カイ・あやしい・あやしむ	忄	8	怪談（カイダン）・奇怪（キカイ）・怪（あや）しげ
悔	カイ・くいる・くやむ・くやしい	忄	9	後悔（コウカイ）・悔恨（カイコン）・悔（くや）し涙
塊	カイ・かたまり	土	13	金塊（キンカイ）・団塊（ダンカイ）・肉の塊（かたまり）
慨	ガイ	忄	13	感慨（カンガイ）・憤慨（フンガイ）・慨嘆（ガイタン）
該	ガイ	言	13	該当（ガイトウ）・当該（トウガイ）・該案（ガイアン）

漢字	読み	部首	画数	用例
概	ガイ	木	14	概念（ガイネン）・概要（ガイヨウ）・大概（タイガイ）・一概（イチガイ）
郭	カク	阝	11	輪郭（リンカク）・城郭（ジョウカク）
隔	カク・へだてる・へだたる	阝	13	間隔（カンカク）・隔離（カクリ）・分け隔（へだ）て
穫	カク	禾	18	収穫（シュウカク）・多穫（タカク）
岳	ガク・たけ	山	8	山岳（サンガク）・岳父（ガクフ）・八ケ岳（やつがたけ）
掛	かける・かかる・かかり	扌	11	掛（か）け金（キン）・心掛（こころが）け
滑	カツ・コツ・すべる・なめらか	氵	13	円滑（エンカツ）・滑空（カックウ）・滑稽（コッケイ）・滑（すべ）り台
肝	カン・きも	月（にくづき）	7	肝心（カンジン）・肝要（カンヨウ）・肝吸（きもす）い
冠	カン・かんむり	冖	9	栄冠（エイカン）・王冠（オウカン）・冠（かんむり）を曲げる
勘	カン	力	11	勘弁（カンベン）・勘定（カンジョウ）・勘当（カンドウ）・山勘（やまカン）
貫	カン・つらぬく	貝	11	貫通（カンツウ）・貫徹（カンテツ）・初志（ショシ）を貫（つらぬ）く
喚	カン	口	12	喚声（カンセイ）・喚起（カンキ）・喚問（カンモン）・叫喚（キョウカン）
換	カン・かえる・かわる	扌	12	交換（コウカン）・換算（カンサン）・置き換（か）え

漢字	読み	部首	画数	用例
敢	カン	攵	12	勇敢（ユウカン）・果敢（カカン）・敢然（カンゼン）・敢闘（カントウ）
緩	カン・ゆるい・ゆるやか・ゆるむ・ゆるめる	糸	15	緩和（カンワ）・緩急（カンキュウ）・気が緩（ゆる）む
企	キ・くわだてる	人	6	企画（キカク）・企業（キギョウ）・新しい企（くわだ）て
忌	キ・いむ・いまわしい	心	7	忌中（キチュウ）・禁忌（キンキ）・忌（い）み言葉
軌	キ	車	9	軌道（キドウ）・常軌（ジョウキ）・軌跡（キセキ）・軌範（キハン）
既	キ・すでに	旡	10	既成（キセイ）・既婚（キコン）・既（すで）にして
棋	キ	木	12	将棋（ショウギ）・棋士（キシ）・棋譜（キフ）・棋局（キキョク）
棄	キ	木	13	廃棄（ハイキ）・棄却（キキャク）・放棄（ホウキ）・棄権（キケン）
騎	キ	馬	18	騎士（キシ）・騎馬（キバ）・騎兵（キヘイ）・騎乗（キジョウ）
欺	ギ・あざむく	欠	12	詐欺（サギ）・敵を欺（あざむ）く
犠	ギ	牛	17	犠牲（ギセイ）・犠打（ギダ）
菊	キク	艹	11	菊花（キッカ）・春菊（シュンギク）・菊人形（キクニンギョウ）

(1) 人生の**悲哀**を描いた小説。（　）
(2) 戦地を**慰問**する。（　）
(3) 詩歌を**朗詠**する。（　）
(4) 父は御**満悦**な様子だ。（　）
(5) 原稿を**校閲**する。（　）
　書物のまちがいを調べ、直すこと
(6) 城が**炎上**する。（　）
(7) **祝宴**に列席する。（　）
(8) **欧州**諸国を旅行する。（　）
(9) 名前を**殴**り書きする。（　）
(10) **乙**な味のおつまみ。（　）
(11) **卸値**で買う。（　）
(12) 店の**棚卸**をする。（　）
(13) **穏**やかな海をながめる。（　）
(14) ドラマは**佳境**に入った。（　）
　味わいの深いところ
(15) **書架**から本を取り出す。（　）
(16) **昇華**現象の実験。（　）
　固体から直接気体になる現象
(17) 純白の**花嫁**衣装。（　）
(18) **飢餓**を救済する。（　）
(19) **奇怪**な現象に出くわす。（　）
(20) **悔**しい思いをする。（　）
(21) **団塊**の世代。（　）
　かたまり
(22) **憤慨**のあまり大声を出す。（　）
　腹を立てること・いきどおりなげくこと
(23) **当該**事項を調べる。（　）
(24) 文章の**概要**をつかむ。（　）
　あらまし・大要
(25) **城郭**を構えて敵に備える。（　）
(26) 外から**隔離**された世界。（　）
(27) りんごの**収穫**を終えた。（　）
(28) **岳父**を敬う。（　）
　妻の父
(29) 安全を**心掛**ける。（　）
(30) たかが大空を**滑空**する。（　）
　羽ばたかずに飛ぶこと
(31) 何事にも誠実さが**肝要**だ。（　）
　たいせつ
(32) **王冠**をかぶる。（　）
(33) 店の**勘定**を支払う。（　）
(34) 初志を**貫徹**する。（　）
　つらぬき通すこと
(35) 注意を**喚起**する。（　）
　よびおこすこと
(36) ドルを円に**換算**する。（　）
(37) 勇猛**果敢**に攻める。（　）
　決断力に富み、大胆なこと
(38) 投球に**緩急**をつける。（　）
(39) 地元の**企業**に就職する。（　）
(40) 秘密の計画を**企**てる。（　）
(41) **禁忌**をおかす。（　）
　してはならないと止めること・タブー
(42) **常軌**を逸した行動。（　）
　つねにおこなうべき道・普通のやり方
(43) **軌範**となる行い。（　）
　てほん
(44) **既婚**者対象のアンケート。（　）
(45) プロの**棋士**と対局する。（　）
(46) 上告を**棄却**する。（　）
　取り上げず、無効とすること
(47) 運動会で**騎馬**戦を行う。（　）
(48) 敵を**欺**くには味方から。（　）
(49) **犠打**で得点する。（　）
(50) **春菊**を栽培する。（　）

まめ知識

まぎらわしい部首

イ（にんべん）　休体作係住使　付任　化→匕
人（ひと）　人似
𠆢（ひとやね）　会今倉令余介　企　合→口
入（いる）　入内全
八（はち）　八公兼
ハ（は）　六具共典兵　分→刀　谷→谷

(1) 手を合わせて**アイガン**する。
(2) **イロウ**会を開く。
(3) **エイタン**の意味の助動詞。 感動を表現すること
(4) **よみ人**知らずの短歌。
(5) **エツラク**を求める。 喜びたのしむこと
(6) 重要な記録を**エツラン**する。 しらべ見ること
(7) 眼が**エンショウ**を起こす。
(8) お花見の**エンカイ**を催す。
(9) **オウベイ**の文学を読む。
(10) 暗い所で**オウダ**された。
(11) 甲**オツ**つけがたい。
(12) **おろしうり**業を営む。
(13) **オンケン**派の意見。 考え方がかたよらず常識的なこと
(14) コンクールで**カサク**に入る。
(15) 竜は**カクウ**の動物だ。
(16) **ゴウカ**客船が入港する。
(17) 兄は責任を**テンカ**する。 他人のせいにすること
(18) 空腹で**ガシ**寸前だ。
(19) 夏の夜に**カイダン**話を聞く。
(20) **コウカイ**先に立たず。
(21) 土の**かたまり**をくだく。
(22) **カンガイ**にふける。 身にしみてかんじること
(23) **ガイトウ**する物件はない。 あてはまること
(24) 異なる**ガイネン**をもつ。
(25) 顔の**リンカク**を描く。 まわりを形づくる線
(26) **カンカク**をあけずに進む。
(27) 小麦の**シュウカク**期。
(28) 中部**サンガク**地帯。
(29) 戸の**かけ**金を修理する。
(30) 話が**エンカツ**に進む。
(31) **カンジン**な点を見落とす。
(32) 世界一の**エイカン**に輝く。
(33) **カンベン**してください。 許すこと
(34) トンネルが**カンツウ**する。
(35) 驚いて**カンセイ**をあげる。 さけびごえ
(36) 古い電球を**コウカン**する。
(37) **ユウカン**に敵と戦う。
(38) 交通規制を**カンワ**する。 ゆるむこと・ゆるめること
(39) 気の**ゆるみ**が事故を招く。
(40) **キカク**会議を開く。
(41) 祖母の**イッシュウキ**。
(42) **いみ**言葉を慎む。 不吉なのでさける言葉
(43) 月の**キドウ**を計算する。 電車や天体が運行する経路
(44) **キセイ**事実をつくる。 物事がすでにできあがっていること
(45) 父は**ショウギ**が得意だ。
(46) 産業**ハイキ**物の処理問題。
(47) 中世の**キシ**道精神。
(48) **サギ**師にだまされる。
(49) 大きな**ギセイ**を払う。
(50) **キッカ**の咲く庭園。

まめ知識

華盛頓はワシントン

外国の国名・地名を当て字で表記したものには、次のようなものがあります。

亜米利加（アメリカ） 英吉利（イギリス）
印度（インド） 加奈陀（カナダ） 瑞西（スイス）
和蘭（オランダ） 西班牙（スペイン）
独逸（ドイツ） 倫敦（ロンドン） 巴里（パリ）

1 次の漢字の部首を下のア～カから選び、記号で答えなさい。

(1) **掛**（　　）　(3) **菊**（　　）
(2) **郭**（　　）　(4) **敢**（　　）

ア 攵	イ 阝	ウ 子	エ 艹	オ ト	カ 扌

2 次の熟語の構成は、後のA～Dのどれにあたるか、記号で答えなさい。

(1) **書架**（　　）　(2) **奇怪**（　　）　(3) **緩急**（　　）

A 同じような意味の漢字を重ねたもの。(例)…進行
B 反対または対応する意味の漢字を重ねたもの。(例)…大小
C 上の字が下の字の意味を修飾しているもの。(例)…緑色
D 下の字が上の字の目的・対象などを示すもの。(例)…登山

3 次の文の□に入る適切な漢字を、後のア～エから一つずつ選び、記号で答えなさい。

(1) ロケットの□道を修正する。
ア 規　イ 機　ウ 軌　エ 騎（　　）

(2) ひどい仕打ちに憤□する。
ア 概　イ 慨　ウ 該　エ 害（　　）

(3) 証人を□問する。
ア 喚　イ 敢　ウ 換　エ 監（　　）

4 下の□の中のひらがなを漢字に直して書き、類義語を作りなさい。

(1) 温厚―（　　）健　(3) 美人―（　　）人
(2) 重要―（　　）心　(4) 歓楽―（　　）楽

えつ・かん
おん・か

5 次の各組の□に共通してあてはまる漢字を後のア～キから選び、記号で答えなさい。

(1) □会　□席　祝□（　　）
(2) 放□　□権　廃□（　　）
(3) □症　□上　□天（　　）
(4) 大□　一□　□念（　　）
(5) 一□　□通　□徹（　　）

ア 概	イ 炎	ウ 慣	エ 棄	オ 宴	カ 貫	キ 既

6 次の文中の誤字を正しい漢字で書きなさい。

(1) 暴漢に襲われ、欧打された。（　　）
(2) 喜怒愛楽を素直に表現する。（　　）
(3) 会奇現象を目にする。（　　）

7 次の――線のところにあてはまる送りがなを書きなさい。

(1) 海を**隔**――。（　　）
(2) **滑**――な表面。（　　）
(3) 気を**緩**――。（　　）
(4) 悪事を**企**――。（　　）

3級
キチ～サイ
2

漢字	読み	部首	画数	用例
吉	キチ キツ	口	6	吉凶(キッキョウ) 吉報(キッポウ) 不吉(フキツ) 吉日(キチジツ)
喫	キツ	口	12	喫煙(キツエン) 喫茶(キッサ) 満喫(マンキツ)
虐	ギャク しいたげる	虍	9	虐待(ギャクタイ) 残虐(ザンギャク) 動物を虐げる(しいた)
虚	キョ コ	虍	11	虚構(キョコウ) 謙虚(ケンキョ) 虚実(キョジツ) 虚空(コクウ)
峡	キョウ	山	9	峡谷(キョウコク) 海峡(カイキョウ) 山峡(サンキョウ) 峡湾(キョウワン)
脅	キョウ おびやかす おどす おどかす	肉	10	脅威(キョウイ) 脅迫(キョウハク) 脅し文句(おど モンク)
凝	ギョウ こる こらす	冫	16	凝縮(ギョウシュク) 凝視(ギョウシ) 凝り性(こ ショウ)
斤	キン	斤	4	斤量(キンリョウ) 一斤(イッキン) 斤目(キンめ)
緊	キン	糸	15	緊張(キンチョウ) 緊急(キンキュウ) 緊密(キンミツ) 緊迫(キンパク)
愚	グ おろか	心	13	愚劣(グレツ) 愚痴(グチ) 愚か者(おろ)
偶	グウ	亻	11	偶数(グウスウ) 偶然(グウゼン) 偶像(グウゾウ) 偶発(グウハツ)

漢字	読み	部首	画数	用例
遇	グウ	辶	12	待遇(タイグウ) 優遇(ユウグウ) 千載一遇(センザイイチグウ)
刑	ケイ	刂	6	刑事(ケイジ) 処刑(ショケイ) 刑罰(ケイバツ) 極刑(キョッケイ)
契	ケイ ちぎる	大	9	契機(ケイキ) 契約(ケイヤク) 契り合う(ちぎ)
啓	ケイ	口	11	啓示(ケイジ) 拝啓(ハイケイ) 啓発(ケイハツ)
掲	ケイ かかげる	扌	11	掲示(ケイジ) 掲揚(ケイヨウ) 旗を掲げる(かか)
携	ケイ たずさえる たずさわる	扌	13	携帯(ケイタイ) 連携(レンケイ) 仕事に携わる(たずさ)
憩	ケイ いこい いこう	心	16	休憩(キュウケイ) 小憩(ショウケイ) 憩いの場所(いこ)
鶏	ケイ にわとり	鳥	19	鶏卵(ケイラン) 養鶏(ヨウケイ) 鶏の卵(にわとり)
鯨	ゲイ くじら	魚	19	捕鯨(ホゲイ) 鯨飲(ゲイイン) 鯨肉(ゲイニク) 大鯨(おおくじら)
倹	ケン	亻	10	倹約(ケンヤク) 節倹(セッケン) 勤倹(キンケン) 倹素(ケンソ)
賢	ケン かしこい	貝	16	賢者(ケンジャ) 賢明(ケンメイ) 賢い人(かしこ)

漢字	読み	部首	画数	用例
幻	ゲン まぼろし	幺	4	幻滅(ゲンメツ) 幻想(ゲンソウ) 幻の大帝国(まぼろし)
孤	コ	子	9	孤独(コドク) 孤高(ココウ) 孤立無援(コリツムエン)
弧	コ	弓	9	括弧(カッコ) 円弧(エンコ) 弧状(コジョウ) 弧線(コセン)
雇	コ やとう	隹	12	雇用(コヨウ) 解雇(カイコ) 雇い人(やと にん)
顧	コ かえりみる	頁	21	顧問(コモン) 回顧(カイコ) 過去を顧みる(かえり)
娯	ゴ	女	10	娯楽(ゴラク)
悟	ゴ さとる	忄	10	覚悟(カクゴ) 悔悟(カイゴ) 悟り切る(さと)
孔	コウ	子	4	鼻孔(ビコウ) 孔子(コウシ) 気孔(キコウ) 瞳孔(ドウコウ)
巧	コウ たくみ	工	5	技巧(ギコウ) 巧妙(コウミョウ) 巧みな手口(たく)
甲	コウ カン	田	5	甲乙(コウオツ) 甲板(カンパン) 甲高い(カンだか)
坑	コウ	土	7	坑道(コウドウ) 炭坑(タンコウ) 焚書坑儒(フンショコウジュ)
拘	コウ	扌	8	拘束(コウソク) 拘留(コウリュウ) 拘泥(コウデイ) 拘置(コウチ)
郊	コウ	阝	9	近郊(キンコウ) 郊外(コウガイ) 遠郊(エンコウ)

漢字	読み	部首	画数	用例
控	コウ ひかえる	扌	11	控除(コウジョ) 控訴(コウソ) 控え目(ひか)
慌	コウ あわてる あわただしい	忄	12	恐慌(キョウコウ) 慌忙(コウボウ) 慌てん坊(あわ ボウ)
硬	コウ かたい	石	12	硬直(コウチョク) 硬貨(コウカ) 硬い物質(かた)
絞	コウ しぼる しめる しまる	糸	12	絞殺(コウサツ) 絞首(コウシュ) 絞り染め(しぼ ぞ)
綱	コウ つな	糸	14	綱紀(コウキ) 綱領(コウリョウ) 手綱(たづな) 横綱(よこづな)
酵	コウ	酉	14	酵素(コウソ) 酵母(コウボ) 発酵作用(ハッコウサヨウ)
克	コク	儿	7	克服(コクフク) 克明(コクメイ) 克己(コッキ) 相克(ソウコク)
獄	ゴク	犭	14	地獄(ジゴク) 監獄(カンゴク) 疑獄(ギゴク)
恨	コン うらむ うらめしい	忄	9	遺恨(イコン) 悔恨(カイコン) 逆恨み(さかうら)
紺	コン	糸	11	濃紺(ノウコン) 紺色(コンいろ) 紺青(コンジョウ) 紺碧(コンペキ)
魂	コン たましい	鬼	14	魂胆(コンタン) 精魂(セイコン) 永遠の魂(エイエン たましい)
墾	コン	土	16	開墾(カイコン) 墾田(コンデン)
債	サイ	亻	13	国債(コクサイ) 債務(サイム) 負債(フサイ) 債権(サイケン)

(1) 合格の**吉報**が届く。（　）
(2) **喫茶**店でひと休みする。（　）
(3) **残虐**な行為を告発する。（　）
(4) 忠告を**謙虚**に受けとめる。（　）
(5) **虚空**を見上げる。（　）そら
(6) 津軽（つがる）**海峡**を渡る。（　）
(7) **脅迫**状が舞い込む。（　）
(8) 空の一点を**凝視**する。（　）じっと見る
(9) 食パンを**一斤**買う。（　）
(10) **緊急**事態が発生した。（　）
(11) **緊迫**した状況となる。（　）非常にさしせまること
(12) **愚痴**をこぼす。（　）
(13) **偶然**が度重なる。（　）
(14) 株主を**優遇**する。（　）
(15) 古代の**処刑**場跡。（　）
(16) **契約**をとりつける。（　）
(17) **拝啓**で手紙を書き始める。（　）
(18) 国旗を**掲揚**する。（　）高くあげること
(19) 仲間と**連携**して作業する。（　）同じ目的をもつ人たちが協力しあうこと

(20) **小憩**をはさむ。（　）すこしの休み
(21) **養鶏**場を営む。（　）
(22) 湾内に**鯨**が迷い込む。（　）
(23) **節倹**生活に努める。（　）質素にすること
(24) **賢明**な選択をする。（　）
(25) **幻想**的な絵画。（　）
(26) **孤高**の歌人。（　）
(27) **円弧**の長さを計る。（　）円周上の二点で区切られた円周部分
(28) 業績不振で**解雇**される。（　）
(29) **回顧**録を出版する。（　）
(30) **娯楽**施設をつくる。（　）
(31) **悔悟**の念にかられる。（　）
(32) **孔子**の教えに従う。（　）中国古代の思想家・儒教の始祖
(33) **巧妙**なトリックを見破る。（　）
(34) 二人とも**甲乙**つけがたい。（　）優劣
(35) **炭坑**から石炭を運び出す。（　）
(36) 犯人を**拘留**する。（　）とらえとめておくこと
(37) **郊外**に家を建てる。（　）
(38) 納得できず**控訴**する。（　）審に不服で変更を求めること

(39) 弟は**慌**てん坊だ。（　）
(40) 五百円**硬貨**。（　）
(41) **絞首**刑に処される。（　）
(42) 組合の**綱領**を読みあげる。（　）団体で定めた根本方針
(43) 天然**酵母**を使用したパン。（　）発酵作用をおこさせる菌
(44) 経過を**克明**に記録する。（　）
(45) **監獄**につながれる。（　）
(46) **悔恨**の情がこみあげる。（　）
(47) **紺色**の制服を着る。（　）
(48) **精魂**を込めて作る。（　）
(49) **墾田**永年私財法。（　）新たに切りひらいた田
(50) **債務**を負った会社。（　）借金などを返済すべき義務

まめ知識

「かたーい」のいろいろ

硬い…変形したりこわれたりしないようす。
㊥軟らかい　硬い鉛筆　表情が硬い

堅い…中がつまって砕けにくいようす。
㊥もろい　堅い材木　堅い商売

固い…強くて形が変わらないこと。
㊥ゆるい　頭が固い　決心が固い

(1) **フキツ**な予感がする。

(2) **キツエン**所を設ける。

(3) 動物の**ギャクタイ**を禁じる。

(4) 子どもを**しいたげる**な。

(5) **キョコウ**の世界を創作する。（つくりごと）

(6) 黒部（くろべ）**キョウコク**を訪れる。（せまくけわしいたに）

(7) 大きな**キョウイ**を感じる。（おびやかしおどすこと）

(8) うま味を**ギョウシュク**する。（こりかたまること）

(9) **キンリョウ**をはかる。（目方）

(10) **キンチョウ**感が漂う。

(11) **グレツ**な行為を批判する。

(12) **グウゾウ**を崇拝する。

(13) よい**タイグウ**を受ける。（もてなし・取りあつかい）

(14) **ケイジ**が聞き込みをする。

(15) **ケイキ**となったできごと。

(16) 神の**ケイジ**を受ける。（神が人知を超えたことをしめすこと）

(17) **ケイジ**板に貼り出される。

(18) **ケイタイ**用のラジオ。

(19) 重要な仕事に**たずさ**わる。

(20) **キュウケイ**時間をとる。

(21) **にわとり**を放し飼いにする。

(22) **ホゲイ**が禁止される。（くじらをとること）

(23) むだ使いせず**ケンヤク**する。

(24) それは**かしこ**い選択だ。

(25) 本物を見て**ゲンメツ**する。（がっかりすること）

(26) **コドク**な人生を送る。

(27) 答えを**カッコ**の中に書く。

(28) 店員を数名**やと**う。

(29) 部活の**コモン**を引き受ける。（相談を受ける人）

(30) テレビの**ゴラク**番組を見る。

(31) **カクゴ**を決める。

(32) **ビコウ**に虫が入る。（はなのあな）

(33) **ギコウ**を凝らした作品。

(34) **カンパン**に出て海を見る。（船の上の広く平らな所）

(35) 大きな**コウドウ**を掘る。（地下に掘った通路）

(36) 長時間、**コウソク**される。（自由をそくばくすること）

(37) 大都市の**キンコウ**に住む。

(38) **ひか**え目な態度。

(39) 金融**キョウコウ**が起こる。（景気が急に下降すること）

(40) 驚いて体が**コウチョク**する。

(41) **しぼ**り染めの着物。

(42) **たづな**を引きしめる。

(43) 体内の**コウソ**の働き。

(44) 弱点を**コクフク**する。（打ち勝つこと）

(45) 天国と**ジゴク**。

(46) 他人を**うら**むべきでない。

(47) **ノウコン**に染めた布。

(48) 何か**コンタン**がありそうだ。

(49) 荒れ地を**カイコン**する。（山野をひらき田畑をつくること）

(50) 多額の**フサイ**を抱える。（借り入れ金）

まめ知識

「グウ」のいろいろ

偶…ひとがた、たぐい、たまたまなどの意。
　偶像　土偶　配偶者　偶然　偶発　偶数

隅…すみ、かたわらなどの意。
　一隅　辺隅　片隅

遇…思いがけなく出会う、もてなすなどの意。
　遭遇　奇遇　千載一遇　待遇　優遇

3級

1 次の漢字の部首を（　）に、部首名を〔　〕に書きなさい。

(1) **控**（　）〔　〕
(2) **刑**（　）〔　〕
(3) **愚**（　）〔　〕
(4) **郊**（　）〔　〕

2 次の熟語の構成は、後のA～Dのどれにあたるか、記号で答えなさい。

(1) **凝視**（　）
(2) **養鶏**（　）
(3) **虚実**（　）

A 同じような意味の漢字を重ねたもの。（例…進行）
B 反対または対応する意味の漢字を重ねたもの。（例…大小）
C 上の字が下の字の意味を修飾しているもの。（例…緑色）
D 下の字が上の字の目的・対象などを示すもの。（例…登山）

3 次の太字にあてはまる漢字を、後のア～オから一つずつ選び、記号で答えなさい。

(1) 連**ケイ**して事に当たる。（　）
(2) 自作の小説が雑誌に**ケイ**載される。（　）
〈**ア** 刑　**イ** 掲　**ウ** 携　**エ** 憩　**オ** 鶏〉

(3) 責められて態度を**コウ**化させる。（　）
(4) 面接試験のために時間を**コウ**束される。（　）
〈**ア** 拘　**イ** 郊　**ウ** 控　**エ** 慌　**オ** 硬〉

4 下の□の中のひらがなを漢字に直して書き、対義語を作りなさい。

(1) 凶報↔（　）報
(2) 極楽↔地（　）
(3) 愚者↔（　）者
(4) 必然↔（　）然

ぐう・けん きっ・ごく

5 次の太字にあてはまる漢字を後から選び、書きなさい。

(1) **ゴ**楽大作（　）
(2) 超絶技**コウ**（　）
(3) 千載一**グウ**（　）
(4) 消化**コウ**素（　）
(5) **ケイ**約解消（　）
(6) 和**コン**洋才（　）

愚・遇・顧・雇・娯・巧・酵・契・魂・紺

6 次の文中の誤字を正しい漢字で書きなさい。

(1) 劣勢の中で弧軍奮闘する。（　）
(2) 石炭を掘るために抗道を進む。（　）
(3) 拝敬、大変ご無沙汰しております。（　）

7 次の――線のところにあてはまる送りがなを書きなさい。

(1) ふきんを**絞**――。（　）
(2) 地位を**脅**――。（　）
(3) 目を**凝**――。（　）
(4) 犯人を**恨**――。（　）

3級 サイ～セ

漢字	読み	部首	画数	用例
催	サイ、もよおす	亻	13	催促（サイソク）　開催（カイサイ）　催（もよお）し物
削	サク、けずる	刂	9	削除（サクジョ）　添削（テンサク）　削（けず）り節
搾	サク、しぼる	扌	13	搾取（サクシュ）　圧搾（アッサク）　乳搾（ちちしぼ）り
錯	サク	金	16	錯覚（サッカク）　交錯（コウサク）　試行錯誤（シコウサクゴ）
撮	サツ、とる	扌	15	撮影（サツエイ）　特撮（トクサツ）　写真を撮（と）る
擦	サツ、する、すれる	扌	17	摩擦（マサツ）　擦過（サッカ）　擦（す）り傷
暫	ザン	日	15	暫時（ザンジ）　暫定（ザンテイ）
祉	シ	ネ	8	福祉（フクシ）
施	シ、セ、ほどこす	方	9	施設（シセツ）　実施（ジッシ）　医療を施（ほどこ）す
諮	シ、はかる	言	16	諮問（シモン）　会議に諮（はか）る
侍	ジ、さむらい	亻	8	侍従（ジジュウ）　侍女（ジジョ）　給侍（キュウジ）　侍所（さむらいどころ）

漢字	読み	部首	画数	用例
慈	ジ、いつくしむ	心	13	慈善（ジゼン）　慈悲（ジヒ）　慈（いつく）しみの心
軸	ジク	車	12	主軸（シュジク）　地軸（チジク）　基軸（キジク）
疾	シツ	疒	10	疾患（シッカン）　疾風（シップウ）　疾病（シッペイ）　疾走（シッソウ）
湿	シツ、しめる、しめす	氵	12	多湿（タシツ）　湿度（シツド）　お湿（しめ）り
赦	シャ	赤	11	恩赦（オンシャ）　容赦（ヨウシャ）　赦免（シャメン）　大赦（タイシャ）
邪	ジャ	阝	8	邪道（ジャドウ）　邪推（ジャスイ）　邪念（ジャネン）　邪魔（ジャマ）
殊	シュ、こと	歹	10	殊勝（シュショウ）　特殊（トクシュ）　殊勲（シュクン）　文殊（モンジュ）
寿	ジュ、ことぶき	寸	7	寿命（ジュミョウ）　長寿（チョウジュ）　寿狂言（ことぶききょうげん）
潤	ジュン、うるおう、うるおす、うるむ	氵	15	利潤（リジュン）　湿潤（シツジュン）　潤（うる）んだ瞳（ひとみ）
遵	ジュン	辶	15	遵守（ジュンシュ）　遵法（ジュンポウ）
如	ジョ、ニョ	女	6	欠如（ケツジョ）　突如（トツジョ）　如実（ニョジツ）　如来（ニョライ）

漢字	読み	部首	画数	用例
徐	ジョ	彳	10	徐行（ジョコウ）　徐徐（ジョジョ）
匠	ショウ	匚	6	師匠（シショウ）　巨匠（キョショウ）　意匠（イショウ）
昇	ショウ、のぼる	日	8	昇格（ショウカク）　上昇（ジョウショウ）　昇（のぼ）り竜
掌	ショウ	手	12	掌握（ショウアク）　掌中（ショウチュウ）　車掌（シャショウ）　合掌（ガッショウ）
晶	ショウ	日	12	水晶（スイショウ）　結晶（ケッショウ）
焦	ショウ、こげる、こがす、こがれる、あせる	灬	12	焦点（ショウテン）　焦燥（ショウソウ）　黒焦（くろこ）げ
衝	ショウ	行	15	衝突（ショウトツ）　衝撃（ショウゲキ）　折衝（セッショウ）　衝動（ショウドウ）
鐘	ショウ、かね	金	20	半鐘（ハンショウ）　警鐘（ケイショウ）　釣（つ）り鐘（がね）
冗	ジョウ	冖	4	冗談（ジョウダン）　冗長（ジョウチョウ）　冗漫（ジョウマン）
嬢	ジョウ	女	16	令嬢（レイジョウ）　お嬢（ジョウ）さま
錠	ジョウ	金	16	手錠（てジョウ）　錠剤（ジョウザイ）　施錠（セジョウ）　錠前（ジョウまえ）
譲	ジョウ、ゆずる	言	20	分譲（ブンジョウ）　譲歩（ジョウホ）　親譲（おやゆず）り
嘱	ショク	口	15	委嘱（イショク）　嘱望（ショクボウ）　嘱託（ショクタク）

漢字	読み	部首	画数	用例
辱	ジョク、はずかしめる	辰	10	屈辱（クツジョク）　侮辱（ブジョク）　社名を辱（はずかし）める
伸	シン、のびる、のばす、のべる	亻	7	伸縮（シンシュク）　屈伸（クッシン）　背伸（せの）び
辛	シン、からい	辛	7	辛苦（シンク）　辛抱（シンボウ）　辛口（からくち）
審	シン	宀	15	審査（シンサ）　審議（シンギ）　審判（シンパン）　結審（ケッシン）
炊	スイ、たく	火	8	炊事（スイジ）　炊飯（スイハン）　炊（た）き出し
粋	スイ、いき	米	10	抜粋（バッスイ）　純粋（ジュンスイ）　粋人（スイジン）　粋（いき）
衰	スイ、おとろえる	衣	10	衰弱（スイジャク）　老衰（ロウスイ）　肉体的（ニクタイテキ）衰（おとろ）え
酔	スイ、よう	酉	11	心酔（シンスイ）　麻酔（マスイ）　泥酔（デイスイ）　酔狂（スイキョウ）
遂	スイ、とげる	辶	12	遂行（スイコウ）　未遂（ミスイ）　最期（サイゴ）を遂（と）げる
穂	スイ、ほ	禾	15	出穂（シュッスイ）　稲穂（いなほ）
随	ズイ	阝	12	随筆（ズイヒツ）　随分（ズイブン）　不随（フズイ）　随一（ズイイチ）
髄	ズイ	骨	19	神髄（シンズイ）　骨髄（コツズイ）　延髄（エンズイ）
瀬	せ	氵	19	浅瀬（あさせ）　川瀬（かわせ）　瀬戸際（せとぎわ）

(1) 五輪の**開催**地を選ぶ。

(2) 通信**添削**で学ぶ。（詩歌や文章をなおすこと）

(3) 空気を**圧搾**する。（おしちぢめること）

(4) 夢と現実が**交錯**する。（いくつかの物が入り交じること）

(5) **特撮**シーンに出演する。

(6) **擦過**傷の手当てをする。（すりきず）

(7) **暫定**的な処置。（しばらくの間、定めておくこと）

(8) 社会の**福祉**に役立つ。

(9) 計画どおりに**実施**する。

(10) 委員会に**諮**る。

(11) 身の回りの世話をする**侍女**。

(12) **慈悲**の心で人と接する。

(13) **地軸**は少し傾いている。

(14) **疾風**のごとく駆け抜ける。

(15) コースを**疾走**する自動車。（はやく走ること）

(16) 雨の日は**湿度**が高い。

(17) **容赦**なく責めたてる。

(18) 友人のしわざと**邪推**する。（他人の言動に対する誤った推測）

(19) **特殊**な設備を整える。

(20) **長寿**を祝う。

(21) 温暖**湿潤**気候に属する。

(22) **遵法**の精神で法廷に立つ。（法律に従い、守ること）

(23) **突如**として雨が降り出す。

(24) **徐徐**に速度を上げる。

(25) 音楽界の**巨匠**。

(26) 気温が**上昇**する。

(27) 権力を**掌中**に収める。（自分の思いどおりにする）

(28) 墓前で**合掌**する。（手を合わせて拝むこと）

(29) 塩の**結晶**をつくる。

(30) **焦燥**感にかられる。

(31) 強い**衝撃**を受ける。

(32) 自然破壊に**警鐘**を鳴らす。（危険を知らせる鐘）

(33) **冗長**な文章。（文章や話が必要以上に長いこと）

(34) あの人はお**嬢**さま育ちだ。

(35) 食後に**錠剤**を飲む。

(36) ときには**譲歩**して考える。

(37) 将来を**嘱望**される人材。（大きな望み、期待をかけること）

(38) 人を**侮辱**するような態度。

(39) **屈伸**運動をする。

(40) **辛抱**強く待つ。

(41) 国語**審議**委員会に出る。（くわしく評議すること）

(42) 新しい**炊飯**器を買う。

(43) **純粋**に芸術を追求する。

(44) 祖父は**老衰**で亡くなった。（年をとって心身がおとろえること）

(45) **麻酔**をかけて歯を抜く。

(46) 犯行は**未遂**に終わった。

(47) **稲穂**を刈り取る。

(48) 今年は雨量が**随分**多い。

(49) **骨髄**バンクに登録する。

(50) **川瀬**で魚をすくう。（川の浅くて流れの速いところ）

まめ知識

「喜寿」って何歳のこと?

喜寿…「喜」の草書体「㐂」が七十七に見えることから七十七歳。

米寿…「米」を分解すると、丷（八）・十・八となるので八十八歳。

㊂「白寿」は何歳のことですか。

百 ー 百 ＝ 白

㊟九十九歳

(1) 返事を**サイソク**する。
(2) 学園祭の**もよおし**に出る。
(3) 文章を**サクジョ**する。
(4) 領主に**サクシュ**される。（しぼりとること）
(5) 目の**サッカク**をおこす絵。
(6) 映画を**サツエイ**する。
(7) 貿易**マサツ**を解消する。
(8) **ザンジ**、休憩をとります。（しばらくの間）
(9) **フクシ**社会の実現を目指す。
(10) 公共**シセツ**をつくる。
(11) 医療を**ほどこ**して人を救う。
(12) 大統領の**シモン**機関。（特定機関に意見を求めること）
(13) 国王の**ジジュウ**を務める。（君主のそばで仕える人）
(14) **ジゼン**事業を始める。
(15) チームの**シュジク**選手。
(16) 急性の**シッカン**にかかる。（やまい）
(17) 日本の夏は高温**タシツ**だ。
(18) **オンシャ**により減刑される。（情で罪がゆるされること）
(19) そのやり方は**ジャドウ**だ。

(20) **シュショウ**な心掛けだ。（けなげ・感心）
(21) 平均**ジュミョウ**が伸びる。
(22) **リジュン**を追求する。
(23) 憲法を**ジュンシュ**する。（法律などをまもること）
(24) 社会道徳が**ケツジョ**する。
(25) 雨なので**ジョコウ**運転する。（ゆっくり進むこと）
(26) **シショウ**と弟子。
(27) 部長に**ショウカク**する。
(28) すべてを**ショウアク**する。
(29) **スイショウ**の玉。
(30) **ショウテン**を合わせる。（光が集中するところ）
(31) 車が正面**ショウトツ**する。
(32) **ハンショウ**を鳴らす。
(33) **ジョウダン**を言う。
(34) 伯爵（ハクシャク）**レイジョウ**。
(35) 犯人に**てジョウ**をかける。
(36) 土地を**ブンジョウ**する。（わけてゆずること）
(37) 調査を**イショク**する。（まかせたのむこと）
(38) **クツジョク**を感じる。

(39) **の**び縮みする布地。
(40) **からくち**のカレーを食べる。
(41) 野球の**シンパン**をする。
(42) 今日は**スイジ**当番の日だ。
(43) 好きな言葉を**バッスイ**する。（要所をぬき出すこと）
(44) 体力が**おとろ**える。
(45) 源氏物語に**シンスイ**する。（夢中になって、ふけること）
(46) 任務を**スイコウ**する。（なしとげること）
(47) **シュッスイ**期を迎えた稲。（稲などのほがでること）
(48) 科学者の書いた**ズイヒツ**。
(49) 武道の**シンズイ**をみる。（その道の最も大事なことがら）
(50) **あさせ**で水遊びをする。

まめ知識

除行って何?

「除行すべし」という看板を見たことがあります。これでは何のことかわかりません。正しくは「徐行」です。「徐」の原義は、ゆっくり行くことです。

3級

1 次の漢字の部首を下のア～カから選び、記号で答えなさい。

(1) 焦（　　）
(2) 随（　　）
(3) 嘱（　　）
(4) 衛（　　）

ア 亻　イ 行　ウ 灬
エ 口　オ 尸　カ 阝

2 次の熟語の構成は、後のA～Dのどれにあたるか、記号で答えなさい。

(1) 未遂（　　）
(2) 上昇（　　）
(3) 撮影（　　）

A 同じような意味の漢字を重ねたもの。（例…進行）
B 反対または対応する意味の漢字を重ねたもの。（例…大小）
C 下の字が上の字の目的・対象などを示すもの。（例…登山）
D 上の字が下の字の意味を打ち消しているもの。（例…不通）

3 次の文の□に入る適切な漢字を、後のア～エから一つずつ選び、記号で答えなさい。

(1) 内閣の□問機関。
ア 試　イ 諮　ウ 祉　エ 伺（　　）

(2) 交通法規を□守する。
ア 潤　イ 遵　ウ 巡　エ 盾（　　）

(3) □取される立場の労働者。
ア 搾　イ 錯　ウ 削　エ 策（　　）

4 下の□の中のひらがなを漢字に直して書き、類義語を作りなさい。

(1) 特別―特（　　）
(2) 実行―実（　　）
(3) 中心―主（　　）
(4) 長命―長（　　）

し・しゅ
じゅ・じく

5 次の各組の□に共通してあてはまる漢字を後のア～キから選び、記号で答えなさい。

(1) □風　□走　□患（　　）
(2) 車□　□中　□握（　　）
(3) 麻□　心□　泥□（　　）
(4) □動　□撃　□突（　　）
(5) □除　添□　□減（　　）

ア 削　イ 錯　ウ 疾　エ 掌　オ 衝　カ 粋　キ 酔

6 次の文中の誤字を正しい漢字で書きなさい。

(1) 通学路では除行運転をして事故を防ぐ。（　　）
(2) 栄枯盛哀は世のならいだ。（　　）
(3) 武道の神随をきわめようと奮起する。（　　）

7 次の――線のところにあてはまる送りがなを書きなさい。

(1) 席を譲――。（　　）
(2) 背が伸――。（　　）
(3) 胸を焦――。（　　）
(4) 潤――豊か。（　　）

漢字	読み	部首	画数	用例
牲	セイ	牜	9	犠牲(ギセイ)
婿	セイ / むこ	女	12	女婿(ジョセイ)　花婿(はなむこ)　婿養子(むこヨウシ)
請	セイ / シン / こう / うける	言	15	請求(セイキュウ)　普請(フシン)　請負業(うけおいギョウ)
斥	セキ	斤	5	斥候(セッコウ)　排斥(ハイセキ)
隻	セキ	隹	10	隻眼(セキガン)　一隻(イッセキ)　片言隻句(ヘンゲンセック)
惜	セキ / おしい / おしむ	忄	11	惜別(セキベツ)　哀惜(アイセキ)　負け惜しみ(おしみ)
籍	セキ	⺮	20	戸籍(コセキ)　書籍(ショセキ)　本籍(ホンセキ)　漢籍(カンセキ)
摂	セツ	扌	13	摂取(セッシュ)　摂理(セツリ)　摂政(セッショウ)　摂生(セッセイ)
潜	セン / ひそむ / もぐる	氵	15	潜在(センザイ)　潜水(センスイ)　海に潜る(もぐる)
繕	ゼン / つくろう	糸	18	修繕(シュウゼン)　営繕(エイゼン)　繕い物(つくろいもの)
阻	ソ / はばむ	阝	8	阻止(ソシ)　阻害(ソガイ)　行手を阻む(ゆくてをはばむ)

漢字	読み	部首	画数	用例
措	ソ	扌	11	措置(ソチ)　挙措(キョソ)
粗	ソ / あらい	米	11	粗末(ソマツ)　粗野(ソヤ)　粗い網目(あらいあみめ)
礎	ソ / いしずえ	石	18	礎石(ソセキ)　基礎(キソ)　伝統の礎(いしずえ)
双	ソウ / ふた	又	4	双肩(ソウケン)　双方(ソウホウ)　双子座(ふたござ)
桑	ソウ / くわ	木	10	桑園(ソウエン)　桑田(ソウデン)　桑畑(くわばたけ)
掃	ソウ / はく	扌	11	清掃(セイソウ)　掃除(ソウジ)　掃き清める(はききよめる)
葬	ソウ / ほうむる	艹	12	葬式(ソウシキ)　埋葬(マイソウ)　葬り去る(ほうむりさる)
遭	ソウ / あう	辶	14	遭難(ソウナン)　遭遇(ソウグウ)　事故に遭う(あう)
憎	ゾウ / にくむ / にくい / にくらしい / にくしみ	忄	14	憎悪(ゾウオ)　愛憎(アイゾウ)　憎しみ(にくしみ)
促	ソク / うながす	亻	9	促進(ソクシン)　促成(ソクセイ)　相手を促す(うながす)
賊	ゾク	貝	13	盗賊(トウゾク)　賊軍(ゾクグン)　海賊(カイゾク)　賊臣(ゾクシン)

漢字	読み	部首	画数	用例
怠	タイ / おこたる / なまける	心	9	怠惰(タイダ)　怠慢(タイマン)　怠け癖(なまけぐせ)
胎	タイ	月(にくづき)	9	胎児(タイジ)　受胎(ジュタイ)　胎動(タイドウ)　胎盤(タイバン)
袋	タイ / ふくろ	衣	11	有袋類(ユウタイルイ)　紙袋(かみぶくろ)
逮	タイ	辶	11	逮捕(タイホ)
滞	タイ / とどこおる	氵	13	滞在(タイザイ)　渋滞(ジュウタイ)　支払いが滞る(しはらいがとどこおる)
滝	たき	氵	13	滝の水(たきのみず)　滝川(たきがわ)
択	タク	扌	7	選択(センタク)　採択(サイタク)　二者択一(ニシャタクイツ)
卓	タク	十	8	卓越(タクエツ)　食卓(ショクタク)　卓見(タッケン)　卓球(タッキュウ)
託	タク	言	10	委託(イタク)　信託(シンタク)　結託(ケッタク)　託宣(タクセン)
諾	ダク	言	15	承諾(ショウダク)　快諾(カイダク)　唯唯諾諾(イイダクダク)
奪	ダツ / うばう	大	14	強奪(ゴウダツ)　奪回(ダッカイ)　奪い合う(うばいあう)
胆	タン	月(にくづき)	9	落胆(ラクタン)　豪胆(ゴウタン)　大胆不敵(ダイタンフテキ)
鍛	タン / きたえる	金	17	鍛練(タンレン)　鍛金(タンキン)　体を鍛える(きたえる)

漢字	読み	部首	画数	用例
壇	ダン / タン	土	16	花壇(カダン)　文壇(ブンダン)　独壇場(ドクダンジョウ)
稚	チ	禾	13	幼稚(ヨウチ)　稚拙(チセツ)　稚魚(チギョ)　稚児(チゴ)
畜	チク	田	10	牧畜(ボクチク)　家畜(カチク)　畜産(チクサン)　畜生(チクショウ)
窒	チツ	穴	11	窒素(チッソ)　窒息(チッソク)
抽	チュウ	扌	8	抽象(チュウショウ)　抽選(チュウセン)　抽出(チュウシュツ)
鋳	チュウ / いる	金	15	鋳造(チュウゾウ)　改鋳(カイチュウ)　鋳型(いがた)　鋳物(いもの)
駐	チュウ	馬	15	駐車(チュウシャ)　駐留(チュウリュウ)　駐在(チュウザイ)　進駐(シンチュウ)
彫	チョウ / ほる	彡	11	彫刻(チョウコク)　彫像(チョウゾウ)　木彫り(きぼり)
超	チョウ / こえる / こす	走	12	超越(チョウエツ)　超過(チョウカ)　時を超える(こえる)
聴	チョウ / きく	耳	17	視聴(シチョウ)　傍聴(ボウチョウ)　講話を聴く(きく)
陳	チン	阝	11	陳述(チンジュツ)　陳列(チンレツ)　陳情(チンジョウ)　陳腐(チンプ)
鎮	チン / しずめる / しずまる	金	18	鎮静(チンセイ)　鎮魂(チンコン)　紛争を鎮める(しずめる)

3級 セイ～チン 4

3級

(1) 家族を**犠牲**にする。
(2) タキシードを着た**花婿**。
(3) **安普請**の家。
(4) 全体主義を**排斥**する。（おしのけること）
(5) 船が**一隻**出港する。
(6) **哀惜**の念がこみ上げる。（人の死を悲しみ惜しむこと）
(7) 海外の**書籍**を買う。
(8) 自然の**摂理**にかなう。（すべてを善に導く神の意志）
(9) **摂生**して旅行に備える。（からだを大切にすること）
(10) **潜水**泳法を教わる。
(11) 市庁舎を**営繕**する。（建物の造営や修繕）
(12) 発育を**阻害**する物質。（じゃまする）
(13) 落ちついた**挙措**の人。（たちいふるまい）
(14) **粗野**だが正直な男。
(15) **基礎**的な問題を解く。
(16) **双方**の主張を聞く。
(17) **桑田**を歩く。
(18) 今週は**掃除**当番だ。
(19) 古墳に**埋葬**された人物。
(20) 仲間と**遭遇**する。（不意に出くわすこと）
(21) **愛憎**に満ちた物語。
(22) **促成**栽培を試みる。（人手を加えて成長を早めること）
(23) 勝てば官軍負ければ**賊軍**。（反逆者、特に朝敵の軍勢）
(24) **怠慢**な態度を注意する。
(25) 聖母マリアへの**受胎**告知。（みごもること）
(26) **紙袋**に入れて持ち歩く。
(27) 真犯人を**逮捕**する。
(28) 交通**渋滞**に巻き込まれる。（はかどらないこと）
(29) 美しい**滝川**の流れ。
(30) 提案を**採択**する。
(31) 家族で**食卓**を囲む。
(32) **卓球**大会に出場する。
(33) 財産を**信託**銀行に預ける。（他人に財産の管理・処分をさせること）
(34) 監督就任を**快諾**する。
(35) 陣地を**奪回**する。
(36) 彼は**豪胆**な人物だ。
(37) すばらしい**鍛金**技術。
(38) **文壇**にデビューする。（文学者、文筆家の社会）
(39) **稚拙**な表現の文章。（子どもっぽくてつたないこと）
(40) **家畜**にえさをやる。
(41) **窒息**しそうな雰囲気。
(42) 宝くじの**抽選**会。
(43) 銀貨を**改鋳**する。（鋳造しなおす）
(44) 占領軍が**駐留**する。
(45) **彫刻**を施す職人。
(46) **超然**とした生活態度。
(47) 債務**超過**になる。
(48) 国会の**傍聴**席に座る。
(49) 品物を**陳列**する。
(50) **鎮魂**歌をよむ歌人。

まめ知識

土壇場と正念場

江戸時代の打首刑場に設けられた盛土台のこと。転じて物事が決する最後の瞬間の意。

歌舞伎の見せ場である「性根場」のこと。転じてここぞという大事な場面の意。

土壇場（どたんば）　正念場（しょうねんば）

(1) 事故の**ギセイ**となる。
(2) **むこヨウシ**に入る。
(3) 資料を**セイキュウ**する。
(4) **セッコウ**を差し向ける。（敵の様子をさぐる者）
(5) **ヘンゲンセック**を述べる。（ちょっとした短いことば）
(6) **セキベツ**の涙を流す。
(7) **コセキ**抄本を取り寄せる。
(8) 栄養を**セッシュ**する。
(9) **センザイ**能力を発揮する。（内にひそんでいること）
(10) 屋根を**シュウゼン**する。
(11) 暴力を**ソシ**する。（くいとめる）
(12) 臨機応変の**ソチ**をとる。（とりあつかい・処分）
(13) 物を**ソマツ**にしない。
(14) 編み目の**あら**いセーター。
(15) 伝統の**いしずえ**を築く。
(16) **ふたごザ**の一等星。
(17) **くわばたけ**の多い地域。
(18) **セイソウ**車でゴミを集める。
(19) **ソウシキ**に参列する。
(20) 冬山で**ソウナン**する。
(21) **ゾウオ**に満ちた表情。
(22) 計画を**ソクシン**する。（うながしすすめること）
(23) **トウゾク**に襲われる。
(24) **なまけ**癖がついてしまう。
(25) **タイジ**が順調に育つ。（おなかの中にいる子）
(26) コアラは**ユウタイルイ**だ。（雌に育児のためのふくろがある動物）
(27) 容疑者を再**タイホ**する。
(28) ホテルに**タイザイ**する。
(29) **たき**の水に打たれる。
(30) **センタク**の余地がない。
(31) **タクエツ**した才能の持ち主。（他よりはるかにすぐれていること）
(32) 支社に販売を**イタク**する。（他人に頼んでやってもらうこと）
(33) 親の**ショウダク**を得る。
(34) 金品を**うば**われる。
(35) 失敗して**ラクタン**する。（力をおとすこと）
(36) 心身ともに**タンレン**する。（きたえること）
(37) **カダン**の手入れをする。
(38) 妹は**ヨウチ**園に通っている。
(39) 北海道は**ボクチク**が盛んだ。
(40) **チッソ**化合物をつくる。
(41) **チュウショウ**画を描く。
(42) 金貨を**チュウゾウ**する。
(43) **いがた**に金属を流し込む。（とかした金属を流し込むかた）
(44) **チュウシャ**場を探す。
(45) **きぼり**の熊（くま）を机に飾る。
(46) 大理石で**チョウゾウ**をつくる。
(47) 世俗を**チョウエツ**する。（はるかにこえること）
(48) **シチョウ**者参加番組。（見ることと聞くこと）
(49) 冒頭**チンジュツ**を聞く。（意見・考えを口頭でのべること）
(50) **チンセイ**剤を注射する。

まめ知識

奪と奮

奪 

手（寸）と隺（鳥がはばたいて飛び立つ意）の合字。手から鳥がにげだす意から転じて、うばう意。

奮 

田と隺との合字。鳥が田畑から飛び上がる意から転じて、ふるいたつ意。

3級

1 次の漢字の部首を（　）に、部首名を〔　〕に書きなさい。

(1) 稚（　）〔　〕
(2) 壇（　）〔　〕
(3) 賊（　）〔　〕
(4) 彫（　）〔　〕

2 次の熟語の構成は、後のA～Dのどれにあたるか、記号で答えなさい。

(1) 幼稚（　）
(2) 遭難（　）
(3) 傍聴（　）

A 同じような意味の漢字を重ねたもの。(例)…進行
B 反対または対応する意味の漢字を重ねたもの。(例)…大小
C 上の字が下の字の意味を修飾しているもの。(例)…緑色
D 下の字が上の字の目的・対象などを示すもの。(例)…登山

3 次の太字にあてはまる漢字を、後のア～オから一つずつ選び、記号で答えなさい。

(1) 消費税の値上げを**ソ**止する。（　）
(2) 抽選にはずれて**ソ**品をもらう。（　）
〈ア 礎　イ 粗　ウ 措　エ 阻　オ 祖〉

(3) 時代を**チョウ**越して読まれる名作。（　）
(4) 視**チョウ**率が高いドラマ。（　）
〈ア 彫　イ 聴　ウ 長　エ 徴　オ 超〉

4 下の□の中のひらがなを漢字に直して書き、対義語を作りなさい。

(1) 花嫁↔花（　）
(2) 勤勉↔（　）慢
(3) 具象↔（　）象
(4) 出火↔（　）火

ちゅう・ちん・むこ・たい

5 次の太字にあてはまる漢字を後から選び、書きなさい。

(1) 二者**タク**一（　）
(2) 片言**セキ**語（　）
(3) 首位**ダッ**回（　）
(4) 戸**セキ**抄本（　）
(5) 冒頭**チン**述（　）
(6) **セン**在意識（　）

請・隻・惜・籍・潜・択・卓・奪・陳・珍

6 次の文中の誤字を正しい漢字で書きなさい。

(1) 速成栽培の野菜を出荷する。（　）
(2) 大旦不敵な笑みを浮かべる。（　）
(3) 休憩時間を若干犠性にする。（　）

7 次の――線のところにあてはまる送りがなを書きなさい。

(1) 体を**鍛**――。（　）
(2) 仕事が**滞**――。（　）
(3) 着物を**繕**――。（　）
(4) 庭を**掃**――。（　）

3級 5 ツイ～ホウ

漢字	読み	部首・画数	用例
墜	ツイ	土 15	墜落(ツイラク) 失墜(シッツイ) 撃墜(ゲキツイ)
帝	テイ	巾 9	帝国(テイコク) 帝政(テイセイ) 皇帝(コウテイ) 帝都(テイト)
訂	テイ	言 9	訂正(テイセイ) 改訂(カイテイ)
締	テイ しまる しめる	糸 15	締結(テイケツ) 締約(テイヤク) 戸締まり(とじまり)
哲	テツ	口 10	哲学(テツガク) 先哲(センテツ) 哲人(テツジン)
斗	ト	斗 4	北斗(ホクト) 一斗(イット) 斗酒(トシュ)
塗	ト ぬる	土 13	塗料(トリョウ) 塗装(トソウ) 塗り絵(ぬりえ)
凍	トウ こおる こごえる	冫 10	凍結(トウケツ) 冷凍(レイトウ) 凍え死に(こごえじに)
陶	トウ	阝 11	陶芸(トウゲイ) 陶酔(トウスイ) 陶磁器(トウジキ)
痘	トウ	疒 12	種痘(シュトウ) 水痘(スイトウ) 天然痘(テンネントウ)
匿	トク	匚(かくしがまえ) 10	匿名(トクメイ) 隠匿(イントク)

漢字	読み	部首・画数	用例
篤	トク	⺮ 16	篤志(トクシ) 危篤(キトク) 篤実(トクジツ)
豚	トン ぶた	豕 11	養豚(ヨウトン) 豚児(トンジ) 豚肉(ぶたにく) 焼豚(やきぶた)
尿	ニョウ	尸 7	尿意(ニョウイ) 利尿(リニョウ) 夜尿(ヤニョウ) 検尿(ケンニョウ)
粘	ネン ねばる	米 11	粘土(ネンド) 粘着(ネンチャク) 粘り強い(ねばりづよい)
婆	バ	女 11	産婆(サンバ) 老婆(ロウバ)
排	ハイ	扌 11	排除(ハイジョ) 排気(ハイキ) 排他(ハイタ) 排斥(ハイセキ)
陪	バイ	阝 11	陪審(バイシン) 陪席(バイセキ) 陪臣(バイシン)
縛	バク しばる	糸 16	束縛(ソクバク) 捕縛(ホバク) 金縛り(かなしばり)
伐	バツ	亻 6	伐採(バッサイ) 殺伐(サツバツ) 征伐(セイバツ)
帆	ハン ほ	巾 6	帆船(ハンセン) 出帆(シュッパン) 帆柱(ほばしら)
伴	ハン バン ともなう	亻 7	同伴(ドウハン) 伴奏(バンソウ) 子を伴う(ともなう)

漢字	読み	部首・画数	用例
畔	ハン	田 10	湖畔(コハン) 河畔(カハン)
藩	ハン	艹 18	藩主(ハンシュ) 幕藩(バクハン) 藩邸(ハンテイ) 親藩(シンパン)
蛮	バン	虫 12	野蛮(ヤバン) 蛮行(バンコウ) 蛮勇(バンユウ) 南蛮(ナンバン)
卑	ヒ いやしい いやしむ いやしめる	十 9	卑下(ヒゲ) 卑屈(ヒクツ) 卑しい考え
碑	ヒ	石 14	石碑(セキヒ) 墓碑(ボヒ) 記念碑(キネンヒ)
泌	ヒツ ヒ	氵 8	分泌(ブンピツ(ブンピ)) 泌尿(ヒニョウ)
姫	ひめ	女 10	姫君(ひめぎみ) 姫宮(ひめみや) 歌姫(うたひめ) 乙姫(おとひめ)
漂	ヒョウ ただよう	氵 14	漂流(ヒョウリュウ) 漂泊(ヒョウハク) 漂う雰囲気(ただよう)
苗	ビョウ なえ なわ	艹 8	種苗(シュビョウ) 苗代(なわしろ) 早苗(さなえ)
赴	フ おもむく	走 9	赴任(フニン) 任地に赴く(おもむく)
符	フ	⺮ 11	符号(フゴウ) 音符(オンプ) 切符(きっぷ)
封	フウ ホウ	寸 9	封印(フウイン) 封書(フウショ) 封建(ホウケン) 素封(ソホウ)
伏	フク ふせる ふす	亻 6	起伏(キフク) 降伏(コウフク) 待ち伏せ(ぶ)

漢字	読み	部首・画数	用例
覆	フク おおう くつがえす くつがえる	襾 18	覆面(フクメン) 転覆(テンプク) 結論を覆す(くつがえ)
紛	フン まぎれる まぎらす まぎらわす まぎらわしい	糸 10	紛争(フンソウ) 紛失(フンシツ) 苦し紛れ(まぎ) 紛れもない(まぎ) 気が紛れる(まぎ)
墳	フン	土 15	古墳(コフン) 墳墓(フンボ)
癖	ヘキ くせ	疒 18	悪癖(アクヘキ) 潔癖(ケッペキ) 口癖(くちぐせ)
募	ボ つのる	力 12	募集(ボシュウ) 応募(オウボ) 寄付を募る(つの)
慕	ボ したう	小 14	慕情(ボジョウ) 思慕(シボ) 故国を慕う(した)
簿	ボ	⺮ 19	名簿(メイボ) 簿記(ボキ) 帳簿(チョウボ)
芳	ホウ かんばしい	艹 7	芳香(ホウコウ) 芳名(ホウメイ) 芳しい香り(かんば)
邦	ホウ	阝 7	邦人(ホウジン) 本邦(ホンポウ) 邦楽(ホウガク) 異邦(イホウ)
奉	ホウ ブ たてまつる	大 8	奉仕(ホウシ) 奉行(ブギョウ) 供物を奉る(クモツ・たてまつ)
胞	ホウ	月(にくづき) 9	細胞(サイボウ) 同胞(ドウホウ) 胞子(ホウシ)
倣	ホウ ならう	亻 10	模倣(モホウ) 見倣う(なら)

(1) 社会的信用を**失墜**する。（権威や信用などを失うこと）（　）
(2) **帝政**ロシアの時代。（　）
(3) 教科書の**改訂**版。（　）
(4) **締約**の手続きが終了した。（約束・条約を結ぶこと）（　）
(5) **先哲**の教え。（昔のすぐれた思想家、賢人）（　）
(6) **一斗**缶でサラダ油を買う。（　）
(7) 壁を**塗装**する。（　）
(8) 肉を**冷凍**して保存する。（　）
(9) 彼は音楽に**陶酔**している。（　）
(10) 弟が**水痘**にかかる。（水ぼうそう）（　）
(11) 犯人の**隠匿**は罪になる。（　）
(12) 祖父が**危篤**になる。（病気が重くて死にそうなこと）（　）
(13) **焼豚**をラーメンにのせる。（　）
(14) お茶には**利尿**効果がある。（　）
(15) **粘着**力の強いのり。（　）
(16) **老婆**の手を引く。（　）
(17) **排気**ガスで木が枯れる。（　）
(18) 大使と**陪席**する。（身分の高い人と同席すること）（　）
(19) 逃げたサルを**捕縛**する。（　）

(20) **殺伐**とした風景。（あらあらしい様子）（　）
(21) 客船が**出帆**する。（　）
(22) 合唱の**伴奏**をする。（　）
(23) **河畔**のホテルに宿泊する。（　）
(24) **幕藩**体制を廃止する。（　）
(25) **南蛮**渡来の文化。（　）
(26) **卑屈**な態度を改める。（　）
(27) 故人をしのび**墓碑**を建てる。（　）
(28) **泌尿**器系の病気になる。（尿の分泌・排泄に関する臓器の称）（　）
(29) 竜宮城の**乙姫**様。（　）
(30) **漂泊**の旅に出る。（各地をさまよい歩くこと・流浪）（　）
(31) **早苗**を植える。（田植えどきの若い稲の苗）（　）
(32) 新しい任地に**赴く**。（　）
(33) **音符**に従って演奏する。（　）
(34) **封書**を開く。（　）
(35) 彼の実家は**素封**家だ。（財産家）（　）
(36) **降伏**宣言をする。（　）
(37) ボートが**転覆**する。（　）
(38) かぎを**紛失**する。（　）

(39) **紛れ**もなく私のものだ。（　）
(40) **墳墓**の地へ帰る。（先祖代代の墓のある所・故郷）（　）
(41) 姉は**潔癖**性だ。（　）
(42) コンクールに**応募**する。（　）
(43) 母への**思慕**がつのる。（　）
(44) **簿記**検定に合格する。（　）
(45) **芳名**帳に記名する。（　）
(46) **本邦**初公開の絵画。（わが国）（　）
(47) **異邦**人と知り合う。（外国）（　）
(48) **奉行**所に訴える。（　）
(49) **同胞**の待つ祖国へ帰る。（同じ国民）（　）
(50) 親方の技を見**倣**う。（見て、まねをすること）（　）

まめ知識

「ハイスイ」のいろいろ

配水…水をくばること。　**水道の配水管**

排水…水を外へ押し出すこと。　**排水溝**

廃水…使用して捨てられたきたない水。　**工場廃水**

(1) 飛行機が**ツイラク**する。

(2) ローマ**テイコク**の滅亡。

(3) 文字の誤りを**テイセイ**する。

(4) 平和条約を**テイケツ**する。（むすぶこと）

(5) インド**テツガク**を学ぶ。

(6) **ホクト**七星が輝く。

(7) 水性**トリョウ**を使用する。

(8) 路面が**トウケツ**する。（こおりつくこと）

(9) **トウゲイ**教室に通う。

(10) **テンネントウ**の予防接種。

(11) **トクメイ**を希望する。（自分のなまえを隠すこと）

(12) 彼は町の**トクシ**家だ。（社会事業等に熱心な人）

(13) **ヨウトン**場で働く。

(14) **ニョウイ**をもよおす。

(15) **ネンド**で人形をつくる。

(16) **ロウバシン**から忠告する。（必要以上の親切心）

(17) むだを**ハイジョ**する。

(18) **バイシン**員に選ばれる。（裁判に一般人が参加すること）

(19) 時間に**ソクバク**される。（しばること）

(20) 山林を**バッサイ**する。（立ち木を切ること）

(21) **ハンセン**の模型を作る。（ほかけぶね）

(22) 夫婦**ドウハン**で出席する。

(23) 美しい**コハン**を散歩する。

(24) 加賀百万石の**ハンシュ**。

(25) **ヤバン**な行動は慎む。

(26) 自分を**ヒゲ**する。（己を低くし、いやしめること）

(27) **いや**しい考えを正す。

(28) 創立を記念する**セキヒ**。

(29) 胃液が**ブンピツ**される。

(30) 美しい**ひめぎみ**。

(31) 波にまかせて**ただよう**。

(32) 園芸店で**シュビョウ**を買う。（たねとなえ）

(33) 勤務地へ単身**フニン**する。（任務を行う土地に行くこと）

(34) **きっぷ**を買って入場する。

(35) **フウイン**された手紙。（閉じ目にしるしを押すこと）

(36) **キフク**のある山道。

(37) **フクメン**姿の怪盗。

(38) **フンソウ**の解決に努める。

(39) 苦し**まぎれ**の言い訳。

(40) **コフン**の発掘調査をする。

(41) 母の**くちぐせ**をまねる。

(42) 参加者を**ボシュウ**する。

(43) 恩師を**したう**。

(44) 卒業生の**メイボ**が届く。

(45) **ホウコウ**剤を買う。（よいかおり）

(46) **かんば**しいにおいだ。

(47) 彼は有名な**ホウガク**家だ。（日本固有の音がく）

(48) 無料で**ホウシ**する。

(49) 玉ねぎの**サイボウ**分裂。

(50) 他人の作品を**モホウ**する。（まねをすること）

まめ知識

ことわざ似たもの同士

紺屋（こんや）**の白袴**（しろばかま）・**医者の不養生**　他人のことにはよく気がつくが自分のことはおろそかにしがちなこと。

月とすっぽん・**ちょうちんに釣**（つ）**り鐘**　比べものにならないほど違っていること。

猫に小判・**豚**（ぶた）**に真珠**（しんじゅ）　価値のわからないものには、何の役にも立たないこと。

1 次の漢字の部首を後のア～カから選び、記号で答えなさい。

(1) 塗（　　）　(2) 封（　　）　(3) 簿（　　）

ア	イ	ウ	エ	オ	カ
圭	土	寸	氵	余	⺮

2 次の各組の□に共通してあてはまる漢字を後のア～キから選び、記号で答えなさい。

(1) □書　□印　□建（　　）

(2) □落　失□　撃□（　　）

(3) □屈　□下　□劣（　　）

(4) □集　□金　応□（　　）

(5) 本□　異□　□楽（　　）

ア	イ	ウ	エ	オ	カ	キ
墜	碑	募	封	邦	追	卑

3 次の文の□に入る適切な漢字を、後のア～エから一つずつ選び、記号で答えなさい。

(1) 各地で古□が発見される。
ア 噴　イ 憤　ウ 奮　エ 墳（　　）

(2) 温厚□実な人柄。
ア 篤　イ 匿　ウ 督　エ 徳（　　）

(3) 湖□にたたずむ。
ア 判　イ 伴　ウ 畔　エ 帆（　　）

4 次の各組の熟語の中から、熟語の構成が他の三つと異なっているものを選び、記号で答えなさい。

(1) ア 帆船　イ 石碑　ウ 芳香　エ 赴任（　　）

(2) ア 起伏　イ 思慕　ウ 漂流　エ 排斥（　　）

(3) ア 締約　イ 粘土　ウ 覆面　エ 応募（　　）

5 次の熟語の対義語を、A群とB群の漢字を組み合わせて作りなさい。

(1) 解放↔（　　）　(2) 文明↔（　　）

(3) 吸気↔（　　）　(4) 創造↔（　　）

A群　模・排・自・束・野

B群　気・倣・蛮・壊・縛

6 次の文中の誤字を正しい漢字で書きなさい。

(1) 標泊の旅の途上で病の床にふせる。（　　）

(2) 国際的な粉争の巻き添えになる。（　　）

(3) かれは潔壁で正義感の強い男だ。（　　）

7 次の――線のところにあてはまる送りがなを書きなさい。

(1) 戸を**締**――。（　　）

(2) 任地に**赴**――。（　　）

(3) 目を**伏**――。（　　）

(4) 危険が**伴**――。（　　）

漢字	読み	部首・画数	用例
崩	ホウ くずれる くずす	山 11	崩壊(ホウカイ) 崩御(ホウギョ) 山崩れ(くず)
飽	ホウ あきる あかす	食 13	飽食(ホウショク) 飽和(ホウワ) 食べ飽きる(あ)
縫	ホウ ぬう	糸 16	裁縫(サイホウ) 縫合(ホウゴウ) 縫い目(ぬ)
乏	ボウ とぼしい	ノ 4	欠乏(ケツボウ) 窮乏(キュウボウ) 乏しい経験(とぼ)
妨	ボウ さまたげる	女 7	妨害(ボウガイ) 勉強の妨げ(さまた)
房	ボウ ふさ	戸 8	冷房(レイボウ) 官房(カンボウ) 乳房(ちぶさ) 一房(ひとふさ)
某	ボウ	木 9	某所(ボウショ) 某国(ボウコク) 某氏(ボウシ)
膨	ボウ ふくらむ ふくれる	月(にくづき) 16	膨大(ボウダイ) 膨らむ夢(ふく)
謀	ボウ ム はかる	言 16	陰謀(インボウ) 謀反(ムホン) 謀りごと(はか)
墨	ボク すみ	土 14	墨汁(ボクジュウ) 水墨(スイボク) 墨絵(すみエ)
没	ボツ	氵 7	没収(ボッシュウ) 没頭(ボットウ) 日没(ニチボツ) 埋没(マイボツ)

漢字	読み	部首・画数	用例
翻	ホン ひるがえる ひるがえす	羽 18	翻訳(ホンヤク) 翻意(ホンイ) 旗が翻る(ひるがえ)
魔	マ	鬼 21	悪魔(アクマ) 邪魔(ジャマ) 魔法(マホウ) 魔力(マリョク)
埋	マイ うめる うまる うもれる	土 10	埋葬(マイソウ) 埋蔵(マイゾウ) 埋め立て地(う)
膜	マク	月(にくづき) 14	鼓膜(コマク) 角膜(カクマク) 粘膜(ネンマク) 網膜(モウマク)
又	また	又 2	又は(また) 又貸し(またが)
魅	ミ	鬼 15	魅力(ミリョク) 魅惑(ミワク) 魅了(ミリョウ)
滅	メツ ほろびる ほろぼす	氵 13	点滅(テンメツ) 幻滅(ゲンメツ) 罪滅ぼし(つみほろ)
免	メン まぬかれる	儿 8	免許(メンキョ) 免除(メンジョ) 難を免れる(まぬか)
幽	ユウ	幺 9	幽霊(ユウレイ) 幽玄(ユウゲン)
誘	ユウ さそう	言 14	誘惑(ユウワク) 勧誘(カンユウ) 誘い水(さそ)
憂	ユウ うれえる うれい うい	心 15	憂慮(ユウリョ) 憂愁(ユウシュウ) 憂き目(う)

漢字	読み	部首・画数	用例
揚	ヨウ あげる あがる	扌 12	抑揚(ヨクヨウ) 発揚(ハツヨウ) 揚げ物(あ)
揺	ヨウ ゆれる ゆる ゆらぐ ゆるぐ ゆする ゆさぶる ゆすぶる	扌 12	動揺(ドウヨウ) 揺りかご(ゆ) 揺り起こす(ゆ) 貧乏揺すり(ビンボウゆ)
擁	ヨウ	扌 16	抱擁(ホウヨウ) 擁護(ヨウゴ) 擁立(ヨウリツ)
抑	ヨク おさえる	扌 7	抑圧(ヨクアツ) 抑制(ヨクセイ) 感情を抑える(おさ)
裸	ラ はだか	衤 13	裸身(ラシン) 裸体(ラタイ) 丸裸(まるはだか)
濫	ラン	氵 18	濫用(ランヨウ) 濫費(ランピ)
吏	リ	口 6	官吏(カンリ) 能吏(ノウリ) 吏員(リイン)
隆	リュウ	阝 11	隆起(リュウキ) 興隆(コウリュウ) 隆盛(リュウセイ)
了	リョウ	亅 2	終了(シュウリョウ) 了解(リョウカイ) 了承(リョウショウ)
猟	リョウ	犭 11	猟師(リョウシ) 禁猟(キンリョウ) 密猟(ミツリョウ) 猟犬(リョウケン)
陵	リョウ みささぎ	阝 11	陵墓(リョウボ) 御陵(ゴリョウ) 丘陵(キュウリョウ)
糧	リョウ ロウ かて	米 18	食糧(ショクリョウ) 兵糧(ヒョウロウ) 心の糧(かて)

漢字	読み	部首・画数	用例
厘	リン	厂 9	一厘(イチリン) 厘毛(リンモウ)
励	レイ はげむ はげます	力 7	励行(レイコウ) 激励(ゲキレイ) 勉強に励む(はげ)
零	レイ	雨 13	零細(レイサイ) 零落(レイラク) 零下(レイカ)
霊	レイ リョウ たま	雨 15	霊験(レイケン) 悪霊(アクリョウ) 御霊(みたま)
裂	レツ さく さける	衣 12	決裂(ケツレツ) 分裂(ブンレツ) 裂け目(さ)
廉	レン	广 13	廉価(レンカ) 清廉(セイレン) 破廉恥(ハレンチ)
錬	レン	金 16	錬磨(レンマ) 錬成(レンセイ) 精錬(セイレン)
炉	ロ	火 8	暖炉(ダンロ) 香炉(コウロ) 原子炉(ゲンシロ)
浪	ロウ	氵 10	浪費(ロウヒ) 波浪(ハロウ) 浪人(ロウニン) 放浪(ホウロウ)
廊	ロウ	广 12	廊下(ロウカ) 画廊(ガロウ)
楼	ロウ	木 13	鐘楼(ショウロウ) 楼閣(ロウカク) 楼門(ロウモン)
漏	ロウ もる もれる もらす	氵 14	漏電(ロウデン) 遺漏(イロウ) 雨漏り(あまも)
湾	ワン	氵 12	湾内(ワンナイ) 湾曲(ワンキョク) 港湾(コウワン)

(1) 天皇が**崩御**する。（　　）
(2) **飽和**状態に達する。（　　）
(3) 傷口を**縫合**する。（　　）
(4) **窮乏**生活を送る。（　　）
貧乏に苦しむこと
(5) 勉強の**妨**げとなる雑音。（　　）
(6) 内閣**官房**長官。（　　）
(7) **一房**のぶどうを食べる。（　　）
(8) **某国**と取り引きする。（　　）
ある特定の国・国名をぼかしている
(9) 夢が**膨**らむ。（　　）
(10) **謀反**を起こす。（　　）
(11) **水墨**画を床の間にかける。（　　）
(12) ゲームに**没頭**する。（　　）
(13) 部下に**翻意**を促す。（　　）
決意をひるがえすこと
(14) 他人の**邪魔**をするな。（　　）
(15) 天然ガスの**埋蔵**量。（　　）
(16) **角膜**を手術する。（　　）
(17) 借りた本を**又貸**しする。（　　）
(18) **魅惑**的な女性。（　　）
(19) **幻滅**の悲哀を感じる。（　　）
空想がさめて現実にかえること

(20) 学費が**免除**される。（　　）
(21) **幽玄**な美の世界。（　　）
趣深く計り切れぬ様子・余情
(22) 新入部員を**勧誘**する。（　　）
(23) **憂愁**をたたえたまなざし。（　　）
(24) 国民精神の**発揚**。（　　）
ふるいおこすこと
(25) **揺**りかごで眠る赤ん坊。（　　）
(26) 人権を**擁護**する。（　　）
かばいまもること
(27) 発育を**抑制**する。（　　）
(28) **裸体**像を彫刻する。（　　）
(29) **濫費**を控える。（　　）
むだづかい
(30) **能吏**を養成する。（　　）
有能な役人
(31) 新たな文化が**興隆**する。（　　）
(32) 上司の**了解**を得る。（　　）
(33) **禁猟**区で鹿を見つける。（　　）
(34) **猟犬**を連れて狩りをする。（　　）
(35) 歴代天皇の**御陵**。（　　）
天皇、皇后等の墓
(36) 敵を**兵糧**攻めにする。（　　）
兵士たちの食糧
(37) **厘毛**の差で敗れた。（　　）
きわめて少ない
(38) 受験生を**激励**する。（　　）

(39) **零落**した貴族。（　　）
おちぶれること
(40) **悪霊**を退治する。（　　）
(41) 細胞**分裂**を観察する。（　　）
(42) **清廉**潔白な人物。（　　）
(43) **錬成**してできた金属。（　　）
ねりきたえあげること
(44) **香炉**で香をたく。（　　）
香をたくための炉
(45) 強風**波浪**注意報。（　　）
(46) **放浪**の旅に出る。（　　）
(47) **画廊**で個展を開く。（　　）
(48) 砂上の**楼閣**に過ぎない。（　　）
高層の建物
(49) **遺漏**のないよう準備する。（　　）
もれおちること・手ぬかり
(50) 乾いた木材が**湾曲**する。（　　）

まめ知識

一□一□

右の□に漢字をあてはめてできる四字熟語には次のようなものがあります。

一期一会（いちごいちえ）　一喜一憂（いっきいちゆう）　一進一退（いっしんいったい）　一朝一夕（いっちょういっせき）　一長一短　など

問 次の□に漢字をあてはめて、四字熟語を作ってみよう。　千□万□

答 千客万来・千軍万馬・千差万別・千変万化

(1) 遺跡が**ホウカイ**する。
(2) 同じ料理に食べ**あき**る。
(3) **サイホウ**が得意だ。
(4) カルシウムが**ケツボウ**する。
(5) 守備を**ボウガイ**する。
(6) 暑いので**レイボウ**を入れる。
(7) **ボウショ**に居を構える。（あるところ）
(8) **ボウダイ**な資料を読む。
(9) **インボウ**が発覚する。
(10) **すみエ**のような風景。（すみだけで描いたえ）
(11) 財産を**ボッシュウ**される。
(12) 英文を**ホンヤク**する。（ある国の語を他国語に直すこと）
(13) 校旗が風で**ひるがえ**る。（ひらひらする）
(14) **マホウ**のような手品。
(15) **う**め立て地に公園をつくる。
(16) 鼻の**ネンマク**に傷がつく。
(17) Aか、**また**はBが正しい。
(18) 彼女は**ミリョク**的だ。
(19) ライトを**テンメツ**させる。（つけたり消したりすること）
(20) 自動車の**メンキョ**をとる。
(21) **ユウレイ**の話をする。
(22) **ユウワク**に打ち勝つ。
(23) 事態を**ユウリョ**する。（心配）
(24) **ヨクヨウ**をつけて読む。（調子を上げたり下げたりすること）
(25) **あ**げ物料理が好きだ。
(26) **ドウヨウ**を隠せない様子。（ゆれうごくこと）
(27) 母をやさしく**ホウヨウ**する。（人をだきしめること）
(28) 感情を**ヨクアツ**する。（おさえつける）
(29) 火事で山が**まるはだか**だ。
(30) 職権**ランヨウ**をつつしむ。（みだりやたらともちいること）
(31) **カンリ**登用制度。（役人）
(32) 土地が**リュウキ**する。（高くもりあがる）
(33) 試合が**シュウリョウ**する。
(34) **リョウシ**が鉄砲を構える。
(35) **キュウリョウ**地帯を歩く。
(36) **ショクリョウ**を確保する。
(37) 一**リン**は一銭の十分の一だ。
(38) 毎日漢字練習に**はげ**む。
(39) 気温が**レイカ**までさがる。
(40) **レイゲン**あらたかな神社。（祈願に対し現れる不思議な力）
(41) 話し合いは**ケツレツ**した。
(42) 地震で地面が**さ**ける。
(43) 商品を**レンカ**で売る。（やすいねだん）
(44) 百戦**レン**磨（ま）のスポーツ選手。（何度も戦って鍛えられること）
(45) **ダンロ**のそばに集まる。
(46) 時間を**ロウヒ**する。
(47) **ロウカ**を走らない。
(48) 寺の大きな**ショウロウ**。（かねつき堂）
(49) 雨**も**りがする小屋。
(50) 東京**ワンナイ**で生息する魚。

まめ知識

「火」って何の字?

漢字の母国、中国では、大胆な漢字の簡略化が試みられています。「火」は「滅」の中だけを残したものです。

問 次の字のもとの形を考えてみましょう。

① 业　② 阶　③ 风　④ 义

答 ①業 ②階 ③風 ④義

3級

1 次の漢字の部首を（　）に、部首名を〔　〕に書きなさい。

(1) **励**（　）〔　〕
(2) **廊**（　）〔　〕
(3) **膜**（　）〔　〕
(4) **濫**（　）〔　〕

2 次の各組の熟語の中から、熟語の構成が他の三つと異なっているものを選び、記号で答えなさい。

(1) ア 点滅　イ 崩壊　ウ 湾曲　エ 波浪（　）
(2) ア 暖炉　イ 裸体　ウ 魔力　エ 鍛錬（　）
(3) ア 翻意　イ 墨汁　ウ 漏水　エ 免罪（　）

3 次の太字にあてはまる漢字を、後のア～オから一つずつ選び、記号で答えなさい。

(1) 人権**ヨウ**護を訴える運動に加わる。（　）
(2) 突然のことで、動**ヨウ**を隠せない。（　）
(3) 毎朝、校旗を掲**ヨウ**する。（　）
〈ア 揺　イ 謡　ウ 擁　エ 陽　オ 揚〉

(4) 暖衣**ホウ**食の生活を見直す。（　）
(5) 校舎の裏にある建物が**ホウ**壊する。（　）
(6) 彼の天衣無**ホウ**な詩が人気となる。（　）
〈ア 放　イ 崩　ウ 縫　エ 豊　オ 飽〉

4 下の□の中のひらがなを漢字に直して書き、類義語を作りなさい。

(1) 貧困―貧（　）
(2) 圧迫―（　）圧
(3) 押収―（　）収
(4) 安価―（　）価

れん・ぼう ぼっ・よく

5 次の各組の□に共通してあてはまる漢字を後のア～キから選び、記号で答えなさい。

(1) 終□　□承　□解（　）
(2) 港□　□口　□内（　）
(3) □師　禁□　□犬（　）
(4) □玄　□閉　□遠（　）
(5) □慮　□愁　□国（　）

ア 誘　イ 了　ウ 湾　エ 憂　オ 猟　カ 腕　キ 幽

6 次の文中の誤字を正しい漢字で書きなさい。

(1) 危険を覚悟で陰某を暴く。（　）
(2) 栄華を極めた平家一門の霊落ぶり。（　）
(3) 支離滅烈な言い訳にあきれる。（　）

7 次の――線のところにあてはまる送りがなを書きなさい。

(1) 友人を**励**――。（　）
(2) 夢が**膨**――。（　）
(3) 秘密を**漏**――。（　）
(4) 難を**免**――。（　）

3級　模擬試験

60分　／200点

㈠　次の――線の読みをひらがなで記せ。〈1×30＝30点〉

1　悲嘆にくれる友を慰める。
2　閲覧室で調べものをする。
3　悔恨の情にかられて謝罪する。
4　条件に該当する人だけが採用される。
5　かれは自分の主義を貫き通した。
6　さわやかな山の空気を満喫する。
7　商魂のたくましい店。
8　手みやげを携えて友人の家を訪問する。
9　本人にやる気がなければ手の施しようがない。
10　当時のありさまを如実に示す歴史的資料。
11　有望な新人をめぐる争奪戦。
12　借金の返済を促される。
13　食品の成分を抽出する。
14　政府軍が暴動を鎮圧した。
15　粘着テープで箱のふたを閉じる。
16　壁に塗料を吹きつける。
17　陳腐な表現ばかりが目立つ小説。
18　紛れもない事実を公表する。
19　長年の習癖で夜ふかしがやめられない。
20　日常生活に埋没して夢を忘れる。
21　敵を欺いて勝利を手に入れる。
22　貴族たちが隆盛をきわめた平安時代。
23　温厚篤実な人物に出会う。
24　将来は英語翻訳の仕事に就きたい。
25　どこからか芳しい香りがしてくる。
26　栄養をバランスよく摂取するべきだ。
27　住民税を滞納して呼び出される。
28　豪華な舞台衣装に見とれる。
29　タオルをきつく絞る。
30　時代錯誤の考え方についてゆけない。

㈡　次の1～5の三つの□に共通する漢字を後の□から選んで熟語を作れ。答えは記号で記すこと。〈2×5＝10点〉

1　□談・奇□・□力
2　□数・□発・□土
3　□度・□気・□多
4　□越・□上・□球
5　□導・□勧□・□惑

ア　刑	イ　湿	ウ　泌	エ　偶	オ　符
カ　卓	キ　誘	ク　怪	ケ　浪	コ　債

㈢　次のカタカナを漢字二字に直して四字熟語を完成させよ。〈2×10＝20点〉

1　天衣（ムホウ）にふるまう。
2　入学試験の合格をめざして刻苦（ベンレイ）する。
3　（イッキ）当千のつわものぞろい。
4　みんなに見放されて（コリツ）無援におちいる。
5　困難をものともせず勇猛（カカン）に突き進む。
6　（ソセイ）乱造では消費者にそっぽを向かれる。
7　緊張のため支離（メツレツ）なことを言ってしまった。
8　（コウゲン）令色にすっかり惑わされる。
9　（ナイユウ）外患で少しも気の休まる時がない。
10　（ダイタン）不敵なやり方でまんまと成功する。

㈣　次の文中にまちがって使われている同じ音訓の漢字が一字ずつある。上の（　）に誤字を、下の（　）に正しい字を記せ。〈2×10＝20点〉

1　一概に相手側が悪いと断言はできない。（　）（　）
2　冷害の影響で米の収獲高は激減しそうだ。（　）（　）
3　私利私欲を捨てて義牲的精神を発揮する。（　）（　）
4　海狭を隔てて雪を頂く山脈が眺められる。（　）（　）
5　検約は美徳であるという確固たる信念。（　）（　）
6　隠居した父は回雇録の執筆に励んでいる。（　）（　）
7　兄は職託医として救急病院に勤務している。（　）（　）
8　人蓄無害の農薬というが試験結果はあるのか。（　）（　）
9　万難を俳して環境保全対策に心血を注ぐ。（　）（　）
10　男尊女碑は封建時代の悪風である。（　）（　）

㈤　次のカタカナを漢字と送りがな（ひらがな）で記せ。〈2×5＝10点〉

〈例〉　人をアツメル。（集める）

1　木の下に宝物をウメル。（　）
2　授業の予習をナマケル。（　）
3　木々の葉が風にユレル。（　）
4　転校する友人と別れをオシム。（　）
5　かれはニクラシイほど歌が上手だ。（　）

(六) 後の□の中のひらがなを漢字に直して、**対義語**と**類義語**を作れ。〈2×10＝20点〉
(□の中のひらがなは一度だけ使うこと)

〈対義語〉

1 正道――（　）道
2 軟化――（　）化
3 充実――空（　）
4 不純――純（　）
5 弟子――師（　）

〈類義語〉

6 先賢――先（　）
7 督促――（　）促
8 妥協――（　）歩
9 豊富――（　）沢
10 納得――（　）解

きょ・こう・さい・じゃ
じゅん・しょう・じょう
すい・てつ・りょう

(七) 次の漢字の**部首**を**ア〜エ**から選んで、記号で記せ。〈1×10＝10点〉

1 慰〈**ア** 尸　**イ** 示　**ウ** 寸　**エ** 心〉（　）
2 喫〈**ア** 大　**イ** 口　**ウ** 丰　**エ** 刀〉（　）
3 閲〈**ア** 門　**イ** 丷　**ウ** 口　**エ** 儿〉（　）
4 鶏〈**ア** ノ　**イ** 爫　**ウ** 夫　**エ** 鳥〉（　）
5 孃〈**ア** 亠　**イ** ハ　**ウ** 衣　**エ** 女〉（　）
6 彫〈**ア** 土　**イ** 口　**ウ** 彡　**エ** 冂〉（　）
7 覆〈**ア** 西　**イ** 彳　**ウ** 日　**エ** 夂〉（　）
8 陶〈**ア** 勹　**イ** 山　**ウ** 阝　**エ** 缶〉（　）
9 痘〈**ア** 广　**イ** 疒　**ウ** 一　**エ** 口〉（　）
10 滅〈**ア** 氵　**イ** 厂　**ウ** 戈　**エ** 火〉（　）

(八) **熟語の構成**のしかたには次のようなものがある。〈1×10＝10点〉

ア 同じような意味の漢字を重ねたもの。（例…**寒冷**）
イ 反対または対応の意味を表す字を重ねたもの。（例…**強弱**）
ウ 上の字が下の字を修飾しているもの。（例…**緑色**）
エ 下の字が上の字の目的語・補語になっているもの。（例…**登山**）
オ 上の字が下の字の意味を打ち消しているもの。（例…**不信**）

次の熟語は右の**ア〜オ**のどれにあたるか、**記号**で記せ。

1 鼻孔（　）
2 炊飯（　）
3 抑揚（　）
4 休憩（　）
5 喫煙（　）
6 愚劣（　）
7 無謀（　）
8 昇降（　）
9 不吉（　）
10 宴席（　）

(九) 次の**カタカナ**にあてはまる漢字を、後のそれぞれの**ア～オ**から選んで**記号**で記せ。〈2×15＝30点〉

1 故郷への思**ボ**の情をつのらせる。（　）
2 日米合作映画の主役を公**ボ**する。（　）
3 会社の帳**ボ**をつける仕事をする。（　）
〈**ア** 簿 **イ** 募 **ウ** 母 **エ** 慕 **オ** 暮〉

4 レンズの**ショウ**点が合っていない。（　）
5 祖父の遺影に合**ショウ**する。（　）
6 会いたい**ショウ**動にかられる。（　）
〈**ア** 掌 **イ** 償 **ウ** 焦 **エ** 晶 **オ** 衝〉

7 留置所に身がらを**コウ**束する。（　）
8 みそは大豆を発**コウ**させて作る。（　）
9 判決を不服として**コウ**訴する。（　）
〈**ア** 絞 **イ** 拘 **ウ** 酵 **エ** 控 **オ** 抗〉

10 店の**カン**定を一人で支払う。（　）
11 外国人選手と交**カン**試合をする。（　）
12 自動車の部品を交**カン**する。（　）
〈**ア** 勘 **イ** 喚 **ウ** 換 **エ** 観 **オ** 歓〉

13 学校まで全速力で**カ**ける。（　）
14 橋を**カ**ける工事。（　）
15 優勝を**カ**けた試合に臨む。（　）
〈**ア** 掛 **イ** 駆 **ウ** 課 **エ** 架 **オ** 懸〉

(十) 次の**カタカナ**の部分を**漢字**に直せ。〈2×20＝40点〉

1 **オダ**やかな春の海辺に立つ。（　）
2 体調を**クズ**して学校を休んでいる。（　）
3 大雨で田畑が**カンスイ**する。（　）
4 洋服は**キセイ**品で間に合う。（　）
5 失敗を**カクゴ**で思い切った手を打つ。（　）
6 成人式の記念写真を**ト**る。（　）
7 稲の**ホ**が風にゆれている。（　）
8 **クツジョク**的な大敗を喫する。（　）
9 **ジヒ**深い人の世話になる。（　）
10 外はひどく寒くて**コゴ**えそうだった。（　）
11 **フクシ**政策を充実させる。（　）
12 海に**モグ**って魚と戯れる。（　）
13 髪を長く**ノ**ばす。（　）
14 **コクセキ**を問わず有能な人材を採用する。（　）
15 **キソ**を固めて応用に移る。（　）
16 **タクジ**所で子どもの世話をする。（　）
17 体を**キタ**えるために毎朝走る。（　）
18 手塩にかけた娘が**トツ**ぐ日。（　）
19 時間に**シバ**られない生活がしたい。（　）
20 深夜の騒音は安眠**ボウガイ**だ。（　）

準2級 ア〜キ ①

漢字	読み	部首	画数	用例
亜	ア	二	7	亜鉛(アエン)　亜流(アリュウ)　亜麻(アマ)
尉	イ	寸	11	大尉(タイイ)　少尉(ショウイ)　尉官(イカン)
逸	イツ	⻌	11	逸話(イツワ)　逸脱(イツダツ)　逸品(イッピン)　散逸(サンイツ)
姻	イン	女	9	婚姻(コンイン)　姻族(インゾク)
韻	イン	音	19	余韻(ヨイン)　韻文(インブン)　押韻(オウイン)　韻律(インリツ)
畝	うね	田	10	畝(うね)　畝間(うねま)　畝織(うねおり)
浦	うら	氵	10	浦(うら)　津津浦浦(つつ(づ)うらうら)
疫	エキ・ヤク	疒	9	疫病(エキビョウ)　免疫(メンエキ)　疫病神(ヤクビョウがみ)
謁	エツ	言	15	謁見(エッケン)　拝謁(ハイエツ)
猿	エン・さる	犭	13	犬猿(ケンエン)　猿人(エンジン)　猿知恵(さるヂエ)
凹	オウ	凵	5	凹凸(オウトツ)　凹面(オウメン)　凹(オウ)レンズ
翁	オウ	羽	10	老翁(ロウオウ)
虞	おそれ	虍	13	津波の虞(おそれ)
渦	カ・うず	氵	12	渦中(カチュウ)　渦紋(カモン)　渦潮(うずしお)
禍	カ	礻	13	禍根(カコン)　禍福(カフク)　災禍(サイカ)
靴	カ・くつ	革	13	製靴(セイカ)　軍靴(グンカ)　靴下(くつした)　靴底(くつぞこ)
寡	カ	宀	14	寡黙(カモク)　寡婦(カフ)　寡占(カセン)
稼	カ・かせぐ	禾	15	稼業(カギョウ)　出稼(でかせ)ぎ
蚊	か	虫	10	蚊取(かと)り
拐	カイ	扌	8	誘拐(ユウカイ)
懐	カイ・ふところ・なつかしい・なつかしむ・なつく・なつける	忄	16	懐古(カイコ)　懐中(カイチュウ)　懐(ふところ)を痛める　子供が懐(なつ)く
劾	ガイ	力	8	弾劾(ダンガイ)
涯	ガイ	氵	11	生涯(ショウガイ)　天涯(テンガイ)　境涯(キョウガイ)
垣	かき	土	9	垣根(かきね)　石垣(いしがき)　人垣(ひとがき)
核	カク	木	10	核心(カクシン)　中核(チュウカク)　核実験(カクジッケン)
殻	カク・から	殳	11	地殻(チカク)　甲殻(コウカク)　卵(たまご)の殻(から)
嚇	カク	口	17	威嚇(イカク)
括	カツ	扌	9	総括(ソウカツ)　一括(イッカツ)　括弧(カッコ)
喝	カツ	口	11	恐喝(キョウカツ)　喝破(カッパ)
渇	カツ・かわく	氵	11	渇望(カツボウ)　枯渇(コカツ)　のどが渇(かわ)く
褐	カツ	衤	13	褐色(カッショク)
轄	カツ	車	17	管轄(カンカツ)　直轄(チョッカツ)
且	かつ	一	5	且(か)つ
缶	カン	缶	6	缶詰(カンづめ)　空缶(あきカン)　一斗缶(イットカン)
陥	カン・おちいる・おとしいれる	阝	10	欠陥(ケッカン)　陥没(カンボツ)　罠(わな)に陥(おとしい)れる
患	カン・わずらう	心	11	患者(カンジャ)　急患(キュウカン)　目を患(わずら)う
堪	カン・たえる	土	12	堪忍(カンニン)　堪能(カ(タ)ンノウ)　鑑賞に堪(た)える
棺	カン	木	12	棺桶(カンおけ)　出棺(シュッカン)　石棺(セキカン)　納棺(ノウカン)
款	カン	欠	12	借款(シャッカン)　定款(テイカン)　落款(ラッカン)
閑	カン	門	12	閑静(カンセイ)　閑散(カンサン)　閑居(カンキョ)
寛	カン	宀	13	寛容(カンヨウ)　寛大(カンダイ)
憾	カン	忄	16	遺憾(イカン)
還	カン	⻌	16	還元(カンゲン)　返還(ヘンカン)　還暦(カンレキ)　生還(セイカン)
艦	カン	舟	21	軍艦(グンカン)　戦艦(センカン)　潜水艦(センスイカン)
頑	ガン	頁	13	頑固(ガンコ)　頑強(ガンキョウ)　頑丈(ガンジョウ)　頑健(ガンケン)
飢	キ・うえる	飠	10	飢餓(キガ)　飢(う)え死に

準2級

準2級

ギ～サ

2

宜	ギ	宀 8	便宜(ベンギ)　適宜(テキギ)
偽	ギ　いつわる　にせ	亻 11	真偽(シンギ)　偽善(ギゼン)　偽物(にせもの)　偽札(にせサツ)
擬	ギ	扌 17	擬音(ギオン)　模擬(モギ)　擬人法(ギジンホウ)
糾	キュウ	糸 9	糾弾(キュウダン)　糾明(キュウメイ)　紛糾(フンキュウ)
窮	キュウ　きわめる　きわまる	穴 15	窮地(キュウチ)　窮極(キュウキョク)　道を窮(きわ)める
拒	キョ　こばむ	扌 8	拒否(キョヒ)　拒絶(キョゼツ)　入場を拒(こば)む
享	キョウ	亠 8	享年(キョウネン)　享受(キョウジュ)　享有(キョウユウ)
挟	キョウ　はさむ　はさまる	扌 9	挟撃(キョウゲキ)　挟殺(キョウサツ)　挟み将棋(ショウギ)
恭	キョウ　うやうやしい	小 10	恭順(キョウジュン)　恭賀(キョウガ)　恭(うやうや)しく一礼(イチレイ)
矯	キョウ　ためる	矢 17	矯正(キョウセイ)　奇矯(キキョウ)　枝を矯(た)める
暁	ギョウ　あかつき	日 12	暁天(ギョウテン)　今暁(コンギョウ)　成功の暁(あかつき)

菌	キン	艹 11	細菌(サイキン)　滅菌(メッキン)　結核菌(ケッカクキン)
琴	キン　こと	王 12	琴線(キンセン)　木琴(モッキン)　琴の音(ね)
謹	キン　つつしむ	言 17	謹賀(キンガ)　謹慎(キンシン)　謹(つつし)み申(もう)す
襟	キン　えり	衤 18	胸襟(キョウキン)　開襟(カイキン)　襟首(えりくび)　襟元(えりもと)
吟	ギン	口 7	吟味(ギンミ)　詩吟(シギン)　吟詠(ギンエイ)　吟遊(ギンユウ)
隅	グウ　すみ	阝 12	一隅(イチグウ)　片隅(かたすみ)　四隅(よすみ)
勲	クン	力 15	勲章(クンショウ)　殊勲(シュクン)　勲功(クンコウ)
薫	クン　かおる	艹 16	薫陶(クントウ)　薫風(クンプウ)　風薫(かぜかお)る
茎	ケイ　くき	艹 8	地下茎(チカケイ)　歯茎(はぐき)
渓	ケイ	氵 11	渓流(ケイリュウ)　渓谷(ケイコク)
蛍	ケイ　ほたる	虫 11	蛍光(ケイコウ)　蛍雪(ケイセツ)　蛍の光(ほたるのひかり)

慶	ケイ	心 15	慶弔(ケイチョウ)　慶祝(ケイシュク)　慶賀(ケイガ)
傑	ケツ	亻 13	傑作(ケッサク)　傑出(ケッシュツ)　怪傑(カイケツ)
嫌	ケン　ゲン　きらう　いや	女 13	嫌悪(ケンオ)　機嫌(キゲン)　嫌気(いやケ)がさす
献	ケン　コン	犬 13	文献(ブンケン)　献血(ケンケツ)　献上(ケンジョウ)　献立(コンだて)
謙	ケン	言 17	謙虚(ケンキョ)　謙譲(ケンジョウ)
繭	ケン　まゆ	糸 18	繭糸(ケンシ)　繭玉(まゆだま)
顕	ケン	頁 18	顕著(ケンチョ)　顕彰(ケンショウ)　顕微鏡(ケンビキョウ)
懸	ケン　ケ　かける　かかる	心 20	懸命(ケンメイ)　懸念(ケネン)　懸(か)け橋
弦	ゲン　つる	弓 8	弦楽(ゲンガク)　上弦(ジョウゲン)　弓の弦(つる)
呉	ゴ	口 7	呉服(ゴフク)　呉音(ゴオン)　呉越同舟(ゴエツドウシュウ)
碁	ゴ	石 13	囲碁(イゴ)　碁盤(ゴバン)　碁石(ごいし)
江	コウ　え	氵 6	長江(チョウコウ)　入り江(え)
肯	コウ	肉 8	肯定(コウテイ)　首肯(シュコウ)

侯	コウ	亻 9	諸侯(ショコウ)　侯爵(コウシャク)　王侯(オウコウ)
洪	コウ	氵 9	洪水(コウズイ)　洪積層(コウセキソウ)
貢	コウ　ク　みつぐ	貝 10	貢献(コウケン)　年貢(ネング)　貢(みつ)ぎ物
溝	コウ　みぞ	氵 13	側溝(ソッコウ)　海溝(カイコウ)　溝板(みぞいた)
衡	コウ	行 16	平衡(ヘイコウ)　均衡(キンコウ)　度量衡(ドリョウコウ)
購	コウ	貝 17	購入(コウニュウ)　購買(コウバイ)
拷	ゴウ	扌 9	拷問(ゴウモン)
剛	ゴウ	刂 10	剛健(ゴウケン)　剛直(ゴウチョク)　金剛石(コンゴウセキ)
酷	コク	酉 14	残酷(ザンコク)　冷酷(レイコク)　酷似(コクジ)　酷暑(コクショ)
昆	コン	日 8	昆虫(コンチュウ)　昆布(コンブ)
懇	コン　ねんごろ	心 17	懇親(コンシン)　懇意(コンイ)　懇(ねんご)ろな手紙
唆	サ　そそのかす	口 10	示唆(シサ)　教唆(キョウサ)　人を唆(そそのか)す

準2級 サ～ショウ 3

漢字	読み	部首	画数	用例
詐	サ	言	12	詐称(サショウ) 詐欺(サギ) 詐取(サシュ)
砕	サイ くだく くだける	石	9	砕石(サイセキ) 粉砕(フンサイ) 腰砕け(こしくだけ)
宰	サイ	宀	10	主宰(シュサイ) 宰相(サイショウ)
栽	サイ	木	10	盆栽(ボンサイ) 栽培(サイバイ)
斎	サイ	斉	11	書斎(ショサイ) 斎場(サイジョウ)
索	サク	糸	10	思索(シサク) 捜索(ソウサク) 暗中模索(アンチュウモサク)
酢	サク す	酉	12	酢酸(サクサン) 酢の物(す)
桟	サン	木	10	桟橋(サンばし) 桟道(サンドウ)
傘	サン かさ	人	12	傘下(サンカ) 雨傘(あまがさ) 日傘(ひがさ)
肢	シ	月(にくづき)	8	肢体(シタイ) 前肢(ゼンシ) 選択肢(センタクシ)
嗣	シ	口	13	嗣子(シシ) 後嗣(コウシ) 継嗣(ケイシ)

漢字	読み	部首	画数	用例
賜	シ たまわる	貝	15	恩賜(オンシ) 下賜(カシ) 賞を賜る(たまわ)
璽	ジ	玉	19	御璽(ギョジ) 国璽(コクジ) 玉璽(ギョクジ)
漆	シツ うるし	氵	14	漆器(シッキ) 漆黒(シッコク) 漆塗り(うるしぬ)
遮	シャ さえぎる	辶	14	遮断(シャダン) 遮光(シャコウ) 話を遮る(さえぎ)
蛇	ジャ ダ へび	虫	11	蛇口(ジャぐち) 長蛇(チョウダ) 錦蛇(にしきへび)
酌	シャク くむ	酉	10	媒酌(バイシャク) 晩酌(バンシャク) 酌み交わす(く)
爵	シャク	爫	17	男爵(ダンシャク) 爵位(シャクイ) 公爵(コウシャク) 侯爵(コウシャク)
珠	シュ	王	10	珠玉(シュギョク) 真珠(シンジュ) 珠算(シュザン)
儒	ジュ	亻	16	儒教(ジュキョウ) 儒学(ジュガク) 儒者(ジュシャ)
囚	シュウ	囗	5	囚人(シュウジン) 幽囚(ユウシュウ) 死刑囚(シケイシュウ)
臭	シュウ くさい におう	自	9	異臭(イシュウ) 悪臭(アクシュウ) 臭い(くさ) 臭う(にお)

漢字	読み	部首	画数	用例
愁	シュウ うれえる うれい	心	13	郷愁(キョウシュウ) 哀愁(アイシュウ) 春の愁い(うれ)
酬	シュウ	酉	13	報酬(ホウシュウ) 応酬(オウシュウ)
醜	シュウ みにくい	酉	17	醜態(シュウタイ) 醜悪(シュウアク) 醜い行為(みにく)
汁	ジュウ しる	氵	5	果汁(カジュウ) 苦汁(クジュウ) 汁粉(しるこ)
充	ジュウ あてる	儿	6	充実(ジュウジツ) 補充(ホジュウ) 学費に充てる(あ)
渋	ジュウ しぶ しぶい しぶる	氵	11	渋滞(ジュウタイ) 苦渋(クジュウ) 渋柿(しぶがき) 渋谷(しぶや)
銃	ジュウ	金	14	銃声(ジュウセイ) 銃弾(ジュウダン) 猟銃(リョウジュウ) 銃器(ジュウキ)
叔	シュク	又	8	伯叔(ハクシュク) 叔父(シュクフ) 叔母(シュクボ)
淑	シュク	氵	11	貞淑(テイシュク) 私淑(シシュク) 淑女(シュクジョ)
粛	シュク	聿	11	静粛(セイシュク) 自粛(ジシュク) 粛正(シュクセイ) 厳粛(ゲンシュク)
塾	ジュク	土	14	塾長(ジュクチョウ) 塾生(ジュクセイ) 私塾(シジュク)
俊	シュン	亻	9	俊足(シュンソク) 俊才(シュンサイ) 俊敏(シュンビン) 俊秀(シュンシュウ)
准	ジュン	冫	10	批准(ヒジュン) 准看護師(ジュンカンゴシ)

漢字	読み	部首	画数	用例
殉	ジュン	歹	10	殉死(ジュンシ) 殉職(ジュンショク)
循	ジュン	彳	12	循環(ジュンカン) 因循姑息(インジュンコソク)
庶	ショ	广	11	庶民(ショミン) 庶務(ショム) 庶子(ショシ)
緒	ショ チョ お	糸	14	由緒(ユイショ) 情緒(ジョウチョ・ジョウショ) 鼻緒(はなお)
叙	ジョ	又	9	叙景(ジョケイ) 叙述(ジョジュツ) 叙情(ジョジョウ) 自叙(ジジョ)
升	ショウ ます	十	4	一升(イッショウ) 升目(ますめ)
抄	ショウ	扌	7	抄本(ショウホン) 抄出(ショウシュツ) 抄訳(ショウヤク) 詩抄(シショウ)
肖	ショウ	肉	7	肖像(ショウゾウ) 不肖(フショウ)
尚	ショウ	⺌	8	尚早(ショウソウ) 高尚(コウショウ) 好尚(コウショウ) 尚古(ショウコ)
宵	ショウ よい	宀	10	春宵(シュンショウ) 徹宵(テッショウ) 宵の口(よい)
症	ショウ	疒	10	症状(ショウジョウ) 炎症(エンショウ) 軽症(ケイショウ) 重症(ジュウショウ)

(1) 彼の絵はゴッホの**亜流**だ。（第一流のまねごと・二流）
(2) 常識から**逸脱**する。
(3) はしかの**免疫**ができる。
(4) 君主に**拝謁**する。（高貴な人にお目にかかること）
(5) **禍福**相半ばする。（わざわいとさいわい）
(6) **天涯**孤独の人生を送る。（きわめて遠い所）
(7) えびやかには**甲殻**類だ。
(8) 法案を**一括**審議する。
(9) 水源が**枯渇**する。
(10) 幕府**直轄**の領地。（直接に管理すること）
(11) 地面が**陥没**する。
(12) 我が社の**定款**。（会社の組織等を定めた規則）
(13) 客席は**閑散**としている。
(14) 領土が**返還**される。
(15) **頑強**に抵抗する。
(16) 不足分を**適宜**補う。（ほどよいと思う方法で行う様子）
(17) 悪事を**糾明**する。
(18) **窮極**の目的を達成する。
(19) 恩恵を**享受**する。（受けとって自分のものにすること）

(20) **恭賀**新年。（つつしんで祝うこと）
(21) **滅菌**室に入る。
(22) 不**謹慎**なふるまい。
(23) **薫風**そよぐ五月。
(24) **傑出**した才能を示す。（抜きんでて優れていること）
(25) **謙譲**の美徳。
(26) 長年の実績を**顕彰**する。（隠れた善行等を広く知らせること）
(27) なりゆきが**懸念**される。（不安に思うこと）
(28) 彼も**年貢**の納め時だ。
(29) 輸出入の**均衡**を保つ。
(30) **剛直**な人物。
(31) **冷酷**無比な行い。
(32) 隣人と**懇意**にする。
(33) 各国の**宰相**が集まる。（首相・総理大臣）
(34) 家宅**捜索**する。
(35) 三つの**選択肢**がある。
(36) 辺りは**漆黒**のやみだ。
(37) 会場前は**長蛇**の列となる。
(38) **幽囚**の身となる。（捕らえられ、閉じ込められること）

(39) 横顔に**哀愁**が漂う。
(40) 激しい議論の**応酬**。（やりとり）
(41) **醜悪**な争いをする。
(42) 物資を**補充**する。
(43) 行動を**自粛**する。
(44) 画壇の**俊才**と呼ばれる。
(45) **殉職**した警官。
(46) **因循**姑(こ)息な行動。（古い習慣にとらわれること）
(47) **情緒**不安定に陥る。
(48) 詳細に経過を**叙述**する。
(49) **不肖**の息子。（親に似ないで愚かなこと）
(50) **高尚**な趣味。

まめ知識

故事成語の由来

蛍雪の功（けいせつのこう）…晋(しん)の車胤(しゃいん)は貧しいために蛍の光で本を読み、孫康(そんこう)は雪明かりで勉強したという故事。

呉越同舟（ごえつどうしゅう）…敵国同士であった呉と越の両国人が同じ舟に乗り合わせて暴風雨にあい助けあったという故事。

準2級 ショウ〜ソ 4

祥	ショウ	ネ 10	発祥（ハッショウ） 吉祥（キッショウ） 不祥事（フショウジ）
渉	ショウ	氵 11	交渉（コウショウ） 渉外（ショウガイ） 干渉（カンショウ）
訟	ショウ	言 11	訴訟（ソショウ）
硝	ショウ	石 12	硝酸（ショウサン） 硝石（ショウセキ）
粧	ショウ	米 12	化粧（ケショウ） 美粧（ビショウ）
詔	ショウ みことのり	言 12	詔勅（ショウチョク） 詔書（ショウショ） 天子の詔（テンシのみことのり）
奨	ショウ	大 13	奨励（ショウレイ） 推奨（スイショウ） 奨学金（ショウガクキン）
彰	ショウ	彡 14	顕彰（ケンショウ） 表彰（ヒョウショウ）
償	ショウ つぐなう	イ 17	弁償（ベンショウ） 無償（ムショウ） 罪を償う（つぐなう）
礁	ショウ	石 17	暗礁（アンショウ） 岩礁（ガンショウ） さんご礁（ショウ）
浄	ジョウ	氵 9	浄化（ジョウカ） 浄土（ジョウド） 清浄（セイジョウ） 洗浄（センジョウ）

剰	ジョウ	刂 11	過剰（カジョウ） 剰余（ジョウヨ） 余剰（ヨジョウ）
壌	ジョウ	土 16	土壌（ドジョウ）
醸	ジョウ かもす	酉 20	醸造（ジョウゾウ） 醸成（ジョウセイ） 物議を醸す（かもす）
津	シン つ	氵 9	興味津津（キョウミシンシン） 津波（つなみ）
唇	シン くちびる	口 10	口唇（コウシン） 紅唇（コウシン） 下唇（したくちびる）
娠	シン	女 10	妊娠（ニンシン）
紳	シン	糸 11	紳士（シンシ）
診	シン みる	言 12	診察（シンサツ） 誤診（ゴシン） 傷を診る（みる）
刃	ジン は	刀 3	凶刃（キョウジン） 白刃（ハクジン） 刃物（はもの）
迅	ジン	辶 6	迅速（ジンソク） 奮迅（フンジン） 疾風迅雷（シップウジンライ）
甚	ジン はなはだ はなはだしい	甘 9	甚大（ジンダイ） 幸甚（コウジン） 甚だ遺憾だ（はなはだイカン）

帥	スイ	巾 9	元帥（ゲンスイ） 総帥（ソウスイ） 統帥（トウスイ）
睡	スイ	目 13	睡眠（スイミン） 熟睡（ジュクスイ） 昏睡（コンスイ） 睡魔（スイマ）
枢	スウ	木 8	中枢（チュウスウ） 枢要（スウヨウ） 枢軸（スウジク）
崇	スウ	山 11	崇高（スウコウ） 崇拝（スウハイ）
据	すえる すわる	扌 11	据え置き（すえおき） 据わる（すわる）
杉	すぎ	木 7	杉林（すぎばやし） 杉並木（すぎなみき）
斉	セイ	斉 8	斉唱（セイショウ） 一斉（イッセイ）
逝	セイ ゆく いく	辶 10	逝去（セイキョ） 夭逝（ヨウセイ） 急逝（キュウセイ） 逝く（ゆく）
誓	セイ ちかう	言 14	誓約（セイヤク） 誓願（セイガン） 宣誓（センセイ） 誓う（ちかう）
析	セキ	木 8	分析（ブンセキ） 解析（カイセキ） 析出（セキシュツ）
拙	セツ つたない	扌 8	拙劣（セツレツ） 巧拙（コウセツ） 拙速（セッソク） 拙い（つたない）
窃	セツ	穴 9	窃盗（セットウ） 窃取（セッシュ）
仙	セン	イ 5	仙人（センニン） 歌仙（カセン） 詩仙（シセン） 仙界（センカイ）

栓	セン	木 10	元栓（もとセン） 給水栓（キュウスイセン） 消火栓（ショウカセン）
旋	セン	方 11	旋回（センカイ） 旋風（センプウ） 旋律（センリツ）
践	セン	𧾷 13	実践（ジッセン）
遷	セン	辶 15	遷都（セント） 変遷（ヘンセン） 左遷（サセン）
薦	セン すすめる	艹 16	推薦（スイセン） 他薦（タセン） 良書を薦める（すすめる）
繊	セン	糸 17	繊維（センイ） 繊細（センサイ） 繊毛（センモウ）
禅	ゼン	ネ 13	禅寺（ゼンでら） 座禅（ザゼン） 禅宗（ゼンシュウ） 禅譲（ゼンジョウ）
漸	ゼン	氵 14	漸次（ゼンジ） 漸増（ゼンゾウ） 漸進的（ゼンシンテキ）
租	ソ	禾 10	租税（ソゼイ） 地租（チソ）
疎	ソ うとい うとむ	𤴔 12	過疎（カソ） 疎外（ソガイ） 世事に疎い（セジにうとい）

漢字	読み	部首	画数	用例
塑	ソ	土	13	彫塑　塑像
壮	ソウ	士	6	勇壮　壮快　壮年　壮大
荘	ソウ	艹	9	別荘　荘重　荘厳（荘園）
捜	ソウ　さがす	扌	10	捜査　捜索　人を捜す
挿	ソウ　さす	扌	10	挿入　挿話　挿し木
曹	ソウ	日	11	法曹　陸曹　法曹界
喪	ソウ　も	口	12	喪失　喪主　喪服
槽	ソウ	木	15	水槽　浴槽　歯槽
霜	ソウ　しも	雨	17	霜害　晩霜　霜柱　初霜
藻	ソウ　も	艹	19	海藻　藻類　藻がはえる
妥	ダ	女	7	妥協　妥結　妥当

漢字	読み	部首	画数	用例
堕	ダ	土	12	堕落　堕胎
惰	ダ	忄	12	怠惰　惰性　惰眠
駄	ダ	馬	14	無駄　駄目　駄賃
泰	タイ	氺	10	安泰　泰平　泰斗
濯	タク	氵	17	洗濯
但	ただし	亻	7	但し書き
棚	たな	木	12	本棚　戸棚　大陸棚
痴	チ	疒	13	愚痴　音痴
逐	チク	辶	10	逐一　逐次　駆逐
秩	チツ	禾	10	秩序
嫡	チャク	女	14	嫡子　嫡男　嫡流　嫡出

漢字	読み	部首	画数	用例
衷	チュウ	衣	9	衷心　折衷　苦衷
弔	チョウ　とむらう	弓	4	弔辞　慶弔　遺族を弔う
挑	チョウ　いどむ	扌	9	挑戦　挑発　敵に挑む
眺	チョウ　ながめる	目	11	眺望　眺めがよい
釣	チョウ　つる	金	11	釣果　釣魚　釣り合い
懲	チョウ　こりる　こらす　こらしめる	心	18	懲役　懲罰　性懲り
勅	チョク	力	9	勅語　勅命　勅使
朕	チン	月（つきへん）	10	朕
塚	つか	土	12	貝塚
漬	つける　つかる	氵	14	漬物　茶漬け　漬かる
坪	つぼ	土	8	建坪　坪数
呈	テイ	口	7	露呈　贈呈　進呈
廷	テイ	廴	7	宮廷　朝廷　法廷　出廷

漢字	読み	部首	画数	用例
邸	テイ	阝	8	邸宅　豪邸　邸内　私邸
亭	テイ	亠	9	料亭　亭主
貞	テイ	貝	9	貞淑　貞操　貞女　貞節
逓	テイ	辶	10	逓減　逓信　逓送
偵	テイ	亻	11	偵察　探偵　内偵
艇	テイ	舟	13	艦艇　競艇　掃海艇
泥	デイ　どろ	氵	8	拘泥　雲泥　泥棒　泥沼
迭	テツ	辶	8	更迭
徹	テツ	彳	15	徹底　貫徹　徹夜
撤	テツ	扌	15	撤去　撤回　撤退
悼	トウ　いたむ	忄	11	追悼　哀悼　死を悼む
搭	トウ	扌	12	搭載　搭乗
棟	トウ　むね　むな	木	12	病棟　別棟

準2級 トウ～ヘン ⑥

漢字	読み	部首・画数	用例
筒	トウ つつ	⺮ 12	封筒（フウトウ） 水筒（スイトウ） 竹筒（たけづつ）
謄	トウ	言 17	謄写版（トウシャバン） 謄本（トウホン）
騰	トウ	馬 20	沸騰（フットウ） 暴騰（ボウトウ）
洞	ドウ ほら	氵 9	空洞（クウドウ） 洞察（ドウサツ） 洞穴（ほらあな・ドウケツ）
督	トク	目 13	監督（カントク） 督促（トクソク）
凸	トツ	凵 5	凹凸（オウトツ） 凸版（トッパン） （凸凹（でこぼこ））
屯	トン	屮 4	駐屯（チュウトン） 屯田兵（トンデンヘイ）
軟	ナン やわらか やわらかい	車 11	軟弱（ナンジャク） 軟禁（ナンキン） 軟らかい口調（やわ）
尼	ニ あま	尸 5	尼僧（ニソウ） 尼寺（あまでら）
妊	ニン	女 7	懐妊（カイニン） 妊婦（ニンプ） 不妊（フニン） 妊娠（ニンシン）
忍	ニン しのぶ しのばせる	心 7	忍者（ニンジャ） 忍耐（ニンタイ） 忍び足（しの）

漢字	読み	部首・画数	用例
寧	ネイ	宀 14	丁寧（テイネイ） 寧日（ネイジツ） 安寧（アンネイ）
把	ハ	扌 7	把握（ハアク） 把手（ハシュ） 一把（イチワ） 十把（ジッパ）
覇	ハ	西 19	覇気（ハキ） 覇権（ハケン） 覇者（ハシャ） 制覇（セイハ）
廃	ハイ すたれる すたる	广 12	廃物（ハイブツ） 撤廃（テッパイ） はやり廃り（すた）
培	バイ つちかう	土 11	培養（バイヨウ） 栽培（サイバイ） 向上心を培う（コウジョウシン・つちか）
媒	バイ	女 12	媒介（バイカイ） 媒体（バイタイ） 触媒（ショクバイ）
賠	バイ	貝 15	賠償（バイショウ）
伯	ハク	亻 7	伯仲（ハクチュウ） 画伯（ガハク） （伯父（おじ） 伯母（おば））
舶	ハク	舟 11	舶来（ハクライ） 船舶（センパク）
漠	バク	氵 13	砂漠（サバク） 漠然（バクゼン） 広漠（コウバク）
肌	はだ	月 6（にくづき）	肌着（はだぎ） 地肌（ジはだ） 肌色（はだいろ）

漢字	読み	部首・画数	用例
鉢	ハチ ハツ	金 13	植木鉢（うえきバチ） 鉢巻き（ハチま）
閥	バツ	門 14	財閥（ザイバツ） 学閥（ガクバツ） 派閥（ハバツ） 門閥（モンバツ）
煩	ハン ボン わずらう わずらわす	火 13	煩雑（ハンザツ） 煩悩（ボンノウ） 手を煩わす（わずら）
頒	ハン	頁 13	頒布（ハンプ） 頒価（ハンカ）
妃	ヒ	女 6	王妃（オウヒ） 妃殿下（ヒデンカ）
披	ヒ	扌 8	披露（ヒロウ） 披見（ヒケン）
扉	ヒ とびら	戸 12	門扉（モンピ） 開扉（カイヒ） 扉を開ける
罷	ヒ	罒 15	罷免（ヒメン） 罷業（ヒギョウ）
猫	ビョウ ねこ	犭 11	愛猫（アイビョウ） 猫背（ねこぜ） 猫に小判（こバン）
賓	ヒン	貝 15	来賓（ライヒン） 賓客（ヒンキャク） 主賓（シュヒン）
頻	ヒン	頁 17	頻出（ヒンシュツ） 頻度（ヒンド） 頻発（ヒンパツ） 頻繁（ヒンパン）
瓶	ビン	瓦 11	花瓶（カビン） 瓶詰（ビンづめ） 魔法瓶（マホウビン）
扶	フ	扌 7	扶養（フヨウ） 扶助（フジョ） 扶育（フイク）

漢字	読み	部首・画数	用例
附	フ	阝 8	附属（フゾク） 寄附（キフ）
譜	フ	言 19	楽譜（ガクフ） 年譜（ネンプ） 系譜（ケイフ）
侮	ブ あなどる	亻 8	侮辱（ブジョク） 相手を侮る（あなど）
沸	フツ わく わかす	氵 8	煮沸（シャフツ） 沸点（フッテン） 沸き上がる（わ）
雰	フン	雨 12	雰囲気（フンイキ）
憤	フン いきどおる	忄 15	憤慨（フンガイ） 憤然（フンゼン） 汚職に憤る（オショク・いきどお）
丙	ヘイ	一 5	甲乙丙丁（コウオツヘイテイ）
併	ヘイ あわせる	亻 8	合併（ガッペイ） 併合（ヘイゴウ） 両案を併せる（あわ）
塀	ヘイ	土 12	土塀（ドベイ）
幣	ヘイ	巾 15	貨幣（カヘイ） 紙幣（シヘイ）
弊	ヘイ	廾 15	弊害（ヘイガイ） 語弊（ゴヘイ） 旧弊（キュウヘイ） 疲弊（ヒヘイ）
偏	ヘン かたよる	亻 11	偏見（ヘンケン） 偏食（ヘンショク） 食事が偏る（かたよ）
遍	ヘン	辶 12	普遍（フヘン） 遍歴（ヘンレキ） 一遍（イッペン）

準2級 ホウ～ワク 7

泡	俸	褒	剖	紡	朴	僕	撲	堀	奔	麻
ホウ あわ	ホウ	ホウ ほめる	ボウ	ボウ つむぐ	ボク	ボク	ボク	ほり	ホン	マ あさ
氵 8	亻 10	衣 15	刂 10	糸 10	木 6	亻 14	扌 15	土 11	大 8	麻 11
丶 丶 氵 氵 汋 泃 泃 泡	亻 仁 仨 仹 侇 俸 俸 俸	亠 亣 疒 褎 褒 褒 褒 褒	亠 立 咅 咅 音 音 剖 剖	幺 糸 糸 糸 紅 紡 紡 紡	一 十 才 木 朴 朴	亻 仆 仆 仆 僕 僕 僕 僕	扌 扌 扌 扌 撲 撲 撲 撲	土 圹 圹 坭 堀 堀 堀 堀	一 大 大 大 夲 夲 奔 奔	广 广 广 床 床 府 麻 麻
発泡(ハッポウ) 気泡(キホウ) 泡立つ(あわだつ)	年俸(ネンポウ) 俸給(ホウキュウ)	褒美(ホウビ) 褒賞(ホウショウ) 努力を褒(ほ)める	解剖(カイボウ)	紡績(ボウセキ) 混紡(コンボウ) 糸を紡(つむ)ぐ	素朴(ソボク) 純朴(ジュンボク)	下僕(ゲボク) 公僕(コウボク)	打撲(ダボク) 撲滅(ボクメツ) 撲殺(ボクサツ) (相撲(すもう))	外堀(そとぼり) 釣堀(つりぼり)	奔走(ホンソウ) 出奔(シュッポン) 奔放(ホンポウ)	麻薬(マヤク) 乱麻(ランマ) 麻糸(あさいと)

摩	磨	抹	岬	銘	妄	盲	耗	厄	愉	諭
マ	マ みがく	マツ	みさき	メイ	モウ ボウ	モウ	モウ コウ	ヤク	ユ	ユ さとす
手 15	石 16	扌 8	山 8	金 14	女 6	目 8	耒 10	厂 4	忄 12	言 16
广 广 庐 麻 麻 麽 摩 摩	广 广 庐 麻 麻 磨 磨 磨	一 十 扌 扌 扌 抹 抹 抹	丨 山 山 山 岬 岬 岬 岬	𠆢 今 金 金 鈴 釸 釸 銘	丶 亠 亡 妄 妄 妄	丶 亠 亡 盲 盲 盲 盲 盲	三 丰 耒 耒 耒 耒 耒 耗	一 厂 厅 厄	忄 忄 忄 忄 愉 愉 愉 愉	言 訁 訁 訁 諭 諭 諭 諭
摩擦(マサツ) 摩天楼(マテンロウ)	研磨(ケンマ) 磨滅(マメツ) 磨き粉(みがきこ)	抹消(マッショウ) 一抹(イチマツ) 抹殺(マッサツ)	岬巡り(みさきめぐり)	感銘(カンメイ) 銘柄(メイがら) 墓碑銘(ボヒメイ)	妄想(モウソウ) 妄信(モウシン) 妄言(ボウゲン・モウゲン)	盲腸(モウチョウ) 盲点(モウテン) 盲目(モウモク)	消耗(ショウモウ) 心神耗弱(シンシンコウジャク)	厄年(ヤクどし) 厄介(ヤッカイ)	愉快(ユカイ) 愉悦(ユエツ)	教諭(キョウユ) 説諭(セツユ) 懇懇(コンコン)と諭(さと)す

癒	唯	悠	猶	裕	融	庸	窯	羅	酪	痢	履	柳
ユ いえる いやす	ユイ イ	ユウ	ユウ	ユウ	ユウ	ヨウ	ヨウ かま	ラ	ラク	リ	リ はく	リュウ やなぎ
疒 18	口 11	心 11	犭 12	衤 12	虫 16	广 11	穴 15	罒 19	酉 13	疒 12	尸 15	木 9
广 疒 疒 疒 疥 痛 癒 癒	口 叮 叮 叶 吖 咩 唯 唯	亻 化 化 攸 攸 悠 悠 悠	ノ 犭 犭 犭 犹 猶 猶 猶	衤 衤 衤 衤 衫 衿 裕 裕	鬲 鬲 鬲 鬲 融 融 融 融	广 户 户 户 庐 肩 庸 庸	穴 宀 空 空 窯 窯 窯 窯	罒 罒 罒 罒 羅 羅 羅 羅	酉 酉 酉 酉 酌 酪 酪 酪	广 疒 疒 疒 痢 痢 痢 痢	尸 尸 尸 尸 屌 屌 履 履	十 才 木 朳 朳 杉 柳 柳
癒着(ユチャク) 治癒(チユ) 平癒(ヘイユ) 癒(い)える	唯一(ユイイツ) 唯物(ユイブツ) 唯唯諾諾(イイダクダク)	悠久(ユウキュウ) 悠然(ユウゼン) 悠悠(ユウユウ) 悠長(ユウチョウ)	猶予(ユウヨ)	余裕(ヨユウ) 裕福(ユウフク) 富裕(フユウ)	金融(キンユウ) 融資(ユウシ) 融解(ユウカイ)	中庸(チュウヨウ) 凡庸(ボンヨウ)	窯業(ヨウギョウ) 窯元(かまもと)	羅列(ラレツ) 網羅(モウラ) 羅針盤(ラシンバン)	酪農(ラクノウ)	下痢(ゲリ) 赤痢(セキリ)	履歴(リレキ) 履行(リコウ) 履物(はきもの)	川柳(センリュウ) 柳腰(やなぎごし)

竜	硫	虜	涼	僚	寮	倫	累	塁	戻	鈴	賄	枠
リュウ たつ	リュウ	リョ	リョウ すずしい すずむ	リョウ	リョウ	リン	ルイ	ルイ	レイ もどす もどる	レイ リン すず	ワイ まかなう	わく
竜 10	石 12	虍 13	氵 11	亻 14	宀 15	亻 10	糸 11	土 12	戸 7	金 13	貝 13	木 8
亠 亣 立 产 音 音 竜	石 石 矿 矿 砫 硫 硫	丶 卜 广 虍 虏 虏 虜	氵 氵 氵 汸 涼 涼 涼	亻 仆 仆 伙 僚 僚 僚	宀 宊 宊 宊 寮 寮 寮	亻 仆 伶 伶 倫 倫 倫	田 田 田 田 罒 罒 累	田 田 田 田 畾 畾 塁	一 ㇇ 户 戸 戸 戻 戻	𠆢 今 金 金 鈴 鈴 鈴	冂 目 貝 貝 財 財 賄	一 十 才 木 朴 朴 枠 枠
竜頭蛇尾(リュウトウダビ) 恐竜(キョウリュウ) 竜巻(たつまき)	硫酸(リュウサン) 硫化(リュウカ) 硫安(リュウアン)	捕虜(ホリョ) 虜囚(リョシュウ)	清涼(セイリョウ) 納涼(ノウリョウ) 夕涼み(ゆうすずみ)	同僚(ドウリョウ) 僚友(リョウユウ) 官僚(カンリョウ)	寮歌(リョウカ) 寮生(リョウセイ) 寮母(リョウボ)	倫理(リンリ) 絶倫(ゼツリン) 人倫(ジンリン)	累積(ルイセキ) 累計(ルイケイ) 累進(ルイシン)	塁審(ルイシン) 本塁(ホンルイ) 土塁(ドルイ)	返戻(ヘンレイ) 戻入(レイニュウ) 割り戻(もど)し	本鈴(ホンレイ) 風鈴(フウリン) 鈴(すず)の音	収賄(シュウワイ) 賄賂(ワイロ) 賄(まかな)い	木枠(きわく) 枠内(わくナイ) 窓枠(まどわく)

(1) 文部科学省**推奨**の映画。
(2) **無償**の愛を与える。
(3) 獅子**奮迅**の大活躍。（勢いが激しくふるい立つこと）
(4) 政府の**枢要**な地位につく。（特に重要なところ）
(5) 偶像を**崇拝**する。
(6) 作品の**巧拙**は問わない。（たくみなことと下手なこと）
(7) 小野小町は六**歌仙**の一人。
(8) **旋風**を巻き起こす。
(9) 時代が**変遷**する。
(10) 収益が**漸増**傾向だ。（だんだんふえていくこと）
(11) 友人から**疎外**される。
(12) 古代の**塑像**が発見される。
(13) **浴槽**につかる。
(14) 交渉が**妥結**する。
(15) **惰性**で練習を続ける。
(16) 天下**泰平**の世の中。
(17) 経過を**逐次**知らせる。（順を追って一つ一つ）
(18) 和洋**折衷**の様式。（二つのものを調和させること）
(19) 相手の**挑発**に乗る。
(20) **勅命**により編集した歌集。（天皇の命令）
(21) **探偵**ごっこに興じる。
(22) 実力に**雲泥**の差がある。（天と地ほどの違い）
(23) **哀悼**の意を表す。
(24) 航空機の**搭乗**券を買う。
(25) 株価が**暴騰**する。
(26) 税金の**督促**状がくる。
(27) 自宅に**軟禁**される。（家にとじこめること）
(28) **十把**ひとからげ。
(29) **覇権**を争う。（支配者としての権力）
(30) **漠然**と将来を思い描く。
(31) **煩悩**を断つ。
(32) 外国から**賓客**を招く。（大切にもてなさなければならぬ客）
(33) 相互に**扶助**する制度。
(34) 対戦相手を**侮**る。
(35) 三社を**併合**する。
(36) **語弊**のある言い方。（不適切な言い方による誤解）
(37) 全国各地を**遍歴**する。
(38) **褒賞**金をもらう。
(39) 犯罪を**撲滅**しよう。
(40) 郷里を**出奔**する。（逃げ出すこと）
(41) 快刀**乱麻**を断つ。（世の中や事態の乱れた様子）
(42) タイヤが**磨滅**する。
(43) **一抹**の不安がよぎる。
(44) **厄介**な問題を抱え込む。
(45) **悠長**に構える。（ゆったりとして気長なこと）
(46) **凡庸**な人物。（平凡なこと）
(47) すべてを**網羅**する。（余すところなくそろえること）
(48) 約束を**履行**する。
(49) **虜囚**の辱めを受ける。（敵にとらわれた人）
(50) **賄賂**を受けとる。

まめ知識

貨弊 か 貨幣 か?

「幣」と「弊」、同音ですが意味はまったく違います。

幣
- 神に供えるもの…御幣（おんべい・ごへい）
- 引出物…幣物（へいもつ）
- 通貨…紙幣　貨幣

弊
- やぶれる…疲弊
- 悪い…弊害

準2級

(1) 音楽会の後の**ヨイン**。
(2) 争いの**カチュウ**に巻き込む。
(3) **ふところ**が寂しい。 所持金
(4) 事件の**カクシン**に迫る。
(5) のどが**かわく**。
(6) 彼は目を**わずら**った。
(7) **イカン**の意を表明する。 残念に思うこと
(8) **にせもの**に注意する。
(9) 取材を**こば**む。
(10) 心の**キンセン**に触れる。 心の奥にある感じやすいまごころ
(11) 材料を**ギンミ**する。 よく調べること
(12) **ケイリュウ**釣りを楽しむ。 谷川
(13) 相手に**ケンオ**感を抱く。
(14) 電気製品を**コウニュウ**する。
(15) 何事も当たって**くだ**けろ。
(16) **ボンサイ**の手入れをする。
(17) 踏み切りの**シャダン**機。
(18) **シュギョク**の名作を読む。 美しく優れているもの
(19) **くさ**い物にふたをする。

(20) 交通**ジュウタイ**。
(21) **ショミン**に親しまれる。
(22) 古代文明**ハッショウ**の地。 起こり始まること
(23) **アンショウ**に乗り上げる。 海中にかくれて見えない岩
(24) 汚水を**ジョウカ**する。
(25) 校歌**セイショウ**。
(26) 実験結果を**ブンセキ**する。
(27) 理論を**ジッセン**に移す。
(28) 食物**センイ**を摂取する。
(29) 人情の機微に**うと**い。 事情に通じていない
(30) **ユウソウ**な太鼓の響き。 いさましく意気盛んな様子
(31) **ムダ**な物は買わない。
(32) **ホンだな**を整理する。
(33) **チツジョ**を守る。
(34) 景色を**なが**める。
(35) 彼の弱点が**ロテイ**する。 隠れていたものが現れること
(36) 旧校舎を**テッキョ**する。 取りはらうこと
(37) 手紙を**フウトウ**に入れる。
(38) 蚊が**バイカイ**する病気。 なかだちをすること

(39) 実力が**ハクチュウ**する。 よく似ていて優劣のないこと
(40) 最近地震が**ヒンパツ**する。
(41) 不正行為に**いきどお**る。
(42) **カヘイ**の価値が変動する。
(43) 独断と**ヘンケン**のかたまり。 かたよったものの考え方
(44) 岸辺で波が**あわ**立つ。
(45) **ソボク**な疑問をもつ。
(46) **カンメイ**を受けた言葉。
(47) 体力を**ショウモウ**する。
(48) **ユカイ**に暮らす。
(49) 赤字が**ルイセキ**する。 重なりつもること
(50) **まどわく**にペンキを塗る。

まめ知識

偏と編

偏…かたよる、ひとえになどの意。**偏見　偏重　偏食**

編…文章をあつめつづる、順序づけてならべるなどの意。**編集　編成　編曲**

2級 1 アイ〜ケイ

挨	アイ	扌	10	挨拶(アイサツ)
曖	アイ	日	17	曖昧(アイマイ)
宛	あてる	宀	8	宛てる(あ) 宛先(あてさき)
嵐	あらし	山	12	嵐(あらし) 砂嵐(すなあらし)
畏	イ おそれる	田	9	畏敬(イケイ) 畏怖(イフ) 畏れる(おそ)
萎	イ なえる	艹	11	萎縮(イシュク) 萎える(な)
椅	イ	木	12	椅子(イス)
彙	イ	彑	13	語彙(ゴイ)
咽	イン	口	9	咽喉(インコウ)
◆淫	イン みだら (淫)	氵	11	淫行(インコウ) 淫乱(インラン) 淫らだ(みだ)
唄	うた	口	10	小唄(こうた) 長唄(ながうた)

鬱	ウツ	鬯	29	憂鬱(ユウウツ) 鬱憤(ウップン)
怨	エン オン	心	9	怨恨(エンコン) 怨念(オンネン)
艶	エン つや	色	19	妖艶(ヨウエン) 色艶(いろつや)
旺	オウ	日	8	旺盛(オウセイ)
臆	オク	月	17	臆説(オクセツ) 臆測(オクソク) 臆病(オクビョウ)
俺	おれ	亻	10	俺(おれ)
苛	カ	艹	8	苛酷(カコク) 苛烈(カレツ)
◆牙	ガ ゲ きば (牙)	牙	4	牙城(ガジョウ) 歯牙(シガ) 象牙(ゾウゲ) 牙(きば)
瓦	ガ かわら	瓦	5	瓦解(ガカイ) 瓦屋根(かわらやね)
楷	カイ	木	13	楷書(カイショ)
潰	カイ つぶす つぶれる	氵	15	潰瘍(カイヨウ) 潰す(つぶ) 潰れる(つぶ)

諧	カイ	言	16	俳諧(ハイカイ)
崖	ガイ がけ	山	11	断崖(ダンガイ) 崖下(がけした)
蓋	ガイ ふた	艹	13	頭蓋骨(ズガイコツ・トウガイコツ) 火蓋(ひぶた)
骸	ガイ	骨	16	形骸化(ケイガイカ) 死骸(シガイ)
柿	かき	木	9	柿(かき) 干し柿(ほしがき)
顎	ガク あご	頁	18	顎関節(ガクカンセツ) 顎(あご)
◆葛	カツ くず (葛)	艹	12	葛藤(カットウ) 葛湯(くずゆ)
釜	かま	金	10	釜飯(かまめし)
鎌	かま	釒	18	鎌倉時代(かまくらじだい)
韓	カン	韋	18	韓国(カンコク)
玩	ガン	王	8	玩具(ガング) 愛玩(アイガン)
伎	キ	亻	6	歌舞伎(カブキ)
亀	キ かめ	亀	11	亀裂(キレツ) 亀(かめ)

毀	キ	殳	13	毀損(キソン) 毀誉(キヨ)
畿	キ	田	15	畿内(キナイ) 近畿(キンキ)
臼	キュウ うす	臼	6	臼歯(キュウシ) 脱臼(ダッキュウ) 石臼(いしうす)
◆嗅	キュウ かぐ (嗅)	口	13	嗅覚(キュウカク) 嗅ぐ(か)
巾	キン	巾	3	頭巾(ズキン) 雑巾(ゾウキン)
◆僅	キン わずか (僅)	亻	13	僅差(キンサ) 僅かだ(わず)
錦	キン にしき	釒	16	錦秋(キンシュウ) 錦絵(にしきエ)
◆惧	グ (惧)	忄	11	危惧(キグ)
串	くし	丨	7	串刺し(くしざ) 串焼き(くしや)
窟	クツ	穴	13	巣窟(ソウクツ) 洞窟(ドウクツ)
詣	ケイ もうでる	言	13	参詣(サンケイ) 初詣(はつもうで) 詣でる(もう)
憬	ケイ	忄	15	憧憬(ショウケイ・ドウケイ)

2級の漢字の中で、◆については、( )内に許容字体を掲載しています。

(1) 朝の**挨拶**。（　　）

(2) 説明が**曖昧**だ。（　　）

(3) 手紙に**宛先**を書く。（　　）

(4) **砂嵐**が吹き荒れる。（　　）

(5) **畏敬**の念を抱く。（　　）

(6) 人前で**萎縮**する。（　　）
元気がなくなること

(7) **椅子**に腰かける。（　　）

(8) 英語の**語彙**を増やす。（　　）

(9) 耳鼻**咽喉**科に通う。（　　）

(10) **淫行**を規制する。（　　）

(11) 祖母の**長唄**を聴く。（　　）

(12) **憂鬱**な気分になる。（　　）

(13) **怨恨**による犯行。（　　）
うらむこと

(14) **怨念**を抱く。（　　）
深くうらみに思う気持ち

(15) **妖艶**な魅力の女優。（　　）
あやしいほどになまめかしく美しいこと

(16) **色艶**に欠ける話。（　　）

(17) 食欲が**旺盛**だ。（　　）

(18) **臆病**な性格。（　　）

(19) **俺**の意見を聞け。（　　）

(20) **苛酷**な環境に耐える。（　　）

(21) 敵の**牙城**に迫る。（　　）
ある組織や勢力などの中心となる場所

(22) 幕府体制が**瓦解**する。（　　）

(23) **楷書**で氏名を書く。（　　）

(24) 胃**潰瘍**で入院する。（　　）

(25) **俳諧**を志す。（　　）
日本文学の一形式で、俳諧連歌の略

(26) **断崖**絶壁。（　　）

(27) 臭いものに**蓋**をする。（　　）

(28) 動物の**死骸**。（　　）

(29) **柿**の実を食う。（　　）

(30) **顎**が痛い。（　　）

(31) 親子の**葛藤**を描く。（　　）
人と人が対立し、いがみあうこと

(32) 同じ**釜**の飯を食う。（　　）

(33) **鎌**で草を刈る。（　　）

(34) **韓国**を旅する。（　　）

(35) 子に**玩具**を与える。（　　）

(36) **歌舞伎**の歴史を学ぶ。（　　）

(37) 関係に**亀裂**が生じる。（　　）

(38) 名誉**毀損**で訴える。（　　）
体面、利益などをそこなうこと

(39) **近畿**地方の郷土料理。（　　）

(40) 肩を**脱臼**する。（　　）

(41) **嗅覚**が発達する。（　　）

(42) 防災**頭巾**を作る。（　　）

(43) **僅差**で試合に敗れる。（　　）

(44) **僅**かに難を逃れた。（　　）

(45) **錦絵**を飾る。（　　）

(46) 将来を**危惧**する。（　　）
心配しおそれること

(47) うなぎの**串**焼き。（　　）

(48) 悪の**巣窟**となる。（　　）

(49) 古寺に**参詣**する。（　　）
寺や神社におまいりすること

(50) 若者の**憧憬**の的。（　　）

まめトライ

問 医学関係の言葉の漢字を読んでみよう。

○脱臼

○頭蓋骨

○顎関節

答 だっきゅう・ずがいこつ・がくかんせつ

(1) 朝の**アイサツ**。
(2) 説明が**アイマイ**だ。
(3) 手紙に**あてさき**を書く。
(4) **すなあらし**が吹き荒れる。
(5) **イケイ**の念を抱く。（崇高なものとしておそれうやまうこと）
(6) 人前で**イシュク**する。
(7) **イス**に腰かける。
(8) 英語の**ゴイ**を増やす。（ある言語、地域、人などに用いられる語の全体）
(9) 耳鼻**インコウ**科に通う。
(10) **インコウ**を規制する。
(11) 祖母の**ながうた**を聴く。
(12) **ユウウツ**な気分になる。
(13) **エンコン**による犯行。
(14) **オンネン**を抱く。
(15) **ヨウエン**な魅力の女優。
(16) **いろつや**に欠ける話。
(17) 食欲が**オウセイ**だ。
(18) **オクビョウ**な性格。
(19) **おれ**の意見を聞け。
(20) **カコク**な環境に耐える。（無慈悲であまりにもむごいさま）
(21) 敵の**ガジョウ**に迫る。
(22) 幕府体制が**ガカイ**する。（一部のくずれから全体がこわれること）
(23) **カイショ**で氏名を書く。
(24) 面目を**つぶ**す。
(25) **ハイカイ**を志す。
(26) **ダンガイ**絶壁。（けわしく切り立ったがけのこと）
(27) 臭いものに**ふた**をする。
(28) 動物の**シガイ**。
(29) **かき**の実を食う。
(30) **あご**が痛い。
(31) 親子の**カットウ**を描く。
(32) 同じ**かま**の飯を食う。
(33) **かま**で草を刈る。
(34) **カンコク**を旅する。
(35) 子に**ガング**を与える。（おもちゃ）
(36) **カブキ**の歴史を学ぶ。
(37) 関係に**キレツ**が生じる。（割れ目、ひび割れ）
(38) 名誉**キソン**で訴える。
(39) **キンキ**地方の郷土料理。
(40) 肩を**ダッキュウ**する。
(41) **キュウカク**が発達する。
(42) 防災**ズキン**を作る。
(43) **キンサ**で試合に敗れる。（わずかの差）
(44) **わず**かに難を逃れた。
(45) **にしきエ**を飾る。
(46) 将来を**キグ**する。
(47) うなぎの**くし**焼き。
(48) 悪の**ソウクツ**となる。（隠れ住む場所）
(49) 古寺に**サンケイ**する。
(50) 若者の**ショウケイ**の的。（あこがれの気持ち）

まめトライ

問 □に漢字を入れて四字熟語を完成させよう。

□斂誅□（かれんちゅうきゅう） 税金などをきびしく取り立てること。また、そのような苛酷な政治をいう。

□毛兎□（きもうとかく） 亀の毛と兎の角の意で、あるはずのない物事のたとえ。

□昧□糊（あいまいもこ） 物事がはっきりせず、ぼんやりしているさまをいう。

熟□□味（じゅくどくがんみ） 文章の内容をよく理解し、深く味わうこと。

答 苛・求、亀・角、曖・模、読・玩

2級

漢字	読み	部首・画数	筆順	用例
◆稽	ケイ (稽)	禾 15	千 禾 秆 秒 稔 稽 稽 稽	稽古（ケイコ） 滑稽（コッケイ）
隙	ゲキ すき	阝 13	阝 阝' 阝'' 阝'' 阝" 阝" 隙 隙	間隙（カンゲキ） 隙間（すきま）
桁	けた	木 10	一 木 木' 杤 桁 桁 桁 桁	桁違い（けたちがい） 橋桁（はしげた）
拳	ケン こぶし	手 10	丷 兰 乂 关 类 巻 拳 拳	拳銃（ケンジュウ） 拳法（ケンポウ） 握り拳（にぎりこぶし）
鍵	ケン かぎ	金 17	金 金 金 金 釒 鍵 鍵 鍵	鍵盤（ケンバン） 鍵穴（かぎあな）
舷	ゲン	舟 11	丿 介 舟 舟 舟' 舟' 舷 舷	舷側（ゲンソク） 右舷（ウゲン）
股	コ また	月 8	丿 月 月 月 肌 肌 股 股	股間（コカン） 股関節（コカンセツ） 内股（うちまた） 大股（おおまた）
虎	コ とら	虍 8	丨 ト 广 广 卢 庐 虎 虎	虎穴（コケツ） 猛虎（モウコ） 虎（とら）
錮	コ	金 16	金 金 金 釗 釦 錮 錮 錮	禁錮（キンコ）
勾	コウ	勹 4	ノ 勹 勾 勾	勾配（コウバイ） 勾留（コウリュウ）
梗	コウ	木 11	十 木 木 杠 栢 栢 梗 梗	心筋梗塞（シンキンコウソク） 脳梗塞（ノウコウソク）

漢字	読み	部首・画数	筆順	用例
喉	コウ のど	口 12	口 口' 吖 吖 吖 喉 喉 喉	喉頭（コウトウ） 咽喉（インコウ） 喉（のど） 喉元（のどもと）
乞	こう	乙 3	ノ 𠂉 乞	乞うご期待（こうごキタイ） 命乞い（いのちごい）
傲	ゴウ	亻 13	亻 仹 佳 佳 傲 傲 傲 傲	傲然（ゴウゼン） 傲慢（ゴウマン）
駒	こま	馬 15	丨 厂 F 馬 馬 馬 駒 駒	持ち駒（もちごま）
頃	ころ	頁 11	丶 匕 匕 匕 匕 頃 頃 頃	頃合い（ころあい） 日頃（ひごろ）
痕	コン あと	疒 11	亠 广 疒 疒 疔 疸 痕 痕	痕跡（コンセキ） 血痕（ケッコン） 爪痕（つめあと） 傷痕（きずあと・ショウコン）
沙	サ	氵 7	丶 丶 氵 氵 沙 沙 沙	沙汰（サタ）
挫	ザ	扌 10	十 扌 扌 扌 扌 扌 挫 挫	挫折（ザセツ） 頓挫（トンザ）
采	サイ	釆 8	一 ㇒ ㇒ ㇒ ㇒ 平 采 采	采配（サイハイ） 喝采（カッサイ）
塞	サイ ソク ふさぐ ふさがる	土 13	宀 宀 宀 宀 宑 宑 寒 塞	要塞（ヨウサイ） 梗塞（コウソク） 閉塞（ヘイソク） 塞ぐ（ふさぐ） 塞がる（ふさがる）

漢字	読み	部首・画数	筆順	用例
柵	サク	木 9	十 オ 木 木 机 柵 柵 柵	鉄柵（テッサク）
刹	サツ セツ	刂 8	ノ メ 㐅 彡 杀 杀 刹 刹	古刹（コサツ） 名刹（メイサツ） 刹那（セツナ）
拶	サツ	扌 9	十 扌 扌 扌 拶 拶 拶 拶	挨拶（アイサツ）
斬	ザン きる	斤 11	百 亘 車 車 斬 斬 斬 斬	斬殺（ザンサツ） 斬新（ザンシン） 斬る（きる）
恣	シ	心 10	冫 ⺡ 次 次 次 恣 恣 恣	恣意的（シイテキ）
摯	シ	手 15	土 幸 幸 執 執 執 摯 摯	真摯（シンシ）
餌	ジ えさ え (餌)	𩙿 15	𠆢 今 쇠 食 食 飣 餌 餌	好餌（コウジ） 食餌（ショクジ） 餌（えさ） 餌食（えジキ）
叱	シツ しかる	口 5	丨 口 口 口 叱	叱責（シッセキ） 叱る（しかる）
嫉	シツ	女 13	く 女 女 女 女 女 嫉 嫉	嫉妬（シット）
腫	シュ はれる はらす	月 13	丿 月 月 月 脂 脂 腫 腫	腫瘍（シュヨウ） 筋腫（キンシュ） 肉腫（ニクシュ） 腫れる（はれる） 腫らす（はらす）
呪	ジュ のろう	口 8	丨 口 口 口 叩 叩 呪 呪	呪縛（ジュバク） 呪文（ジュモン） 呪う（のろう）

漢字	読み	部首・画数	筆順	用例
袖	シュウ そで	衤 10	礻 礻 礻 衤 衤 袖 袖 袖	領袖（リョウシュウ） 半袖（ハンそで） 袖（そで）
羞	シュウ	羊 11	丷 䒑 兰 羊 差 差 羞 羞	羞恥心（シュウチシン）
蹴	シュウ ける	𧾷 19	口 早 𧾷 𧾷 蹄 蹄 蹴 蹴	一蹴（イッシュウ） 蹴る（ける） 蹴散らす（けちらす）
憧	ショウ あこがれる	忄 15	忄 忙 忙 忙 憧 憧 憧 憧	憧憬（ショウケイ・ドウケイ） 憧れる（あこがれる）
拭	ショク ふく ぬぐう	扌 9	十 扌 扌 扌 扩 扩 拭 拭	払拭（フッショク） 拭く（ふく） 手拭い（てぬぐい） 拭う（ぬぐう）
尻	しり	尸 5	一 コ 尸 尸 尻	尻（しり） 尻込み（しりごみ） 目尻（めじり） 尻尾（しっぽ）
芯	シン	艹 7	一 十 艹 艹 芯 芯 芯	鉛筆の芯（エンピツのシン）
腎	ジン	肉 13	丨 厂 𠂢 臣 臤 臤 腎 腎	腎臓（ジンゾウ） 肝腎（カンジン）
須	ス	頁 12	ノ 彡 彡 须 須 須 須 須	必須（ヒッス）
裾	すそ	衤 13	礻 礻 衤 衤 衤 裾 裾 裾	裾（すそ） 裾野（すその）
凄	セイ	冫 10	冫 冫 汀 沪 凄 凄 凄 凄	凄惨（セイサン） 凄絶（セイゼツ）
醒	セイ	酉 16	一 丌 两 西 酉 酉 醒 醒	覚醒（カクセイ）
脊	セキ	肉 10	ノ 人 人 人 夫 夫 脊 脊	脊髄（セキズイ） 脊柱（セキチュウ）

(1) 滑稽な話をする。（おかしかったりばかばかしかったりすること）
(2) 間隙を突いた攻撃。（時間的・空間的なすきま）
(3) 桁違いの迫力。
(4) 拳銃を規制する。
(5) 両手で握り拳を作る。
(6) ピアノの鍵盤。
(7) 船が右舷に傾く。
(8) 大股で歩いて行く。
(9) 虎の威を借る狐。
(10) 禁錮刑に処する。
(11) 急勾配を登る。（傾斜のこと）
(12) 脳梗塞で倒れる。
(13) 喉頭がんを患う。
(14) 喉越しのよいビール。
(15) 命乞いをする。
(16) 傲慢な態度をとる。
(17) 持ち駒を使い切る。
(18) 子どもの頃の思い出。
(19) 痕跡をとどめる。（形跡）
(20) 正気の沙汰ではない。
(21) 計画が頓挫する。（計画や事業などがとちゅうで行き詰まること）
(22) 喝采を浴びる。
(23) 采配を振る。
(24) 閉塞した時代。
(25) あいた口が塞がらない。
(26) 建物を鉄柵で囲う。
(27) 古刹に詣でる。
(28) 挨拶を交わす。
(29) 斬新な色の服。（着想が新しく珍しいさま）
(30) 恣意的な解釈。（思いつきで気ままな考え）
(31) 真摯に努力する。
(32) 悪人の餌食にされる。
(33) 上司に叱責される。（しかりとがめること）
(34) 才能に嫉妬する。
(35) 悪性腫瘍ができる。
(36) 呪文を唱える。
(37) 半袖の服を着る。
(38) 羞恥心を感じる。
(39) 敵を一蹴する。（簡単に相手を負かすこと）
(40) 敵を蹴散らす。
(41) 歌手に憧れる。
(42) 不安を払拭する。（すべてぬぐい去ること）
(43) 目尻を下げる。
(44) りんごの芯を除く。
(45) 腎臓病の治療。
(46) 成功の必須条件。
(47) 上着の裾をつめる。
(48) 凄惨な事故現場。（いたましい様子）
(49) 才能が覚醒する。
(50) 脊髄を損傷する。

まめトライ

問 次のことわざの□にあてはまる漢字を書こう。

□穴に入らずんば□児を得ず（穴＝けつ、入＝い、児＝じ、得＝え）

※二つの□には同じ漢字が入る。

危険を冒さなければ望んだ成果が得られないことのたとえ。

瓢箪から□が出る（瓢箪＝ひょうたん）

冗談半分で言ったことが思いがけず実現することのたとえ。

答 虎、駒

2級

(1) **コッケイ**な話をする。
(2) 障子から**すきま**風が入る。
(3) **けた**違いの迫力。
(4) **ケンジュウ**を規制する。
(5) 両手で握り**こぶし**を作る。
(6) 事件の**かぎ**を握る人物。
(7) 船が**ウゲン**に傾く。（船尾から船首に向かい右側の船ばた）
(8) **オオマタ**で歩いて行く。
(9) **とら**の威を借る狐。
(10) **キンコ**刑に処する。
(11) 急**コウバイ**を登る。
(12) **ノウコウソク**で倒れる。
(13) **コウトウ**がんを患う。
(14) **のど**越しのよいビール。
(15) 命（いのち）**ご**いをする。
(16) **ゴウマン**な態度をとる。（おごりたかぶり人を見下すこと）
(17) 持ち**ごま**を使い切る。
(18) 子どもの**ころ**の思い出。
(19) **コンセキ**をとどめる。
(20) 正気の**サタ**ではない。（行為）
(21) 計画が**トンザ**する。
(22) **カッサイ**を浴びる。
(23) **サイハイ**を振る。
(24) **ヘイソク**した時代。（閉ざされてふさがれること）
(25) あいた口が**ふさ**がらない。
(26) 建物を**テッサク**で囲う。
(27) **コサツ**に詣でる。（由緒のある古い寺）
(28) **アイサツ**を交わす。
(29) **ザンシン**な色の服。
(30) **シイ**的な解釈。
(31) **シンシ**に努力する。（ひたむきでまじめなこと）
(32) 悪人の**えジキ**にされる。（欲望や利益のための犠牲となるもの）
(33) 上司に**シッセキ**される。
(34) 才能に**シット**する。
(35) 悪性**シュヨウ**ができる。
(36) **ジュモン**を唱える。
(37) **ハンそで**の服を着る。
(38) **シュウチシン**を感じる。
(39) 敵を**け**散らす。
(40) 歌手に**あこが**れる。
(41) 不安を**フッショク**する。
(42) 思わず**しりご**みする。
(43) **めじり**を下げる。
(44) りんごの**シン**を除く。
(45) **ジンゾウ**病の治療。
(46) 成功の**ヒッス**条件。
(47) 上着の**すそ**をつめる。
(48) **セイサン**な事故現場。
(49) 才能が**カクセイ**する。（目を覚ますこと）
(50) **セキズイ**を損傷する。

まめ知識

形は似てるが…

「礻（しめすへん）」は「示」で神の意味があるから、社、祈など。「衤（ころもへん）」は「衣」で衣服の意味があるから、被、袖など。意味の違いをおぼえて迷わないようにしましょう。

漢字	読み	部首・画数	用例
戚	セキ	戈 11	親戚(シンセキ)
煎	セン / いる (煎)	灬 13	煎茶(センチャ) 煎る(いる) 煎り豆(いりまめ)
羨	セン / うらやむ / うらやましい	羊 13	羨望(センボウ) 羨む(うらやむ) 羨ましい(うらやましい)
腺	セン	月 13	前立腺(ゼンリツセン) 涙腺(ルイセン)
詮	セン (詮)	言 13	詮索(センサク) 所詮(ショセン)
箋	セン (箋)	竹 14	処方箋(ショホウセン) 便箋(ビンセン)
膳	ゼン	月 16	膳(ゼン) 配膳(ハイゼン)
狙	ソ / ねらう	犭 8	狙撃(ソゲキ) 狙う(ねらう) 狙い(ねらい)
遡	ソ / さかのぼる (遡)	辶 14	遡及(ソキュウ) 遡上(ソジョウ) 遡る(さかのぼる)
曽	ソウ / ゾ	日 11	曽祖父(ソウソフ) 曽孫(ソウソン) 未曽有(ミゾウ)

漢字	読み	部首・画数	用例
爽	ソウ / さわやか	大 11	爽快(ソウカイ) 爽やかだ(さわやかだ)
痩	ソウ / やせる	疒 12	痩身(ソウシン) 痩せる(やせる)
踪	ソウ	𧾷 15	失踪(シッソウ)
捉	ソク / とらえる	扌 10	捕捉(ホソク) 捉える(とらえる)
遜	ソン (遜)	辶 14	謙遜(ケンソン) 不遜(フソン)
汰	タ	氵 7	沙汰(サタ)
唾	ダ / つば	口 11	唾液(ダエキ) 唾棄(ダキ) 眉唾(まゆつば) 固唾(かたず)
堆	タイ	土 11	堆積(タイセキ) 堆肥(タイヒ)
戴	タイ	戈 17	戴冠(タイカン) 頂戴(チョウダイ)
誰	だれ	言 15	誰(だれ)
旦	タン / ダン	日 5	一旦(イッタン) 元旦(ガンタン) 旦那(ダンナ)

漢字	読み	部首・画数	用例
綻	タン / ほころびる	糸 14	破綻(ハタン) 綻びる(ほころびる)
緻	チ	糸 16	緻密(チミツ) 精緻(セイチ)
酎	チュウ	酉 10	焼酎(ショウチュウ)
貼	チョウ / はる	貝 12	貼付(チョウフ・テンプ) 貼る(はる)
嘲	チョウ / あざける (嘲)	口 15	嘲笑(チョウショウ) 自嘲(ジチョウ) 嘲る(あざける)
捗	チョク (捗)	扌 10	進捗(シンチョク)
椎	ツイ	木 12	椎間板(ツイカンバン) 脊椎(セキツイ)
爪	つめ / つま	爪 4	爪(つめ) 生爪(なまづめ) 爪先(つまさき) 爪弾く(つまびく)
鶴	つる	鳥 21	鶴(つる) 千羽鶴(センばづる)
諦	テイ / あきらめる	言 16	諦観(テイカン) 諦念(テイネン) 諦める(あきらめる)
溺	デキ / おぼれる (溺)	氵 13	溺愛(デキアイ) 溺死(デキシ) 溺れる(おぼれる)
填	テン (塡)	土 13	装填(ソウテン) 補填(ホテン)
妬	ト / ねたむ	女 8	嫉妬(シット) 妬む(ねたむ)

漢字	読み	部首・画数	用例
賭	ト / かける (賭)	貝 16	賭場(トば) 賭博(トバク) 賭ける(かける) 賭け(かけ)
藤	トウ / ふじ	艹 18	葛藤(カットウ) 藤(ふじ) 藤色(ふじいろ)
瞳	ドウ / ひとみ	目 17	瞳孔(ドウコウ) 瞳(ひとみ)
頓	トン	頁 13	頓着(トンチャク・トンジャク) 整頓(セイトン)
貪	ドン / むさぼる	貝 11	貪欲(ドンヨク) 貪る(むさぼる)
丼	どんぶり / どん	丶 5	丼(どんぶり) 丼飯(どんぶりめし) 牛丼(ギュウどん) 天丼(テンどん)
那	ナ	阝 7	刹那(セツナ) 旦那(ダンナ)
謎	なぞ (謎)	言 17	謎解き(なぞとき)
鍋	なべ	金 17	鍋(なべ) 鍋料理(なべリョウリ)
匂	におう	勹 4	匂う(におう) 匂い(におい)
虹	にじ	虫 9	虹色(にじいろ)
捻	ネン	扌 11	捻挫(ネンザ) 捻出(ネンシュツ)
罵	バ / ののしる	罒 15	罵声(バセイ) 罵倒(バトウ) 罵る(ののしる)

(1) 盆に**親戚**が集まる。（　　）
(2) **煎茶**を飲む。（　　）
(3) **羨望**の的となる。（　　）
(4) **涙腺**がゆるむ。（　　）
(5) 過去を**詮索**する。（　　）　調べ求めること
(6) **所詮**は子供だ。（　　）
(7) **便箋**に思いを綴る。（　　）
(8) 旅館の**配膳**係。（　　）
(9) 犯人を**狙撃**する。（　　）
(10) 鮭が**遡上**する。（　　）　流れをさかのぼっていくこと
(11) **未曽有**の大惨事となる。（　　）
(12) **爽快**な気分になる。（　　）
(13) 病気で**痩**せ細る。（　　）
(14) 容疑者が**失踪**する。（　　）
(15) 敵を**捕捉**する。（　　）　つかまえること
(16) **謙遜**した話し方。（　　）
(17) 地獄の**沙汰**も金次第。（　　）
(18) **眉唾**ものの話だ。（　　）　だまされぬよう用心する
(19) 火山灰が**堆積**する。（　　）

(20) 品物を**頂戴**する。（　　）
(21) **誰**かに助けを求める。（　　）
(22) **一旦**休憩しよう。（　　）
(23) 経営が**破綻**する。（　　）　物事が修復できない状態に陥ること
(24) **緻密**な作業。（　　）
(25) **焼酎**を飲む。（　　）
(26) 切手を**貼付**する。（　　）
(27) 皆の**嘲笑**を買う。（　　）　あざわらうこと
(28) 作業が**進捗**する。（　　）　物事がはかどること
(29) **脊椎**を傷める。（　　）
(30) **爪**に火をともす。（　　）　非常にけちなことのたとえ
(31) **鶴**が飛来する。（　　）
(32) 時代を**諦観**する。（　　）　本質をしっかりと見極めること
(33) 登頂を**諦**める。（　　）
(34) 海で**溺**れる。（　　）
(35) 損失を**補塡**する。（　　）　不足、欠損部分を補ってうめること
(36) **嫉妬**深い性格。（　　）
(37) 人の才能を**妬**む。（　　）
(38) **賭博**罪に問われる。（　　）

(39) **藤色**の着物を着る。（　　）
(40) **瞳孔**が開く。（　　）
(41) 机の上を**整頓**する。（　　）
(42) 彼は**貪欲**な男だ。（　　）
(43) 飯を**丼**に盛る。（　　）
(44) **刹那**的に生きる。（　　）
(45) **謎**かけをする。（　　）
(46) **鍋**で調理する。（　　）
(47) 花の**匂**いがする。（　　）
(48) 空に**虹**が架かる。（　　）
(49) 費用を**捻出**する。（　　）
(50) **罵声**を浴びせる。（　　）

まめトライ

問 □に共通してあてはまる漢字を答えよう。

・**□岡八幡宮**
　神奈川県鎌倉市にある神社。
・**□は千年亀は万年**
　寿命が長くてめでたいこと。祝いの言葉としていう。
・**□の一声**
　大勢で議論して決まらなかったことを、即座に決めてしまうような権力者や権威者の一言。

答 鶴

(1) 盆に**シンセキ**が集まる。
(2) **センチャ**を飲む。
(3) **センボウ**の的となる。（人をうらやましく思うこと）
(4) **ルイセン**がゆるむ。
(5) 過去を**センサク**する。
(6) **ショセン**は子供だ。
(7) **ビンセン**に思いを綴る。
(8) 旅館の**ハイゼン**係。
(9) 犯人を**ソゲキ**する。
(10) 鮭が**ソジョウ**する。
(11) **ミゾウ**の大惨事となる。（今まで一度もなかったようなこと）
(12) **ソウカイ**な気分になる。
(13) 病気で**やせ**細る。
(14) 容疑者が**シッソウ**する。（行方をくらますこと）
(15) 敵を**ホソク**する。
(16) **ケンソン**した話し方。（へりくだること）
(17) 地獄の**サタ**も金次第。
(18) **まゆつば**ものの話だ。
(19) 火山灰が**タイセキ**する。
(20) 品物を**チョウダイ**する。
(21) **だれ**かに助けを求める。
(22) **イッタン**休憩しよう。
(23) 経営が**ハタン**する。
(24) **チミツ**な作業。（細かいところまで手落ちがないこと）
(25) **ショウチュウ**を飲む。
(26) 切手を**チョウフ**する。
(27) 皆の**チョウショウ**を買う。
(28) 作業が**シンチョク**する。
(29) **セキツイ**を傷める。
(30) **つめ**に火をともす。
(31) **つる**が飛来する。
(32) 時代を**テイカン**する。
(33) 登頂を**あきら**める。
(34) 子を**デキアイ**する。（むやみにかわいがること）
(35) 損失を**ホテン**する。
(36) **シット**深い性格。
(37) 人の才能を**ねた**む。
(38) **トバク**罪に問われる。
(39) **ふじいろ**の着物を着る。
(40) つぶらな**ひとみ**。
(41) 服に**トンチャク**しない。（気にかけてこだわること）
(42) **むさぼ**るように食べた。
(43) 飯を**どんぶり**に盛る。
(44) **セツナ**的に生きる。（きわめて短い時間のこと）
(45) **なぞ**かけをする。
(46) **なべ**で調理する。
(47) 花の**におい**がする。
(48) 空に**にじ**が架かる。
(49) 費用を**ネンシュツ**する。（やりくりして時間や費用を都合すること）
(50) 相手を**バトウ**する。

まめトライ

問 次の言葉のなかで誤って使われている同じ読みの漢字を一字見つけ、正しい漢字に直してみよう。

○心筋梗促 誤□→正□
○前立線 誤□→正□
○経営破端 誤□→正□
○自張気味 誤□→正□
○失走事件 誤□→正□

答 促→塞、線→腺、端→綻、張→嘲、走→踪

2級

漢字	読み	部首・画数	用例
◆剝（剥）	ハク、はがす、はぐ、はがれる、はげる	刂 10	剝製（ハクセイ）、剝奪（ハクダツ）、剝がす（は）、剝ぐ（は）、剝がれる（は）、剝げる（は）
◆箸（箸）	はし	竹 15	箸置き（はしお）
氾	ハン	氵 5	氾濫（ハンラン）
汎	ハン	氵 6	汎用（ハンヨウ）
斑	ハン	文 12	斑点（ハンテン）、斑状組織（ハンジョウソシキ）
眉	ビ、ミ、まゆ	目 9	眉目（ビモク）、焦眉（ショウビ）、眉間（ミケン）、眉毛（まゆげ）
膝	ひざ	月 15	膝掛け（ひざか）、膝頭（ひざがしら）
肘	ひじ	月 7	肘鉄砲（ひじデッポウ）、肘掛け（ひじか）
訃	フ	言 9	訃報（フホウ）
◆蔽（蔽）	ヘイ	艹 15	隠蔽（インペイ）

漢字	読み	部首・画数	用例
◆餅（餅）	ヘイ、もち	食 15	煎餅（センベイ）、尻餅（しりもち）
璧	ヘキ	玉 18	完璧（カンペキ）、双璧（ソウヘキ）
蔑	ベツ、さげすむ	艹 14	蔑視（ベッシ）、軽蔑（ケイベツ）、蔑む（さげす）
哺	ホ	口 10	哺乳類（ホニュウルイ）
蜂	ホウ、はち	虫 13	蜂起（ホウキ）、蜜蜂（ミツばち）
貌	ボウ	豸 14	変貌（ヘンボウ）、美貌（ビボウ）
◆頰（頬）	ほお	頁 16	頰（ほお）、頰張る（ほおば）
睦	ボク	目 13	親睦（シンボク）、和睦（ワボク）
勃	ボツ	力 9	勃興（ボッコウ）、勃発（ボッパツ）
昧	マイ	日 9	曖昧（アイマイ）、三昧（サンマイ）
枕	まくら	木 8	枕木（まくらぎ）、枕元（まくらもと）

漢字	読み	部首・画数	用例
蜜	ミツ	虫 14	蜜豆（ミツまめ）、蜜月（ミツゲツ）、蜂蜜（はちミツ）
冥	メイ、ミョウ	冖 10	冥福（メイフク）、冥加（ミョウガ）、冥利（ミョウリ）
麺	メン	麦 16	麺類（メンルイ）
冶	ヤ	冫 7	冶金（ヤキン）、陶冶（トウヤ）、鍛冶（かじ）
弥	や	弓 8	弥生（やよい）
闇	やみ	門 17	闇夜（やみよ）、暗闇（くらやみ）
◆喩（喻）	ユ	口 12	比喩（ヒユ）、隠喩（インユ）
湧	ユウ、わく	氵 12	湧水（ユウスイ）、湧出（ユウシュツ）、湧く（わ）
妖	ヨウ、あやしい	女 7	妖怪（ヨウカイ）、妖艶（ヨウエン）、妖しい（あや）
瘍	ヨウ	疒 14	潰瘍（カイヨウ）、腫瘍（シュヨウ）
沃	ヨク	氵 7	肥沃（ヒヨク）
拉	ラ	扌 8	拉致（ラチ）
辣	ラツ	辛 14	辣腕（ラツワン）、辛辣（シンラツ）

漢字	読み	部首・画数	用例
藍	ラン、あい	艹 18	出藍（シュツラン）、藍色（あいいろ）、藍染め（あいぞ）
璃	リ	王 14	浄瑠璃（ジョウルリ）、瑠璃色（ルリいろ）
慄	リツ	忄 13	慄然（リツゼン）、戦慄（センリツ）
侶	リョ	亻 9	僧侶（ソウリョ）、伴侶（ハンリョ）
瞭	リョウ	目 17	明瞭（メイリョウ）
瑠	ル	王 14	浄瑠璃（ジョウルリ）、瑠璃色（ルリいろ）
呂	ロ	口 7	風呂（フロ）、語呂（ゴロ）
賂	ロ	貝 13	賄賂（ワイロ）
弄	ロウ、もてあそぶ	廾 7	愚弄（グロウ）、翻弄（ホンロウ）、弄ぶ（もてあそ）
籠	ロウ、かご、こもる	竹 22	籠城（ロウジョウ）、籠（かご）、籠もる（こ）
麓	ロク、ふもと	木 19	山麓（サンロク）、麓（ふもと）
脇	わき	月 10	脇腹（わきばら）、両脇（リョウわき）

(1) 狼の**剝製**。（　　）
(2) ポスターを**剝**がす。（　　）
(3) **箸**で食事する。（　　）
(4) 川が**氾濫**する。（　　）
(5) **汎用**機械。（　　）
(6) 肌に**斑点**ができる。（　　）
(7) **眉毛**をととのえる。（　　）
(8) **膝**の関節を傷める。（　　）
(9) **肘**掛けにもたれる。（　　）
(10) 恩師の**訃報**に接する。（　　）
人の死去の知らせ
(11) 事実を**隠蔽**する。（　　）
事の真相などをおおい隠すこと
(12) **尻餅**をつく。（　　）
(13) **完璧**な出来栄え。（　　）
(14) **軽蔑**した笑い。（　　）
(15) 人間は**哺乳類**だ。（　　）
(16) 民衆が**蜂起**する。（　　）
(17) 町の姿が**変貌**する。（　　）
(18) 思わず**頰**が緩む。（　　）
(19) **親睦**を深める。（　　）

(20) 戦争が**勃発**する。（　　）
(21) 釣り**三昧**の生活。（　　）
そのことに熱中すること
(22) **枕**を高くして眠る。（　　）
(23) 甘い**蜜**をすする。（　　）
(24) 教師**冥利**に尽きる。（　　）
(25) 昼食は**麺**類にする。（　　）
(26) 人格を**陶冶**する。（　　）
性質や能力を引き出し育てること
(27) **弥生**時代の遺跡。（　　）
(28) **暗闇**に潜む。（　　）
(29) **比喩**表現を用いる。（　　）
(30) 温泉が**湧出**する。（　　）
(31) 日本古来の**妖怪**。（　　）
(32) **腫瘍**を取り除く。（　　）
(33) **肥沃**な土地。（　　）
(34) 邦人が**拉致**される。（　　）
(35) **辣腕**を振るう。（　　）
すご腕なこと
(36) **出藍**の誉れ。（　　）
(37) 人形**浄瑠璃**をみる。（　　）
(38) **戦慄**が走る。（　　）
おそろしさで体が震えること

(39) 人生の**伴侶**を得る。（　　）
一緒に連れ立っていく者
(40) 発音が**明瞭**だ。（　　）
(41) **瑠璃**色の地球。（　　）
(42) 熱い**風呂**に入る。（　　）
(43) **語呂**がいい言葉。（　　）
(44) **賄賂**を贈る。（　　）
不正な目的のために贈る金品などのこと
(45) 人を**愚弄**する。（　　）
(46) **籠城**作戦をとる。（　　）
(47) 買い物**籠**を持って行く。（　　）
(48) 富士**山麓**の町。（　　）
(49) **脇腹**を傷める。（　　）
(50) 荷物を**両脇**に抱える。（　　）

まめトライ

問 次の身近な言葉の漢字を書こう。
①てぬぐい ②めいし
③はし ④やかん
⑤ふろ ⑥どんぶり
⑦きゅうす ⑧ふろしき

答 ①**手拭（い）** ②**名刺** ③**箸** ④**薬缶** ⑤**風呂** ⑥**丼** ⑦**急須** ⑧**風呂敷**

(1) 狼の**ハクセイ**。
(2) ポスターを**は**がす。
(3) **はし**で食事する。
(4) 川が**ハンラン**する。（洪水になること）
(5) **ハンヨウ**機械。（広くいろいろな方面に用いること）
(6) 肌に**ハンテン**ができる。
(7) **まゆげ**をととのえる。
(8) **ひざ**の関節を傷める。
(9) **ひじ**掛けにもたれる。
(10) 恩師の**フホウ**に接する。
(11) 事実を**インペイ**する。
(12) **しりもち**をつく。
(13) **カンペキ**な出来栄え。
(14) **ケイベツ**した笑い。
(15) 人間は**ホニュウルイ**だ。
(16) 民衆が**ホウキ**する。（大勢がいっせいに行動を起こすこと）
(17) 町の姿が**ヘンボウ**する。
(18) 思わず**ほお**が緩む。
(19) **シンボク**を深める。（仲良くすること）
(20) 戦争が**ボッパツ**する。（事件などが突然起こる様子）
(21) 釣り**ザンマイ**の生活。
(22) **まくら**を高くして眠る。
(23) 甘い**ミツ**をすする。
(24) 教師**ミョウリ**に尽きる。（立場や境遇において受ける恩恵）
(25) 昼食は**メン**類にする。
(26) 人格を**トウヤ**する。
(27) **やよい**時代の遺跡。
(28) **くらやみ**に潜む。
(29) **ヒユ**表現を用いる。
(30) 温泉が**ユウシュツ**する。（わきでること）
(31) 日本古来の**ヨウカイ**。
(32) **シュヨウ**を取り除く。
(33) **ヒヨク**な土地。（農作物がよく育つ肥えた土地）
(34) 邦人が**ラチ**される。
(35) **シンラツ**な批評。
(36) **あいぞめ**の着物。
(37) 人形**ジョウルリ**をみる。
(38) 事の重大さに**リツゼン**とする。
(39) 人生の**ハンリョ**を得る。
(40) 発音が**メイリョウ**だ。
(41) **ルリいろ**の地球。
(42) 熱い**フロ**に入る。
(43) **ゴロ**がいい言葉。
(44) **ワイロ**を贈る。
(45) 敵を**ホンロウ**する。
(46) **ロウジョウ**作戦をとる。（城などにたてこもること）
(47) 買い物**かご**を持って行く。
(48) 富士**サンロク**の町。
(49) **わきばら**を傷める。
(50) 荷物を**リョウわき**に抱える。

まめトライ

問 対義語になるように□に漢字を書こう。

○尊敬 ↕ 軽□
○抗争 ↕ 親□
○明確 ↕ 曖□
○不毛 ↕ 肥□

答 蔑、睦、昧、沃

同音異字

●次の太字をそれぞれ漢字に直しなさい。

□(1)
①政治家の**イコウ**をかさに着る。
②**イコウ**を無視して事を進める。
③推理作家の**イコウ**が見つかった。

□(2)
①**イジョウ**事態が発生する。
②特に**イジョウ**はない。

□(3)
①**エイセイ**的な環境。
②人工**エイセイ**を打ち上げる。
③スイスは**エイセイ**中立国だ。

□(4)
①**カイシン**の作が出来上がった。
②被告は**カイシン**することを誓った。
③院長が定期的に**カイシン**をする。

□(5)
①体育館を**カイホウ**する。
②束縛から**カイホウ**する。
③病人を**カイホウ**する。

□(6)
①間違いはないと**カクシン**する。
②物事の**カクシン**に迫る。
③**カクシン**的な方法を取り入れる。

□(7)
①注意を**カンキ**する。
②部屋の**カンキ**をする。
③日本列島を**カンキ**が襲う。

□(8)
①子供の行動に**カンショウ**する。
②**カンショウ**魚を飼う。
③西洋の絵画を**カンショウ**する。
④**カンショウ**的な気持ちになる。

□(9)
①歴史に**カンシン**を持つ。
②相手の**カンシン**を買う。
③熱心な仕事ぶりに**カンシン**する。

□(10)
①精密**キカイ**を扱う仕事。
②**キカイ**体操に挑戦する。
③またの**キカイ**に会おう。

□(11)
①**キセイ**概念を持つ。
②交通**キセイ**による渋滞。
③空港内は**キセイ**客でにぎわう。
④**キセイ**品の洋服を買う。

□(12)
①人々の**コウイ**に感謝する。
②相手に**コウイ**を寄せる。
③失礼な**コウイ**は慎むべきだ。

□(13)
①借金を**セイサン**する。
②交通費を**セイサン**する。
③国民総**セイサン**を調べる。

□(14)
①研究の集**タイセイ**となる本。
②受け入れ**タイセイ**を整える。
③社会の**タイセイ**の立て直しを図る。
④天下の**タイセイ**を見守る。

□(15)
①宇宙のなぞを**ツイキュウ**する。
②あくまで利益を**ツイキュウ**する。
③事件の責任を**ツイキュウ**する。

□(16)
①**トクチョウ**をつかんで真似をする。
②一番の**トクチョウ**は使い易さだ。

□(17)
①二人の意見は**ヘイコウ**線のままだ。
②体の**ヘイコウ**を保つ。
③複数の作業を**ヘイコウ**して進める。

□(18)
①五年間の**ホショウ**が付いている。
②安全の**ホショウ**はない。
③事故の**ホショウ**金を受け取る。

□(19)
①社長の地位を**ユウタイ**する。
②レストランの**ユウタイ**券をもらう。

《答え》 (1)①威光②意向③遺稿 (2)①異常②異状 (3)①衛生②衛星③永世 (4)①会心②改心③回診 (5)①開放②解放③介抱 (6)①確信②核心③革新 (7)①喚起②換気③寒気 (8)①干渉②観賞③鑑賞④感傷 (9)①関心②歓心③感心 (10)①機械②器械③機会 (11)①既成②規制③帰省④既製 (12)①厚意②好意③行為 (13)①清算②精算③生産 (14)①大成②態勢③体制④大勢 (15)①追究②追求③追及 (16)①特徴②特長 (17)①平行②平衡③並行 (18)①保証②保障③補償 (19)①勇退②優待

同訓異字

●次の太字をそれぞれ漢字に直しなさい。

□(1)
① 久しぶりに旧友に**あ**う。
② 駅で落ち**あ**う約束をした。
③ とんだ災難に**あ**った。

□(2)
① **あたた**かく迎える。
② 雪も解け、**あたた**かくなった。

□(3)
① 使い方を**あやま**る。
② 失敗したことを**あやま**る。

□(4)
① 紫外線で髪が**いた**む。
② 古傷が**いた**む。
③ 祖母の死を**いた**む。

□(5)
① 法を**おか**す行為。
② 数々の危険を**おか**す。
③ 国境が**おか**される。

□(6)
① 作戦は成功を**おさ**めた。
② 車の税金を**おさ**めた。
③ 学問を**おさ**める。
④ 国を**おさ**める地位に付く。

□(7)
① 電車を乗り**か**える。
② 成虫になるまで何度も姿を**か**える。
③ 千円札を五百円玉二枚に**か**える。
④ 書面を以てあいさつに**か**える。

□(8)
① 彼の決心は**かた**いようだ。
② 表情が**かた**いと言われる。
③ 材木は、**かた**いものを選んだ。

□(9)
① **きわ**めて優秀な成績で合格した。
② 事件の真相を**きわ**める。
③ 進退**きわ**まる状態に追い込まれた。

□(10)
① お客様に商品を**すす**める。
② 引き続き交渉を**すす**める。
③ 会長への立候補を**すす**める。

□(11)
① 道に**そ**って進んでいく。
② 母に付き**そ**って病院へ行く。

□(12)
① **た**えられない程の苦痛。
② この絵は鑑賞に**た**えない。
③ 食料が**た**えないように支給する。

□(13)
① 知り合いの家を**たず**ねる。
② 名前の由来を**たず**ねる。

□(14)
① 長年**つと**めていた会社を辞める。
② **つと**めて明るく振る舞う。
③ 舞台の大役を**つと**める。

□(15)
① 仲間に連絡を**と**る。
② 卒業式を**と**り行う。
③ 草花を**と**る。
④ 旅行先で写真を**と**る。

□(16)
① 彼には**はか**り知れない恩恵がある。
② 組織の合理化を**はか**る。
③ 暗殺を**はか**ったが失敗に終わった。
④ 重大問題として審議会に**はか**った。
⑤ 川の水深を**はか**る。
⑥ 目方を**はか**ってから袋に詰める。

□(17)
① 鈴虫が羽を**ふる**わせている。
② 勇気を**ふる**って立ち向かった。
③ 試合の前に竹刀(しない)を**ふる**う。

□(18)
① 体制を**もと**から正す必要がある。
② データに**もと**づき資料を作成する。
③ すべての国民は法の**もと**に平等だ。
④ 火の**もと**を確認してから休む。

《答え》 (1)①会②合③遭 (2)①温②暖 (3)①誤②謝 (4)①傷②痛③悼 (5)①犯②冒③侵 (6)①収②納③修④治 (7)①換②変③替④代 (8)①固②硬③堅 (9)①極②究③窮 (10)①勧②進③薦 (11)①沿②添 (12)①耐②堪③絶 (13)①訪②尋 (14)①勤②努③務 (15)①取②執③採④撮 (16)①計②図③謀④諮⑤測⑥量 (17)①震②奮③振 (18)①本②基③下④元

類義語・対義語

●次の太字の類義語を後から選び、それぞれ漢字に直しなさい。

□① 判決に**異議**を申し立てる。
□② **閲覧**室で調べる。
□③ 祖父は昔からの職人**気質**だ。
□④ 時には**我慢**することも必要だ。
□⑤ 家庭**環境**を調べる。
□⑥ 新しい雑誌を**刊行**する。
□⑦ 見事な作品だと**感心**していた。
□⑧ **虚構**性の強い作品。
□⑨ 彼の**見識**の高さには定評がある。
□⑩ **厳粛**な空気に包まれる。
□⑪ 一人一人が**倹約**を心掛ける。
□⑫ 人々の**厚意**に感謝する。
□⑬ 科学の発展に**貢献**した。
□⑭ 現在の状況も**考慮**する。
□⑮ 他の選手と**互角**に戦えるようになる。
□⑯ 何らかの原因でうまく**作用**しない。
□⑰ 彼女の言動に**失望**した。
□⑱ あらゆる**手段**を試みる。

ソウゴン　シキケン　キョウグウ
セツヤク　シンセツ　ジュウラン
ニンタイ　ケイフク　シュッパン
イゾン　セイカク　カクウ　キヨ
ホウホウ　キノウ　シアン
タイトウ　ラクタン

●次の太字の対義語を後から選び、それぞれ漢字に直しなさい。

□① **一般**論を無視することはできない。
□② 妹は**依頼**心がとても強い。
□③ 彼は**穏健**な人物だ。
□④ 生命保険に**加入**する。
□⑤ 幼いころの**記憶**がよみがえる。
□⑥ **客観**的な判断を下す。
□⑦ 惜しくも**及第**点には達しなかった。
□⑧ 原材料の**供給**量が少ない。
□⑨ **許可**証があれば入れる。
□⑩ 会社では**勤勉**で真面目な社員だ。
□⑪ **具体**的な説明のほうが望ましい。
□⑫ **軽率**な発言は慎むべきだ。
□⑬ 試合の**結果**をテレビで見る。
□⑭ 住民には知る**権利**がある。
□⑮ **高価**な貴金属が並んでいる。
□⑯ ゲームは**攻勢**のまま九回を迎えた。
□⑰ **巧妙**なトリックを使う。
□⑱ これ以上進むのは**困難**だ。
□⑲ 突然の出来事に頭が**混乱**する。
□⑳ **自然**の成り行きに任せる。

チュウショウ　トクシュ　シュカン
ボウキャク　ラクダイ　シンチョウ
カゲキ　ダッタイ　タイダ　ジリツ
ゲンイン　キンシ　ジュヨウ　ギム
ジンコウ　チツジョ　レンカ
ヨウイ　セツレツ　シュセイ

《答え》　類義語①異存②縦覧③性格④忍耐⑤境遇⑥出版⑦敬服⑧架空⑨識見⑩荘厳⑪節約⑫親切⑬寄与⑭思案⑮対等⑯機能⑰落胆⑱方法　対義語①特殊②自立③過激④脱退⑤忘却⑥主観⑦落第⑧需要⑨禁止⑩怠惰⑪抽象⑫慎重⑬原因⑭義務⑮廉価⑯守勢⑰拙劣⑱容易⑲秩序⑳人工

四字熟語

●次の四字熟語を完成させ、またその読み方を〔　〕に書きなさい。

□(1) 暗中(　)索〔　〕
暗闇で手さぐりするように、いろいろと方法をさぐること。

□(2) (　)口同音〔　〕
多くの人がみな、口をそろえて同じことを言うこと。

□(3) (　)心伝心〔　〕
言葉では説明できない深遠・微妙な事柄を心に伝えわからせること。

□(4) 意味(　)長〔　〕
言葉の底に深い意味の含まれていること。

□(5) 温(　)知新〔　〕
昔のことをたずね求めて、そこから新しい見解・知識を得ること。

□(6) 我田(　)水〔　〕
物事を、自分の利益になるように計らうこと。

□(7) 画竜(　)睛〔　〕
事を完成するために最後に加える、大切な仕上げ。

□(8) 夏(　)冬扇〔　〕
夏の火ばち、冬のおうぎのように、時節に合わない無用の物。

□(9) 感(　)無量〔　〕
胸いっぱいになるほど、しみじみ感じること。

□(10) 危機一(　)〔　〕
髪一本のわずかな差のところまで、危機がせまること。

□(11) 起(　)転結〔　〕
文章をまとめる方法。転じて、物事の順序・作法。

□(12) 金科(　)条〔　〕
この上なく大切にして従うべききまり。

□(13) 空前(　)後〔　〕
今までに一度もなく、これからも起こらないと思われるまれなこと。

□(14) 呉越同(　)〔　〕
仲の悪い者同士が一所にいること。

□(15) 五里(　)中〔　〕
迷って方針や見込みなどの立たないこと。

□(16) 言語(　)断〔　〕
もってのほかであること。

□(17) 才色(　)備〔　〕
すぐれた才能と、美しさの両方を備えている女性のこと。

□(18) (　)面楚歌〔　〕
助けがなく、まわりが敵・反対者ばかりであること。

《答え》 (1)模・あんちゅうもさく　(2)異・いくどうおん　(3)以・いしんでんしん　(4)深・いみしんちょう　(5)故・おんこちしん　(6)引・がでんいんすい　(7)点・がりょうてんせい　(8)炉・かろとうせん　(9)慨・かんがいむりょう　(10)髪・ききいっぱつ　(11)承・きしょうてんけつ　(12)玉・きんかぎょくじょう　(13)絶・くうぜんぜつご　(14)舟・ごえつどうしゅう　(15)霧・ごりむちゅう　(16)道・ごんごどうだん　(17)兼・さいしょくけんび　(18)四・しめんそか

□(19)［質実剛（　）］飾り気がなく真面目で、心がしっかりしていること。

□(20)［弱（　）強食］弱者の犠牲の上に強者が栄えること。

□(21)［取（　）選択］悪いものを捨て、良いものを選びとること。

□(22)［首尾一（　）］最初から最後まで一つの考えで通すこと。

□(23)［支離（　）裂］散り散りばらばらになって、筋道の立たないさま。

□(24)［針小（　）大］針ほどの小さいことを、大げさに言うこと。

□(25)［晴（　）雨読］晴れた日は畑に出て働き、雨の日は家にいて読書すること。

□(26)［千（　）一遇］千年に一度しか出会えないような、めったにないよい機会であること。

□(27)［千差万（　）］いろいろとたくさんの違いや種類があること。

□(28)［大（　）晩成］すぐれた器量の人は、若いころは目立たず、遅れて大成するということ。

□(29)［大同小（　）］大体同じで細かい点だけが異なること。

□(30)［単（　）直入］前置きや遠回りなことをせず、直接に要点に入ること。

□(31)［徹頭徹（　）］最初から最後まで。

□(32)［（　）耳東風］人の意見や批評を、全く気にかけないで聞き流すこと。

□(33)［付和（　）同］自分にしっかりした考えがなく、むやみに他人に同調すること。

□(34)［明（　）止水］邪念のない、落ちついた静かな心境。

□(35)［（　）若無人］まわりの人のことなど構わずに、勝手気ままにふるまうこと。

□(36)［優柔不（　）］ぐずぐずしていて物事の決断が遅いこと。

□(37)［（　）頭狗肉］見せかけだけ飾ってごまかすこと。狗は犬のこと。

□(38)［臨（　）応変］状況に応じて、適当な処置をすること。

《答え》 (19)健・しつじつごうけん　(20)肉・じゃくにくきょうしょく　(21)捨・しゅしゃせんたく　(22)貫・しゅびいっかん　(23)滅・しりめつれつ　(24)棒・しんしょうぼうだい　(25)耕・せいこううどく　(26)載(歳)・せんざいいちぐう　(27)別・せんさばんべつ　(28)器・たいきばんせい　(29)異・だいどうしょうい　(30)刀・たんとうちょくにゅう　(31)尾・てっとうてつび　(32)馬・ばじとうふう　(33)雷・ふわらいどう　(34)鏡・めいきょうしすい　(35)傍・ぼうじゃくぶじん　(36)断・ゆうじゅうふだん　(37)羊・ようとうくにく　(38)機・りんきおうへん

熟語の構成

●次の太字を漢字に直しなさい。

1 意味のよく似た字を重ねたもの

□(1) **カレイ**な演技を披露(ひろう)する。
□(2) **ケイハク**な態度で信頼を損なう。
□(3) 主にコンピュータ**キキ**を扱う。
□(4) 役所に**キンム**する。
□(5) **ショウサイ**を明確にする。
□(6) **ソアク**品をつかまされてしまった。
□(7) 人生の**ヒアイ**が感じられる作品。

2 反対または対応する字を重ねたもの

□(1) 人間の**アイゾウ**を巧みに描いた作品。
□(2) 事件の**ケイイ**について説明する。
□(3) 事の**ケイチョウ**に関係なく取り組む。
□(4) 完成時の**コウセツ**は問わない。
□(5) **ジュウオウ**無尽に走り回る。
□(6) **ソウゲイ**用の車が到着した。
□(7) この問題は**ナンイ**度がかなり高い。

3 上の字が下の字を修飾しているもの

□(1) **サイシン**の配慮をする。
□(2) 作者の**シンイ**は読み取れなかった。
□(3) **コウヤク**を実現する。
□(4) **バンシュウ**の京都へ出掛ける。
□(5) わずかな**コウチ**で米を作っている。
□(6) **ブッカ**高に民衆はうろたえた。
□(7) 実績によって**ユウグウ**措置がとられる。

4 下の字が上の字の目的・対象等を示すもの

□(1) 芸能人と**アクシュ**をした。
□(2) **ゴシン**術を身に付ける。
□(3) ストライキを**ケツギ**する。
□(4) 救助隊が**ソウナン**した人を発見した。
□(5) 文化祭の出し物を**テイアン**する。
□(6) 学校の**ボウサイ**訓練に参加する。
□(7) 自宅でしばらくの間**ヨウジョウ**する。

5 上の字が下の字の意味を打ち消すもの

□(1) **ヒジョウ**事態が発生する。
□(2) **フモウ**な議論が繰り返される。
□(3) **ムゲン**の可能性を秘めている。
□(4) 商品の代金は**ミシュウ**だ。

6 主語・述語の関係にあるもの

□(1) 恐ろしさのあまり**キゼツ**した。
□(2) ナマズが**ジシン**を予知する。
□(3) **ライメイ**が鳴り響いた。

7 接尾語が下についているもの

□(1) 検査の結果、**インセイ**と診断された。
□(2) **トツゼン**、雨が降り出した。
□(3) 胃に**ショウカ**の良いものを食べる。

8 同じ字を重ねたもの

□(1) 時間が**コクコク**と迫っている。
□(2) **タンタン**とした調子で話す。

9 重箱(じゅうばこ)読み（上は音読み、下は訓読み）

□(1) 絵に合わせた**ガクぶち**を用意する。
□(2) 花より**ダンご**。

10 湯桶(ゆとう)読み（上は訓読み、下は音読み）

□(1) 駅で**きっぷ**を買う。
□(2) 部下に**さしズ**をする。

11 三字以上の熟語を省略したもの

□(1) **ゲンパツ**(ゲンシリョクハツデンショ)の建設に反対する。
□(2) **トッキュウ**(トクベツキュウコウ)で実家に帰る。

《答え》 1(1)華麗(2)軽薄(3)機器(4)勤務(5)詳細(6)粗悪(7)悲哀 2(1)愛憎(2)経緯(3)軽重(4)巧拙(5)縦横(6)送迎(7)難易 3(1)細心(2)真意(3)公約(4)晩秋(5)耕地(6)物価(7)優遇 4(1)握手(2)護身(3)決議(4)遭難(5)提案(6)防災(7)養生 5(1)非常(2)不毛(3)無限(4)未収 6(1)気絶(2)地震(3)雷鳴 7(1)陰性(2)突然(3)消化 8(1)刻々(刻刻)(2)淡々(淡淡) 9(1)額縁(2)団子 10(1)切符(2)指図 11(1)原発(2)特急

熟字訓・当て字

●次の太字の読みをひらがなで書きなさい。

□(1) 授業中**欠伸**をしてしかられた。
□(2) **小豆**を混ぜて赤飯を作った。
□(3) アワビを取るために**海女**が海に潜った。
□(4) 温泉では**硫黄**のようなにおいがした。
□(5) 両親に**意気地**がないとしかられた。
□(6) 父は**一言居士**で何にでも意見を言う。
□(7) 春の**息吹**が聞こえてくる。
□(8) 私は**乳母**のおかげで一命をとりとめた。
□(9) **浮気**をするなどもってのほかだ。
□(10) 姉に子供ができて、私は**叔母**になった。
□(11) 「**乙女**の祈り」という曲を演奏する。
□(12) お**巡**りさんがパトロールをする。
□(13) お**神酒**をお供えする。
□(14) **母屋**には両親が住んでいる。
□(15) お祭りで**神楽**太鼓を披露（ひろう）する。
□(16) **魚河岸**で新鮮な魚を買う。
□(17) **風邪**を引かないように注意する。

□(18) 祖母の家で**蚊帳**をつって寝た。
□(19) 外国**為替**の取引を制限する。
□(20) 素晴らしい**玄人**芸を見せた。
□(21) 窓の外の**景色**を眺める。
□(22) **雑魚**のとと混じり。
□(23) **桟敷**に家族の席をとる。
□(24) **五月雨**を見ながら歌を詠む。
□(25) **竹刀**を二本持って素振りをする。
□(26) 私の家は和菓子の**老舗**だ。
□(27) **芝生**の上に寝ころぶ。
□(28) 帰り道に**時雨**に遭った。
□(29) **数珠**玉を使ってお手玉を作る。
□(30) **素人**とは思えない出来ばえだ。
□(31) もうすぐ**師走**がやってくる。
□(32) **数寄屋**造りの家を建てる。
□(33) 着物と**足袋**で外出する。
□(34) お**稚児**さんの写真を撮る。
□(35) 野原に**土筆**が顔を出した。
□(36) 今年の**梅雨**入りは例年よりも遅い。
□(37) **凸凹**の坂道を登る。

□(38) **伝馬船**が港に着く。
□(39) **投網**を使って漁をする。
□(40) 朝早くから**読経**を始める。
□(41) 海にはまだ夏の**名残**が感じられる。
□(42) **雪崩**の危険があるので登山を中止する。
□(43) 田舎に帰って**野良**仕事を手伝う。
□(44) 神官が**祝詞**を読み上げる。
□(45) **波止場**から船に乗る。
□(46) 今日は穏やかな小春**日和**だ。
□(47) **吹雪**で視界がさえぎられる。
□(48) 旅先で**土産**を買う。
□(49) **眼鏡**をかけると別人だ。
□(50) 柔道部の**猛者**に助けられた。
□(51) **木綿**のシャツを着る。
□(52) この試合は**八百長**だ。
□(53) 幸い軽い**火傷**だけですんだ。
□(54) 美術館で**大和**絵を鑑賞する。
□(55) **行方**不明者がさらに増えた。
□(56) **寄席**に行って落語を聞いた。
□(57) **若人**の集いを開催する。

《答え》 (1)あくび(2)あずき(3)あま(4)いおう(5)いくじ(6)いちげんこじ(7)いぶき(8)うば(9)うわき(10)おば(11)おとめ(12)まわ(13)みき(14)おもや(15)かぐら(16)うおがし(17)かぜ (18)かや(19)かわせ(20)くろうと(21)けしき(22)ざこ(23)さじき(24)さみだれ(25)しない(26)しにせ(27)しばふ(28)しぐれ(29)じゅず(30)しろうと(31)しわす(32)すきや(33)たび(34)ちご(35)つくし(36)つゆ(37)でこぼこ (38)てんません(39)とあみ(40)どきょう(41)なごり(42)なだれ(43)のら(44)のりと(45)はとば(46)びより(47)ふぶき(48)みやげ(49)めがね(50)もさ(51)もめん(52)やおちょう(53)やけど(54)やまと(55)ゆくえ(56)よせ(57)わこうど

索引

カ ← カタカナ→音読み　ひらがな→訓読み
下
⑦ ← 級別（❷は準2級）
2 ← 本文ページ

部首一覧表

へん（偏）

漢字	部首名
休	にんべん
味	くちへん
地	つちへん
姉	おんなへん
孫	こへん
岐	やまへん
巧	たくみへん
幅	はばへん／きんべん
引	ゆみへん
往	ぎょうにんべん
情	りっしんべん
陽	こざとへん
持	てへん
池	さんずい
独	けものへん
旅	ほう／ほうへん／かたへん
明	ひへん
服	つきへん
腸	にくづき
柱	きへん
残	かばねへん／いちたへん／がつへん
焼	ひへん
版	かた／かたへん
物	うし／うしへん
現	おうへん／たまへん
社	しめすへん
町	たへん
疎	ひきへん
眼	めへん
知	や／やへん
研	いしへん
秋	のぎへん
端	たつへん
複	ころもへん
粉	こめ／こめへん
線	いとへん
耕	すきへん／らいすき
職	みみへん
船	ふね／ふねへん
蚊	むしへん
解	かく／つの／つのへん
語	ごんべん
貌	むじなへん
財	かいへん
路	あし／あしへん
輪	くるまへん
配	とりへん
釈	のごめへん
野	さとへん
銀	かね／かねへん
飲 餅	しょくへん
靴	かわへん
駅	うま／うまへん
髄	ほね／ほねへん
鮮	うお／うおへん
齢	は／はへん

つくり（旁）

漢字	部首名
乳	おつ
列	りっとう
巡	かわ
形	さんづくり
部	おおざと
教	のぶん／ぼくづくり
新	きん／おのづくり
殺	るまた／ほこづくり
隷	れいづくり
顔	おおがい

かんむり（冠）

漢字	部首名
交	なべぶた／けいさんかんむり
今	ひとやね
写	わかんむり
家	うかんむり
尚	しょう
彙	けいがしら
営	つかんむり
草	くさかんむり
爵	つめかんむり／つめがしら
発	はつがしら
空	あな／あなかんむり
置	あみがしら／あみめ／よこめ
笛	たけ／たけかんむり
者	おいかんむり／おいがしら
虚	とらがしら／とらかんむり
要	にし／おおいかんむり
雲	あめ／あめかんむり
髪	かみがしら

あし（脚）

漢字	部首名
六	は
変	すいにょう／ふゆがしら
泰	したみず
弁	こまぬき／にじゅうあし
点	れんが／れっか
舞	まいあし
恭	したごころ

たれ（垂）

漢字	部首名
原	がんだれ
店	まだれ
病	やまいだれ
居	かばね／しかばね
戻	とだれ／とかんむり

にょう（繞）

漢字	部首名
進 遡	しんにょう／しんにゅう
延	えんにょう
起	はしる／そうにょう
麺	むぎ／ばくにょう
魅	おに／きにょう

かまえ（構）

漢字	部首名
円	どうがまえ／けいがまえ／まきがまえ
包	つつみがまえ
匠	はこがまえ
医	かくしがまえ
国	くにがまえ
式	しきがまえ
気	きがまえ
街	ぎょう／ぎょうがまえ／ゆきがまえ
間	もん／もんがまえ

その他

漢字	部首名
一	いち
中	ぼう／たてぼう
主	てん
久	の／はらいぼう

7級～2級

〔解　答〕

東京法令 とうほう

7級—1

◇3ページ◇

(1)あくしつ (2)わるもの (3)いばらき (4)しらは (5)こうえい (6)さいえん (7)えひめ (8)えんぽう (9)とおで (10)しずおか (11)ぼいん (12)ねいろ (13)げしゃ (14)お (15)けしん (16)なにもの (17)げし (18)にゅうか (19)しゅくが (20)まわ (21)えとく (22)げか (23)かくじ (24)まちかど (25)おぼ
(26)にいがた (27)せけん (28)きひん (29)ゆげ (30)たき (31)あんき (32)きまつ (33)きよう (34)きかい (35)はたお (36)らいきゃく (37)ぎょこう (38)たいりょう (39)きょうか (40)けいば (41)はやわざ (42)きわ (43)おうごん (44)かなぐ (45)くしん (46)あおぞら (47)くま (48)たいぐん (49)むす (50)けんしゅう

◇4ページ◇

(1)悪事 (2)茨城 (3)羽毛 (4)羽 (5)栄 (6)才媛 (7)愛媛 (8)遠足 (9)静岡 (10)発音 (11)下流 (12)下火 (13)化石 (14)化 (15)何本 (16)初夏 (17)荷物 (18)年賀状 (19)回数 (20)会議 (21)海外 (22)外 (23)各地 (24)各 (25)角 (26)自覚
(27)覚 (28)干潟 (29)間 (30)気配 (31)岐路 (32)記入 (33)予期 (34)器 (35)機械 (36)旅客 (37)漁業 (38)強引 (39)競争 (40)競 (41)自業 (42)南極 (43)金庫 (44)四苦八苦 (45)空想 (46)熊 (47)群 (48)結論 (49)研 (50)研究

◇5ページ◇

1 (1)6 (2)5 (3)10 (4)15
2 (1)かんかく (2)さ (3)きょうそう (4)きそ (5)けっか (6)ゆ
3 (1)エ (2)ウ (3)ア
4 (1)イ (2)ア (3)ア (4)イ (5)ア (6)イ
5 (1)氵—さんずい (2)艹—くさかんむり (3)言—ごんべん (4)心—こころ
6 (1)まる (2)す (3)がる (4)く (5)める (6)う
7 (1)化 (2)音 (3)期 (4)業

7級—2

◇7ページ◇

(1)ほけん (2)しけん (3)もんこ (4)ぶんこ (5)こうぞく (6)うし (7)こうろん (8)くちかず (9)こうかい (10)こうみょう (11)がいこう (12)ま (13)じっこう (14)ゆくえ (15)さいわ (16)せんこう (17)てんこう (18)らんおう (19)ごうりゅう (20)かっせん (21)ほさ (22)さいたま (23)しさい (24)こま (25)ながさき
(26)さっしん (27)せいさん (28)うぶごえ (29)しぞく (30)きゅうじ (31)ゆみや (32)しけん (33)ため (34)しだい (35)しぜん (36)いくじ (37)じみ (38)じにん (39)しか (40)じょしゅ (41)じゅうまん (42)つど (43)じゅうよう (44)かさ (45)しゅうげん (46)いわ (47)しょにち (48)はつゆき (49)しょうぎょう (50)かって

◇8ページ◇

(1)健全 (2)実験 (3)戸外 (4)倉庫 (5)午後 (6)後 (7)口調 (8)公立 (9)公 (10)成功 (11)交流 (12)交 (13)行政 (14)行 (15)幸運 (16)幸 (17)香水 (18)気候 (19)黄色 (20)集合 (21)合宿 (22)埼玉 (23)細心 (24)細 (25)宮崎 (26)印刷
(27)刷 (28)産業 (29)氏名 (30)仕 (31)一矢 (32)試合 (33)試 (34)次回 (35)自信 (36)自 (37)児童 (38)滋賀 (39)辞書 (40)鹿 (41)選手 (42)収拾 (43)拾 (44)集会 (45)重大 (46)祝日 (47)初心 (48)商売 (49)勝利 (50)勝

◇9ページ◇

1 (1)9 (2)11 (3)7 (4)4
2 (1)きちょう (2)かさ (3)さいふ (4)こま (5)しさくひん (6)こころ
3 (1)ウ (2)ウ (3)ア
4 (1)ア (2)イ (3)ア (4)イ (5)イ (6)イ
5 候・仕
6 (1)わす (2)える (3)ら (4)やか (5)める (6)かい
7 (1)①オ ②イ (2)①ア ②エ

7級—3

◆11ページ◆

(1) かわかみ
(2) のぼ
(3) じょうか
(4) おきなわ
(5) かんぬし
(6) いと
(7) てんじょう
(8) は
(9) なまやさい
(10) じょうじゅ
(11) な
(12) こわいろ
(13) ほしぞら
(14) しょうりゃく
(15) はぶ
(16) しず
(17) ゆうがた
(18) いし
(19) せきはん
(20) あかしお
(21) ひとむかし
(22) いっさい
(23) せつど
(24) ふしめ
(25) ゆうぜい
(26) くせん
(27) さっそく
(28) ふるす
(29) りそう
(30) けっそく
(31) そくたつ
(32) たいりょく
(33) はんたい
(34) いっつい
(35) しんちゃ
(36) ちゅうてん
(37) ちょうこう
(38) しら
(39) ちょくせつ
(40) ただ
(41) つや
(42) きょうだい
(43) みてい
(44) さだ
(45) つごう
(46) たび
(47) ずじょう
(48) じんとく
(49) とちぎ
(50) ならく

◆12ページ◆

(1) 上着
(2) 城下
(3) 縄文
(4) 神話
(5) 図形
(6) 市井
(7) 生
(8) 生地
(9) 成長
(10) 発声
(11) 流星
(12) 反省
(13) 安静
(14) 静
(15) 一夕
(16) 岩石
(17) 赤道
(18) 赤
(19) 今昔
(20) 切実
(21) 節約
(22) 説明
(23) 説
(24) 作戦
(25) 戦
(26) 早朝
(27) 巣箱
(28) 予想
(29) 約束
(30) 花束
(31) 速度
(32) 同体
(33) 風体
(34) 対立
(35) 茶道
(36) 沖
(37) 前兆
(38) 兆
(39) 調子
(40) 調
(41) 直入
(42) 開通
(43) 弟子
(44) 安定
(45) 都会
(46) 温度
(47) 先頭
(48) 道徳
(49) 栃木
(50) 奈落

◆13ページ◆

1 (1) 12 (2) 12 (3) 8 (4) 4

2 (1) さっそく (2) すみ (3) もんぶかがくしょう (4) かえり (5) りきせつ (6) と

3 (1) エ (2) ア (3) ウ

4 (1) 牛 (2) 戦 (3) 赤 (4) 直

5 (1) 土—つちへん (2) 阝—おおざと (3) ⺍—つかんむり (4) 戈—ほこづくり（ほこがまえ）

6 (1) る (2) う (3) す (4) がる (5) める (6) かな

7 (1) 生 (2) 体 (3) 夕 (4) 直

7級—4

◆15ページ◆

(1) みうち
(2) なし
(3) じょうば
(4) しらなみ
(5) はくがく
(6) そ
(7) はんしん
(8) ひょうてんか
(9) やまい
(10) ふとう
(11) のうふ
(12) くふう
(13) ぎふ
(14) ま
(15) ひんぷ
(16) ふうりゅう
(17) かざしも
(18) みぶん
(19) ごぶ
(20) もんよう
(21) けんぶん
(22) すいへい
(23) しんぺん
(24) きしべ
(25) ゆうほどう
(26) はっと
(27) ついほう
(28) ほんもう
(29) もくめ
(30) しゅうまつ
(31) むめい
(32) ぶじ
(33) みょうじ
(34) じゅみょう
(35) おもなが
(36) めんぼく（めんもく）
(37) くえき
(38) じゆう
(39) うむ
(40) ゆさん
(41) らくよう
(42) ゆうり
(43) せつりつ
(44) るふ
(45) りょくちゃ
(46) ちょうれい
(47) れいがい
(48) れんじつれんや
(49) お
(50) わかい

◆16ページ◆

(1) 内部
(2) 梨
(3) 馬耳
(4) 白線
(5) 博士
(6) 反対
(7) 阪神
(8) 氷山
(9) 病院
(10) 不足
(11) 不器用
(12) 夫婦
(13) 岐阜
(14) 自負
(15) 負
(16) 富
(17) 風雪
(18) 分別
(19) 文学
(20) 新聞
(21) 未聞
(22) 兵士
(23) 底辺
(24) 徒歩
(25) 方法
(26) 放
(27) 人望
(28) 高望
(29) 大木
(30) 末日
(31) 無理
(32) 名作
(33) 大名
(34) 命中
(35) 面会
(36) 目的
(37) 配役
(38) 由来
(39) 有名
(40) 遊牧
(41) 枝葉
(42) 利
(43) 中立
(44) 流行
(45) 新緑
(46) 失礼
(47) 冷
(48) 連
(49) 老化
(50) 和

◆17ページ◆

1 (1) 10 (2) 12 (3) 9 (4) 7

2 (1) とほ (2) あゆ (3) はんろん (4) そ (5) ろめん (6) やおもて

3 (1) ア (2) イ (3) ア

4 (1) 不 (2) 反 (3) 和 (4) 無

5 (1) 疒—やまいだれ (2) 灬—れんが（れっか） (3) 刂—りっとう (4) 氵—さんずい

6 (1) む (2) たい (3) む (4) なる (5) む (6) く

7 (1) ①ア ②ウ (2) ①エ ②ウ

7級 — 模擬試験

◆18～21ページ◆

(一)
1 はか
2 がいゆう
3 れいき
4 むら
5 じょうせき
6 やぼう
7 と
8 かお
9 じょうたつ
10 はぶ
11 とな
12 とうしょ
13 つか
14 じこう
15 けっせい
16 つど
17 あきな
18 すこ
19 やわ
20 あた

(二)
1 栄える
2 覚める
3 競り
4 結わえる
5 交える
6 細かい
7 静まり
8 生まれる
9 調える
10 聞こえる

(三)
1 イ
2 ア
3 ア
4 ウ
5 ウ
6 ウ
7 イ
8 ア

(四)
1 ア　6 イ
2 イ　7 ア
3 ア　8 ア
4 ア　9 イ
5 イ　10 ア

(五)
1 説・調・記
2 速・辺・通
3 法・潟・漁
・流

(六)
1 ①イ　②オ
2 ①エ　②ア
3 ①オ　②エ
4 ①ウ　②ア
5 ①ア　②ウ

(七)
1 5・6
2 7・7
3 1・18
4 5・12
5 12・13
6 4・4
7 6・7
8 5・7
9 6・10
10 7・14

(八)
1 悪
2 無
3 客
4 人
5 理

(九)
1 はんぱつ
2 そ
3 こうりょう
4 かお
5 きょくとう
6 きわ
7 ねんまつ
8 すえ
9 たいぐん
10 むら
11 こうちょう
12 ととの
13 ちょくしん
14 なお
15 しれん
16 こころ
17 じりき
18 みずか
19 ごういん
20 し

(十)
1 博物
2 無事
3 連結
4 老後
5 都会
6 拾
7 化身
8 度々
9 束
10 研
11 節分
12 祝福
13 試写
14 開放
15 車庫
16 和
17 小児科

6級—1

◇23ページ◇

(1) あっしょう (2) はんい (3) いてん (4) よういん (5) えいえん (6) えいぎょう (7) えいせい (8) あんい (9) しゅうえき (10) けつえき (11) えんぎ (12) はんのう (13) おうねん (14) よざくら (15) きょか (16) かてい (17) ていか (18) さんが (19) かこ (20) す (21) かいそく (22) げねつ (23) せいかく (24) せいかく (25) きんがく

(26) ちょうかん (27) こんかん (28) かんれい (29) かいげん (30) ふうき (31) きじゅん (32) きしゅく (33) きかく (34) きじゅ (35) とくぎ (36) いぎ (37) ぎゃくてん (38) じきゅう (39) しんきゅう (40) きゅうきゅう (41) きょじゅう (42) きょか (43) きょうかい (44) さかいめ (45) きんいつ (46) かいきん (47) せっく (48) てんけいてき (49) きょう (50) けっぱく

◇24ページ◇

(1) 気圧 (2) 周囲 (3) 移 (4) 原因 (5) 永久 (6) 営 (7) 衛生 (8) 易 (9) 利益 (10) 液体 (11) 演説 (12) 応答 (13) 往来 (14) 桜色 (15) 不可能 (16) 仮病 (17) 価(値) (18) 河川 (19) 通過 (20) 過 (21) 快 (22) 理解 (23) 合格 (24) 確 (25) 額 (26) 週刊誌 (27) 幹

(28) 慣 (29) 肉眼 (30) 紀元 (31) 基 (32) 寄付 (33) 規則 (34) 規制 (35) 喜 (36) 技 (37) 義理 (38) 反逆 (39) 久 (40) 復旧 (41) 救 (42) 同居 (43) 特許 (44) 境内 (45) 平均 (46) 禁止 (47) 文句 (48) 模型 (49) 経営 (50) 潔

◇25ページ◇

1 (1) 11 (2) 7 (3) 12 (4) 13

2 (1) D (2) B (3) C (4) A

3 (1) ウ (2) イ (3) ア

4 (1) ア (2) ウ (3) エ (4) イ

5 (1) 辶—しんにょう（しんにゅう） (2) 刂—りっとう (3) 彳—ぎょうにんべん (4) 宀—うかんむり

6 (1) しい (2) い (3) ざる (4) い (5) む (6) れる

7 (1) 過 (2) 許 (3) 旧 (4) 因 (5) 液 (6) 応

6級—2

◇27ページ◇

(1) けんすう (2) ほけん (3) てんけん (4) げんかい (5) げんしょう (6) げんたい (7) こきょう (8) こてん (9) こべつ (10) べんご (11) ゆうこう (12) あつで (13) のうこう (14) こうかい (15) こうみゃく (16) こうせい (17) きょうみ (18) こうぎ (19) こくち (20) こんごう (21) けんさ (22) さいはつ (23) さいがい (24) つま (25) さいよう

(26) じっさい (27) そんざい (28) ざいせい (29) むざい (30) そうさい (31) ころ (32) こんざつ (33) さんみ (34) さんぴ (35) ぶし (36) ししゅつ (37) しじつ (38) しぼう (39) こえだ (40) きょうし (41) しかく (42) しいく (43) ひょうじ (44) るいじ (45) ちしき (46) しつもん (47) かんしゃ (48) しゃざい (49) きょうじゅ (50) しゅぎょう

◇28ページ◇

(1) 条件 (2) 事件 (3) 険 (4) 検定 (5) 限 (6) 現実 (7) 減 (8) 事故 (9) 個性 (10) 保護 (11) 効果 (12) 温厚 (13) 耕 (14) 出航 (15) 鉄鉱石 (16) 構 (17) 復興 (18) 講習 (19) 告 (20) 混(交) (21) 調査 (22) 再 (23) 災 (24) 愛妻 (25) 採 (26) 国際 (27) 現在

(28) 財産 (29) 罪悪 (30) 殺虫 (31) 雑木林 (32) 酸素 (33) 絶賛 (34) 自画自賛 (35) 弁護士 (36) 支 (37) 歴史 (38) 志 (39) 枝葉 (40) 師弟 (41) 物資 (42) 飼 (43) 指示 (44) 似顔 (45) 面識 (46) 品質 (47) 校舎 (48) 謝 (49) 授 (50) 修

◇29ページ◇

1 (1) 9 (2) 8 (3) 11 (4) 14

2 (1) C (2) D (3) A (4) B

3 (1) 現 (2) 表 (3) 効 (4) 聞（利） (5) 厚 (6) 暑 (7) 熱

4 (1) 識 (2) 査 (3) 護 (4) 耕 (5) 資 (6) 限

5 (1) 阝—こざとへん (2) 扌—てへん (3) 隹—ふるとり (4) 士—さむらい

6 (1) す (2) る (3) す (4) げる (5) める (6) び

7 (1) ①耕 ②鉱 ③講 (2) ①災 ②際 ③採 (3) ①支 ②志 ③資

6級—3

◆31ページ◆

(1) じゅつご
(2) げいじゅつ
(3) じゅんび
(4) じょぶん
(5) しょうしゅう
(6) しょうしょ
(7) たいしょう
(8) しょうきん
(9) じょうやく
(10) げんじょう
(11) にちじょう
(12) ふぜい
(13) そしき
(14) きょうしょく
(15) せいふく
(16) せいのう
(17) しょうぶん
(18) せいさく
(19) けいせい
(20) せいりょく
(21) せいひん
(22) ぜいりつ
(23) じせき
(24) ぎょうせき
(25) ちょくせつ
(26) せつび
(27) だんぜつ
(28) そせん
(29) しっそ
(30) そうかい
(31) こうぞう
(32) げんぞう
(33) きゅうぞう
(34) はんそく
(35) よそく
(36) しょぞく
(37) のうりつ
(38) そんとく
(39) たいよ
(40) じょうたい
(41) せいたい
(42) ふとん
(43) はんだん
(44) けんちく
(45) ちょすいち
(46) しゅっちょう
(47) ていし
(48) ていきょう
(49) にってい
(50) てきにん

◆32ページ◆

(1) 述
(2) 技術
(3) 水準
(4) 順序
(5) 招
(6) 証明
(7) 気象
(8) 賞品
(9) 条約
(10) 条件
(11) 病状
(12) 常
(13) 情
(14) 織
(15) 職業
(16) 制限
(17) 気性
(18) 政治
(19) 勢力
(20) 精算
(21) 製造
(22) 税金
(23) 責
(24) 成績
(25) 接近
(26) 設
(27) 絶
(28) 祖国
(29) 素顔
(30) 総合
(31) 造営
(32) 想像
(33) 増
(34) 原則
(35) 測定
(36) 金属
(37) 率直
(38) 率
(39) 損
(40) 貸
(41) 態勢
(42) 団結
(43) 断
(44) 築
(45) 貯金
(46) 主張
(47) 停車
(48) 提出
(49) 過程
(50) 適材適所

◆33ページ◆

1 (1) 1 (2) 7 (3) 10 (4) 4

2 (1) D (2) B (3) A (4) C

3 (1) エ (2) ウ (3) イ

4 (1) エ (2) ア (3) ウ (4) イ

5
(1) 糸—いとへん
(2) 口—くにがまえ
(3) 斤—きん（おのづくり）
(4) ネ—しめすへん

6 (1) け (2) める (3) いる (4) い (5) ける (6) る

7 (1) 情 (2) 貸 (3) 増 (4) 精 (5) 築 (6) 断

6級—4

◆35ページ◆

(1) とういつ
(2) こうどう
(3) どうか
(4) どうにゅう
(5) なっとく
(6) どくぜつ
(7) どくじ
(8) にんむ
(9) ねんしょう
(10) ほんのう
(11) どくは
(12) きょうはん
(13) はんめい
(14) ぜっぱん
(15) たいひ
(16) ひだい
(17) ひれい
(18) ひょう
(19) しゅび
(20) ていひょう
(21) ひんこん
(22) ぶんぷ
(23) ふうふ
(24) ぶき
(25) はんぷく
(26) ふくせい
(27) ぶっきょう
(28) かふん
(29) ちょうへん
(30) ねつべん
(31) ほけん
(32) ぼぜん
(33) ほうこく
(34) ほうふ
(35) ぼうか
(36) ぼうえき
(37) ぼうり
(38) あば
(39) じんみゃく
(40) じむ
(41) はつゆめ
(42) ていめい
(43) わたげ
(44) ゆそう
(45) よち
(46) けいよう
(47) しょうりゃく
(48) るす
(49) りょうど
(50) れきだい

◆36ページ◆

(1) 伝統
(2) 食堂
(3) 銅像
(4) 指導
(5) 導
(6) 得意
(7) 消毒
(8) 独立
(9) 任命
(10) 燃
(11) 能力
(12) 破産
(13) 犯行
(14) 小判
(15) 版画
(16) 比例
(17) 肥
(18) 非常口
(19) 消費
(20) 整備
(21) 評価
(22) 貧弱
(23) 毛布
(24) 婦人
(25) 武力
(26) 復習
(27) 複雑
(28) 念仏
(29) 粉雪
(30) 編
(31) 弁論
(32) 保
(33) 墓地
(34) 報
(35) 豊
(36) 防
(37) 貿易
(38) 暴言
(39) 文脈
(40) 義務
(41) 夢中
(42) 迷路
(43) 綿花
(44) 輸血
(45) 余
(46) 容易
(47) 計略
(48) 保留
(49) 要領
(50) 経歴

◆37ページ◆

1 (1) 8 (2) 15 (3) 11 (4) 10

2 (1) A (2) D (3) C (4) B

3 (1) 敗 (2) 破 (3) 止 (4) 留 (5) 犯 (6) 反 (7) 判

4 (1) 能 (2) 輸 (3) 布 (4) 粉 (5) 夢 (6) 貿

5
(1) 頁—おおがい
(2) 宀—うかんむり
(3) 月—にくづき
(4) 犭—けものへん

6 (1) べる (2) える (3) つ (4) いる (5) れる (6) やす

7
(1) ①復 ②複 ③服
(2) ①非 ②比 ③費
(3) ①報 ②放 ③豊

6級 ― 模擬試験

◇38～41ページ◇

(一)
1 いじゅう
2 はんどく
3 かいてき
4 くら
5 ゆうえき
6 かせつ
7 へ
8 ふくしゃ
9 こうひょう
10 はんこう
11 かくりつ
12 ひたい
13 へ
14 さいしゅう
15 ざいがく
16 しきゅう
17 あ
18 こくじ
19 がくしき
20 さず

(二)
1 **ア**　6 **エ**
2 **ウ**　7 **イ**
3 **イ**　8 **ウ**
4 **ア**　9 **イ**
5 **ウ**　10 **ア**

(三)
1 **10・12**
2 **12・15**
3 **14・17**
4 **9・10**
5 **4・12**

(四)
1 際
2 採
3 招
4 象
5 犯
6 判
7 構
8 興
9 講

(五)
シ　1 飼　2 志　3 師
セイ　1 勢　2 精　3 性

(六)
1 往　6 過
2 務　7 賛
3 旧　8 均
4 許　9 備
5 険　10 婦

(七)
1 **ウ**　6 **イ**
2 **エ**　7 **ア**
3 **ア**　8 **イ**
4 **ウ**　9 **エ**
5 **オ**　10 **オ**

(八)
1 過ごす
2 逆らう
3 久しい
4 潔い
5 険しい
6 現れる
7 謝る
8 構える
9 混ぜる
10 増やす

(九)
1 演　6 幹
2 寄　7 耕
3 統　8 識
4 輸　9 評
5 暴　10 属

(十)
1 **キ**・⻌
2 **エ**・口
3 **カ**・氵
4 **イ**・刂
5 **ウ**・忄

(十一)
1 解決
2 慣
3 告白
4 相応
5 全快
6 新幹線
7 心境
8 夢中
9 輸出
10 費
11 容器
12 有能
13 大破
14 燃
15 横断
16 実態
17 予測
18 配属
19 述
20 災

5級—1

◆43ページ◆

(1) い (2) いぎ (3) いしつ (4) りゅういき (5) きう (6) はんえい (7) えんき (8) えんせん (9) おんし (10) われ (11) はいいろ (12) かくちょう (13) かくしん (14) かわ (15) かくぎ (16) わりあい (17) かつあい (18) ふるかぶ (19) じゃっかん (20) かんしょう (21) かんとう (22) かんばん (23) かんけつ (24) かんそ (25) きがい (26) あや (27) きじょう (28) きはつ (29) こうき (30) とうと(たっと) (31) ぎもん (32) うたが (33) きゅうにゅう (34) くよう (35) きょうちゅう (36) ぼうきょう (37) きんごう (38) ごんぎょう (39) つと (40) すじみち (41) けいとう (42) けいあい (43) けいこく (44) けいび (45) げきだん (46) かんげき (47) はげ (48) あなば (49) りょけん (50) しょうけん

◆44ページ◆

(1) 胃 (2) 異常 (3) 遺産 (4) 流域 (5) 宇宙 (6) 映画 (7) 映 (8) 延長 (9) 延 (10) 沿 (11) 恩人 (12) 我 (13) 我が家 (14) 石灰 (15) 拡大 (16) 改革 (17) 内閣 (18) 天守閣 (19) 分割 (20) 割 (21) 株式 (22) 干物 (23) 巻 (24) 看護師 (25) 簡単 (26) 危険 (27) 危 (28) 机 (29) 発揮 (30) 指揮者 (31) 貴重 (32) 高貴 (33) 半疑 (34) 吸収 (35) 吸 (36) 供給 (37) 供 (38) 度胸 (39) 胸 (40) 故郷 (41) 勤務 (42) 筋肉 (43) 体系 (44) 敬 (45) 警報 (46) 演劇 (47) 激 (48) 墓穴 (49) 図書券 (50) 絹

◆45ページ◆

1 (1) 8 (2) 4 (3) 9 (4) 6

2 (1) A (2) C (3) D (4) B

3 (1) エ (2) イ (3) ウ

4 (1) 危 (2) 延 (3) 拡 (4) 異

5 (1) 宀—うかんむり (2) 阝—おおざと (3) 日—ひへん (4) 刂—りっとう (5) 土—つちへん (6) 廴—えんにょう

6 (1) う (2) える (3) い (4) る (5) れる (6) しい

7 (1) 警告 (2) 沿線 (3) 簡潔 (4) 供給

5級—2

◆47ページ◆

(1) けんり (2) けんしょう (3) きげん (4) きび (5) こっき (6) てんこ (7) ごさ (8) こうたいごう (9) こうよう (10) ほうおう (11) しんく (12) くれない (13) こうう (14) こうざい (15) はがね (16) しんこく (17) こくそう (18) ざっこく (19) きんこつ (20) こんなん (21) さきん (22) すなば (23) ざせき (24) へんさい (25) す (26) ようさい (27) さくりゃく (28) さんさく (29) さっし (30) さんぎょう (31) ひっし (32) いた (33) しざい (34) ようし (35) しゃ (36) むし (37) さくし (38) にっし (39) じき (40) はんしゃ (41) い (42) す (43) しゅくしゃく (44) じゃっかん (45) わかば (46) じゅりつ (47) しゅうしゅう (48) かいしゅう (49) しゅうしょく (50) じょうじゅ

◆48ページ◆

(1) 人権 (2) 憲法 (3) 資源 (4) 源 (5) 厳守 (6) 己 (7) 呼 (8) 誤解 (9) 皇后 (10) 孝行 (11) 皇居 (12) 紅白 (13) 以降 (14) 降(下) (15) 鉄鋼 (16) 時刻 (17) 刻 (18) 穀物 (19) 骨折 (20) 骨 (21) 困 (22) 砂丘 (23) 土砂 (24) 星座 (25) 座 (26) 経済 (27) 裁判 (28) 裁 (29) 対策 (30) 散策 (31) 別冊 (32) 養蚕 (33) 至急 (34) 至 (35) 私事 (36) 姿勢 (37) 姿 (38) 視線 (39) 歌詞 (40) 雑誌 (41) 磁石 (42) 注射 (43) 取捨 (44) 尺度 (45) 老若 (46) 樹木 (47) 回収 (48) 収 (49) 宗教 (50) 就

◆49ページ◆

1 (1) 10 (2) 8 (3) 10 (4) 15

2 (1) D (2) C (3) A (4) B

3 (1) 裁 (2) 断 (絶) (3) 建 (4) 収 (5) 就 (6) 詞 (7) 誌

4 (1) 策 (2) 収 (3) 刻 (4) 済

5 (1) 广—まだれ (2) 心—こころ (3) ⺮—たけかんむり(たけ) (4) 口—くにがまえ (5) 禾—のぎへん (6) 口—くち

6 (1) る (2) しい (3) りる (4) つ (5) む (6) る

7 (1) 姿勢 (2) 点呼 (3) 必至 (4) 正視

5級—3

◇51ページ◇

(1)ぐんしゅう (2)じゅうじゅん (3)したが (4)じゅうだん (5)ちぢ (6)じゅくどく (7)じゅんぱく (8)たいしょ (9)ぶしょ (10)しょせつ (11)そうじ (12)うけたまわ (13)しゅしょう (14)きずぐち (15)こしょう (16)じょうはつ (17)ししん (18)じんあい (19)すいせん (20)だ (21)すいしん (22)すんだん (23)いっすん (24)ぜんせい (25)も (26)せいぼ (27)せいじん (28)せいしんせいい (29)まこと (30)ひつぜつ (31)せんげん (32)せんせん (33)せんもん (34)げんせん (35)いずみ (36)せんれん (37)あら (38)かんせん (39)そ (40)あくせん (41)かいぜん (42)よ (43)えんそう (44)しゃそう (45)まどぐち (46)どくそう (47)つく (48)いしょう (49)よそお (50)ちそう

◇52ページ◇

(1)観衆 (2)従事 (3)縦 (4)縮図 (5)熟 (6)純真 (7)処置 (8)署名 (9)諸国 (10)除 (11)承知 (12)将来 (13)傷 (14)障 (15)蒸 (16)方針 (17)仁義 (18)垂直 (19)推理 (20)推 (21)寸法 (22)寸分 (23)盛大 (24)盛 (25)神聖 (26)聖火 (27)誠心誠意 (28)弁舌 (29)宣伝 (30)宣戦 (31)専念 (32)専 (33)温泉 (34)洗顔 (35)洗 (36)伝染 (37)染 (38)金銭 (39)善悪 (40)改善 (41)合奏 (42)奏 (43)同窓 (44)窓口 (45)創立 (46)創意 (47)包装 (48)装 (49)高層 (50)上層

◇53ページ◇

1 (1)3 (2)6 (3)6 (4)6

2 (1)C (2)A (3)B (4)D

3 (1)ウ (2)ア (3)イ

4 (1)善 (2)創 (3)垂 (4)純

5 (1)手—て (2)彳—ぎょうにんべん (3)皿—さら (4)灬—れんが(れっか) (5)宀—うかんむり (6)穴—あなかんむり

6 (1)める (2)ん (3)える (4)める (5)る (6)い

7 (1)ウ (2)ア (3)ア (4)ア

5級—4

◇55ページ◇

(1)そうさ (2)あやつ (3)ぞうしょ (4)ないぞう (5)ぞんぶん (6)そんちょう (7)とうと(たっと) (8)じたい (9)じたく (10)たくち (11)たんとう (12)かつ (13)たんち (14)せいたん (15)しゅだん (16)だんとう (17)あたた (18)ねだん (19)ちゅう (20)ちゅうこく (21)ちょめい (22)あらわ (23)かんちょう (24)ぜっちょう (25)いちょう (26)ふうちょう (27)うんちん (28)つうかん (29)いた (30)むてき (31)てんぼう (32)とうろん (33)かたきう (34)ととう (35)とうぶん (36)とど (37)ひなん (38)にゅうし (39)ちち (40)にんしき (41)みと (42)のうぜい (43)すいとう (44)ずのう (45)はせい (46)さんぱい (47)おが (48)せなか (49)はいえん (50)はいゆう

◇56ページ◇

(1)体操 (2)操 (3)所蔵 (4)心臓 (5)存在 (6)保存 (7)尊大 (8)退 (9)宅配便 (10)分担 (11)担 (12)探(捜) (13)誕生 (14)段階 (15)温暖 (16)暖 (17)価値 (18)値 (19)宇宙 (20)忠実 (21)著 (22)県庁 (23)頂 (24)大腸 (25)潮風 (26)賃金 (27)苦痛 (28)強敵 (29)発展 (30)検討 (31)政党 (32)砂糖 (33)届 (34)苦難 (35)難 (36)乳 (37)承認 (38)認 (39)納得 (40)納 (41)首脳 (42)脳裏 (43)特派員 (44)拝借 (45)拝 (46)背後 (47)背 (48)肺活量 (49)俳句 (50)俳人

◇57ページ◇

1 (1)15 (2)9 (3)9 (4)9

2 (1)C (2)A (3)B (4)D

3 (1)納 (2)修 (3)収 (4)蔵 (5)臓 (6)担 (7)探

4 (1)段 (2)納 (3)値 (4)著

5 (1)隹—ふるとり (2)月—にくづき (3)言—ごんべん (4)宀—うかんむり (5)日—ひへん (6)氵—さんずい

6 (1)る (2)ける (3)ぶ (4)しい (5)かい (6)める

7 (1)ウ (2)エ (3)エ (4)ア

5級—5

◇59ページ◇

(1) はん
(2) こんばん
(3) あんぴ
(4) いな
(5) ひひょう
(6) ひきょう
(7) いっぴょう
(8) すみだわら
(9) ちゅうふく
(10) はっぷん
(11) へいこう
(12) なみき
(13) へいか
(14) へいこう
(15) と
(16) だんぺん
(17) かたがわ
(18) ほきゅう
(19) ぼしょく
(20) く
(21) ざいほう
(22) らいほう
(23) おとず
(24) もうじゃ
(25) な
(26) わす
(27) あいぼう
(28) まいきょ
(29) あんまく
(30) ばくまつ
(31) めんみつ
(32) かめい
(33) もけい
(34) わやく
(35) わけ
(36) ゆうそう
(37) ゆうい
(38) あず
(39) ようねん
(40) おさな
(41) いよく
(42) よくしゅう
(43) らんせん
(44) さんらん
(45) かんらん
(46) ひょうり
(47) りちぎ
(48) のぞ
(49) ろうどく
(50) げんろん

◇60ページ◇

(1) 班長
(2) 晩
(3) 否定
(4) 批判
(5) 神秘
(6) 秘
(7) 土俵
(8) 腹
(9) 興奮
(10) 奮
(11) 並列
(12) 並
(13) 陛下
(14) 閉会
(15) 閉
(16) 破片
(17) 片手
(18) 補
(19) 歳暮
(20) 子宝
(21) 訪問
(22) 亡命
(23) 忘年
(24) 棒大
(25) 枚数
(26) 大枚
(27) 開幕
(28) 密集
(29) 連盟
(30) 模様
(31) 大規模
(32) 訳
(33) 郵便
(34) 優
(35) 預金
(36) 幼
(37) 食欲
(38) 欲
(39) 翌日
(40) 乱
(41) 卵
(42) 展覧
(43) 脳裏
(44) 裏口
(45) 規律
(46) 臨機
(47) 朗報
(48) 朗
(49) 論理
(50) 口論

◇61ページ◇

1 (1) 7 (2) 13 (3) 17 (4) 7

2 (1) C (2) B (3) D (4) A

3 (1) 臨 (2) 望 (3) 腹 (4) 復 (5) 役 (6) 訳

4 (1) 棒 (2) 晩 (3) 翌 (4) 乱

5
(1) 門—もんがまえ
(2) 心—こころ
(3) ネ—ころもへん
(4) 阝—おおざと
(5) 阝—こざとへん
(6) 欠—あくび（かける）

6 (1) しい (2) ける (3) める (4) べる・ぶ (5) い (6) む

7 (1) 棒 (2) 訪 (3) 片 (4) 暮 (5) 律 (6) 晩 (7) 裏 (8) 朗 (9) 乱 (10) 密

5級 ― 模擬試験

◆62〜65ページ◆

(一)
1 いろん
2 じが
3 ひかく
4 ぶっかく
5 かつあい
6 いた
7 きょうり
8 はげ
9 げんじゅう
10 ざいげん
11 りこ
12 ほねみ
13 しなん
14 たいじゅ
15 なら
16 いただ
17 かそう
18 そうさ
19 たず
20 しょく

(二)
1 **か・ウ**
2 **け・カ**
3 **う・コ**
4 **こ・キ**
5 **お・イ**

(三)
1 延ばす
2 危うい
3 疑う
4 厳か
5 裁く
6 済ます
7 著す
8 暮らす
9 訪れる
10 優しい

(四)
1 幕
2 探
3 革
4 刻
5 宣
6 座
7 補
8 暮
9 訳
10 否

(五)
1 **10・11**
2 **7・12**
3 **8・9**
4 **4・8**
5 **10・19**

(六)
1 **ア**
2 **ア**
3 **ウ**
4 **ア**
5 **イ**
6 **イ**
7 **ウ**
8 **ウ**
9 **エ**
10 **ウ**

(七)
1 遺
2 厳
3 降
4 収
5 従
6 簡
7 激
8 郷
9 著
10 展

(八)
1 誤
2 謝
3 回収
4 改修
5 就
6 着
7 創造
8 想像
9 検討
10 見当

(九)
1 **ウ**
2 **オ**
3 **ウ**
4 **ア**
5 **エ**
6 **イ**
7 **ア**
8 **エ**
9 **イ**
10 **オ**

(十)
1 **ウ・ケ**
2 **イ・サ**
3 **コ・オ**
4 **カ・エ**
5 **ア・ク**

(十一)
1 全域
2 巻
3 沿
4 拡声
5 深呼吸
6 胸中
7 筋
8 警官
9 劇団
10 射
11 大衆
12 蒸
13 針
14 進展
15 縮

4級—1

◇67ページ◇

(1) あくしゅ (2) あつか (3) いらい (4) けんい (5) むさくい (6) いじん (7) そうい (8) せんい (9) けいい (10) いちまん (11) いもむし (12) いんしつ (13) いんとく (14) さつえい (15) えいり (16) たくえつ (17) えんご (18) しえん (19) えんまく (20) なまり (21) えんこ (22) おてん (23) おういん (24) きょうおう (25) おくそく

(26) せいか (27) きゅうか (28) かじょう (29) ふうが (30) かいにゅう (31) ちゅうかい (32) かいりつ (33) かいむ (34) ほうかい (35) かくさ (36) かくとく (37) くさか (38) かんみ (39) かんがん (40) かんぱい (41) かんこく (42) かんたい (43) かんさ (44) そうかん (45) じゅんかん (46) かんじょう (47) かんてい (48) がんゆう (49) きせき (50) きがん

◇68ページ◇

(1) 把握 (2) 扱 (3) 依存 (4) 威力 (5) 行為 (6) 偉大 (7) 違反 (8) 維持 (9) 緯度 (10) 壱（一） (11) 山芋 (12) 木陰 (13) 隠居 (14) 影響 (15) 精鋭 (16) 超越 (17) 援助 (18) 煙突 (19) 土煙 (20) 鉛筆 (21) 縁起 (22) 汚染 (23) 押収 (24) 奥義 (25) 奥地 (26) 記憶 (27) 菓子

(28) 余暇 (29) 箇所 (30) 優雅 (31) 紹介 (32) 訓戒 (33) 皆勤 (34) 破壊 (35) 比較 (36) 捕獲 (37) 獲物 (38) 刈 (39) 甘言 (40) 汗 (41) 乾燥 (42) 勧誘 (43) 歓喜 (44) 監督 (45) 環境 (46) 鑑賞 (47) 含蓄 (48) 含 (49) 奇妙 (50) 祈

◇69ページ◇

1 (1) オ (2) キ (3) カ (4) ア (5) イ (6) エ

2 (1) 歓 (2) 違 (3) 壊 (4) 陰

3 (1) ウ (2) ア (3) エ

4 (1) D (2) C (3) A (4) B

5 (1) 鑑 (2) 偉 (3) 陰

6 (1) める (2) く (3) い (4) う

7 (1) 汚 (2) 獲 (3) 縁 (4) 介

4級—2

◇71ページ◇

(1) きじん（きしん） (2) いくぶん (3) かがや (4) れいぎ (5) ぎきょく (6) なんきつ (7) へんきゃく (8) ぼうきゃく (9) しっきゃく (10) ついきゅう (11) きゅうりょう (12) ろうきゅう (13) きょじん (14) じゅんきょ (15) しょうこ (16) きょり (17) ごしょ (18) きょうさく (19) きょうかん (20) きょうき (21) じっきょう (22) せいきょう (23) へんきょう (24) きょうしゅく (25) はんきょう

(26) きょうたん (27) ぎょうてん (28) あおむ (29) くじょ (30) くっし (31) りくつ (32) はっくつ (33) く (34) おんけい (35) けいとう (36) けいしょう (37) そうげい (38) げきたい (39) ひけん (40) けんぎょう (41) しんけん (42) けんすう (43) しゅとけん (44) けんじ (45) こづか (46) げんまい (47) えいこ (48) こだい (49) こぶ (50) こうご

◇72ページ◇

(1) 鬼才 (2) 幾何 (3) 光輝 (4) 儀式 (5) 遊戯 (6) 戯 (7) 詰問 (8) 退却 (9) 脚本 (10) 普及 (11) 砂丘 (12) 不朽 (13) 巨大 (14) 根拠 (15) 距離 (16) 制御 (17) 凶器 (18) 叫 (19) 熱狂 (20) 状況 (21) 狭義 (22) 狭苦 (23) 恐怖 (24) 影響 (25) 驚異 (26) 信仰 (27) 駆使

(28) 不屈 (29) 採掘 (30) 繰 (31) 知恵 (32) 傾斜 (33) 継続 (34) 歓迎 (35) 攻撃 (36) 双肩 (37) 兼用 (38) 剣道 (39) 一軒 (40) 軒並 (41) 圏内 (42) 堅固 (43) 派遣 (44) 玄関 (45) 枯渇 (46) 誇張 (47) 誇 (48) 太鼓 (49) 互角 (50) 互

◇73ページ◇

1 (1) C (2) B (3) D (4) A

2 (1) 凶 (2) 恵 (3) 互 (4) 儀

3 (1) 堅 (2) 遣 (3) 圏 (4) 継 (5) 傾 (6) 況 (7) 響

4 (1) 辶—しんにゅう（しんにょう） (2) 犭—けものへん (3) 尸—かばね（しかばね） (4) 月—にくづき (5) 戈—ほこづくり（ほこがまえ） (6) 彳—ぎょうにんべん

5 (1) 却 (2) 掘 (3) 剣

6 (1) く (2) れる (3) く (4) れる

7 (1) 誇 (2) 兼 (3) 互 (4) 駆 (5) 距 (6) 及

4級—3

◆75ページ◆

(1)こうぎ (2)たいこう (3)こうしゅ (4)こうしん (5)こうじょう (6)こうりょう (7)あらなみ (8)じこう (9)いこう (10)ごうほう (11)こ (12)こんやく (13)こんれい (14)さこく (15)すいさい (16)さいにゅう (17)きさい (18)げざい (19)おそざ (20)ざんぱい (21)ようし (22)うかが (23)ふうし (24)ゆし (25)むらさき

(26)しふく (27)めばな (28)しっぴつ (29)しばい (30)しゃめん (31)ぞうに (32)しゃくほう (33)えしゃく (34)さび (35)しゅいろ (36)しおひが (37)しゅこう (38)ひつじゅ (39)ふなうた (40)しゅうさい (41)しゅうらい (42)じゅうなん (43)やわ (44)かいじゅう (45)いっしゅん (46)じゅんかん (47)じゅんさ (48)たて (49)しょうかん (50)おんしょう

◆76ページ◆

(1)反抗 (2)攻撃 (3)水攻 (4)変更 (5)恒例 (6)荒廃 (7)荒波 (8)項目 (9)原稿 (10)豪華 (11)豪勢 (12)人込 (13)結婚 (14)閉鎖 (15)色彩 (16)彩 (17)歳末 (18)連載 (19)薬剤 (20)咲 (21)悲惨 (22)旨 (23)伺候 (24)名刺 (25)脂肪 (26)脂身 (27)紫煙

(28)雌雄 (29)固執 (30)芝生 (31)傾斜 (32)煮沸 (33)解釈 (34)静寂 (35)朱肉 (36)狩猟 (37)趣味 (38)需要 (39)小舟 (40)優秀 (41)襲撃 (42)柔和 (43)猛獣 (44)獣道 (45)瞬間 (46)上旬 (47)巡視 (48)矛盾 (49)召集 (50)病床

◆77ページ◆

1 (1)エ (2)ク (3)イ (4)ウ (5)オ (6)カ

2 (1)抗 (2)鎖 (3)雌 (4)需

3 (1)ウ (2)エ (3)ア

4 (1)B (2)A (3)C (4)D

5 (1)召 (2)旨 (3)剤

6 (1)でた (2)める (3)く (4)る

7 (1)項 (2)柔 (3)煮 (4)刺

4級—4

◆79ページ◆

(1)ぬまち (2)たいしょう (3)しょうかい (4)みしょう (5)きじょう (6)じょうご (7)ようしょく (8)しゅうしょく (9)かんしょく (10)しんりゃく (11)ふしん (12)しんとう (13)しんぐ (14)ねいき (15)きんしん (16)しんどう (17)たきぎ (18)むじん (19)しゅつじん (20)じんちゅう (21)じんじょう (22)こすい (23)ぜひ (24)どうせい (25)かいせい

(26)えんせい (27)じんせき (28)あとめ (29)せんゆう (30)せんす (31)せんど (32)はいそ (33)こうそう (34)しょうそう (35)そうぜん (36)ぞうとう (37)そっこく (38)そっきょう (39)ぞくぶつ (40)たいきゅう (41)だいたい (42)しょうたく (43)かんたく (44)おだく (45)だったい (46)たんせい (47)たんぱく (48)きょうたん (49)せんたん (50)みちばた

◆80ページ◆

(1)湖沼 (2)称賛（賞賛） (3)紹介 (4)詳細 (5)丈夫 (6)背丈 (7)畳 (8)繁殖 (9)装飾 (10)接触 (11)侵 (12)振動 (13)振 (14)浸水 (15)水浸 (16)就寝 (17)慎重 (18)震 (19)薪炭 (20)尽力 (21)陣地 (22)尋問 (23)尋 (24)吹奏 (25)吹 (26)是認

(27)姓名 (28)征服 (29)遺跡 (30)占領 (31)扇動 (32)新鮮 (33)起訴 (34)僧侶 (35)乾燥 (36)騒動 (37)寄贈 (38)即席 (39)風俗 (40)忍耐 (41)交替（交代） (42)光沢 (43)開拓 (44)濁流 (45)脱落 (46)丹念 (47)冷淡 (48)淡雪 (49)感嘆 (50)極端

◆81ページ◆

1 (1)B (2)A (3)C (4)D

2 (1)脱 (2)淡 (3)濁 (4)慎

3 (1)陣 (2)尽 (3)殖 (4)飾 (5)触 (6)征 (7)姓

4 (1)禾—のぎへん (2)魚—うお（うおへん） (3)火—ひへん (4)貝—かいへん (5)卩—わりふ（ふしづくり） (6)艹—くさかんむり

5 (1)エ (2)カ (3)オ (4)ア

6 (1)える (2)しい (3)わる (4)める

7 (1)端 (2)寝 (3)跡 (4)拓 (5)耐 (6)騒

4級―5

◇83ページ◇

(1) だんりょく (2) はじ (3) いっち (4) ちえん (5) ちくせき (6) たくわ (7) ちょうば (8) とくちょう (9) うわず (10) ちんもく (11) ちんちょう (12) ていしょく (13) ぼうはてい (14) てきしゅつ (15) てんてき (16) てんぷ (17) きゅうでん (18) とのがた (19) とろ (20) ぜんと (21) とじょう (22) とべい (23) のうど (24) どせい (25) とうたつ (26) さっとう (27) とうひ (28) のが (29) だとう (30) からくさ (31) はくとう (32) しんとう (33) とうなん (34) ぶっとう (35) りくとう (36) いなほ (37) とうしゅう (38) かくとう (39) どうぎ (40) とうげじ (41) とつにゅう (42) どんこう (43) くも (44) に (45) ぼんのう (46) のうたん (47) しゅくはい (48) こうはい (49) はくしゃ (50) ていはく

◇84ページ◇

(1) 弾圧 (2) 弾 (3) 恥 (4) 誘致 (5) 遅刻 (6) 貯蓄 (7) 跳躍 (8) 跳 (9) 象徴 (10) 清澄 (11) 沈没 (12) 沈 (13) 珍 (14) 抵抗 (15) 堤防 (16) 指摘 (17) 水滴 (18) 滴 (19) 添加 (20) 御殿 (21) 吐 (22) 途中 (23) 渡航 (24) 奴隷 (25) 激怒 (26) 到着 (27) 逃亡 (28) 傾倒 (29) 唐突 (30) 桃色 (31) 透明 (32) 強盗 (33) 塔 (34) 稲作 (35) 雑踏 (36) 闘争 (37) 胴 (38) 峠道 (39) 突然 (40) 鈍感 (41) 曇天 (42) 弐 (43) 苦悩 (44) 悩 (45) 濃霧 (46) 乾杯 (47) 先輩 (48) 拍手 (49) 拍子 (50) 宿泊

◇85ページ◇

1 (1) エ (2) ウ (3) ア (4) イ (5) オ (6) カ

2 (1) 蓄 (2) 沈 (3) 抵 (4) 輩

3 (1) ア (2) イ (3) ウ

4 (1) D (2) C (3) B (4) A

5 (1) 堤 (2) 胴 (3) 倒

6 (1) しい (2) れる (3) ます (4) る

7 (1) 途 (2) 致 (3) 闘 (4) 沈

4級―6

◇87ページ◇

(1) はくがい (2) はくひょう (3) うすもの (4) ばくだん (5) さんぱつ (6) ばっすい (7) しょばつ (8) ぜんぱん (9) しょはん (10) しはん (11) はんにゅう (12) きはん (13) はんえい (14) しゅうばん (15) かれ (16) きづか (17) ひふく (18) ひしょ (19) しゅび (20) びしょう (21) すうひき (22) そびょう (23) はまべ (24) きびん (25) びんそく (26) こわ (27) ふりょく (28) ふきゅう (29) やすぶしん (30) とうふ (31) やしき (32) かんぷ (33) てんぷ (34) ぶよう (35) ぜんぷく (36) しはら (37) ふんすい (38) ひとがら (39) しょうへき (40) たいほ (41) と (42) てんぽ (43) かいほう (44) しゅうほう (45) ほうげき (46) ほうせい (47) ぼうさつ (48) しゅくぼう (49) しぼう (50) ぼうとう

◇88ページ◇

(1) 迫力 (2) 軽薄 (3) 薄暮 (4) 爆発 (5) 頭髪 (6) 抜群 (7) 抜 (8) 罰則 (9) 一般 (10) 販売 (11) 運搬 (12) 模範 (13) 繁殖 (14) 地盤 (15) 彼岸 (16) 疲労 (17) 被害 (18) 被 (19) 避難 (20) 尾根 (21) 微妙 (22) 匹敵 (23) 描写 (24) 描 (25) 海浜 (26) 敏感 (27) 恐怖 (28) 浮上 (29) 普通 (30) 腐敗 (31) 敷設（布設） (32) 皮膚 (33) 月賦 (34) 舞台 (35) 肩幅 (36) 払底 (37) 噴火 (38) 横柄 (39) 壁画 (40) 捕獲 (41) 舗装 (42) 抱負 (43) 抱 (44) 連峰 (45) 大砲 (46) 多忙 (47) 忙 (48) 坊主 (49) 脂肪 (50) 冒険

◇89ページ◇

1 (1) D (2) A (3) B (4) C

2 (1) 搬 (2) 範 (3) 普 (4) 壁

3 (1) 避 (2) 被 (3) 捕 (4) 採 (5) 取 (6) 尾 (7) 微

4 (1) 巾―はばへん（きんべん） (2) 疒―やまいだれ (3) 攵―のぶん（ぼくづくり） (4) 忄―りっしんべん (5) 月―にくづき (6) 皿―さら

5 (1) 抱 (2) 迫 (3) 噴

6 (1) う (2) かべる (3) らす (4) ける

7 (1) 冒 (2) 繁 (3) 膚 (4) 髪 (5) 描 (6) 販

4級—7

◆91ページ◆

(1) ぼうせん
(2) だつぼう
(3) ひぼん
(4) ぼんさい
(5) まんせい
(6) まんぜん
(7) こうみょう
(8) びみょう
(9) すいみん
(10) ほこさき
(11) むしょう
(12) まごむすめ
(13) しげ
(14) ゆうもう
(15) もうまく
(16) もくにん
(17) はもん
(18) やくしん
(19) ゆうし
(20) おすいぬ
(21) よとう
(22) えいよ
(23) ようかい
(24) こしぬ
(25) おど
(26) かよう
(27) りょうよく
(28) らいめい
(29) いらい
(30) かみだの
(31) みゃくらく
(32) らんかん
(33) りさん
(34) こめつぶ
(35) はいりょ
(36) りょうよう
(37) りんじん
(38) なみだごえ
(39) れいぞく
(40) ろうれい
(41) うるわ
(42) かんれき
(43) れっせい
(44) ねつれつ
(45) しつれん
(46) ばくろ
(47) よつゆ
(48) ろうとう
(49) めいわく
(50) しゅわん

◆92ページ◆

(1) 傍観
(2) 傍
(3) 帽子
(4) 平凡
(5) 盆地
(6) 我慢
(7) 漫画
(8) 奇妙
(9) 安眠
(10) 矛盾
(11) 濃霧
(12) 霧雨
(13) 娘
(14) 繁茂
(15) 猛烈
(16) 網戸
(17) 沈黙
(18) 指紋
(19) 小躍
(20) 英雄
(21) 関与
(22) 名誉
(23) 誉
(24) 溶岩
(25) 腰痛
(26) 舞踊
(27) 童謡
(28) 尾翼
(29) 雷雨
(30) 信頼
(31) 連絡
(32) 欄外
(33) 離別
(34) 粒子
(35) 豆粒
(36) 遠慮
(37) 医療
(38) 隣接
(39) 感涙
(40) 奴隷
(41) 年齢
(42) 華麗
(43) 旧暦
(44) 優劣
(45) 烈火
(46) 恋心
(47) 露骨
(48) 新郎
(49) 惑星
(50) 腕力

◆93ページ◆

1
(1) キ (2) カ (3) オ (4) エ (5) ア (6) ウ

2
(1) 凡 (2) 劣 (3) 郎 (4) 与 (5) 慢 (6) 雄

3
(1) イ (2) オ (3) カ (4) ア (5) キ (6) ウ

4
(1) A (2) D (3) C (4) B

5
(1) 暦 (2) 溶 (3) 網

6
(1) む (2) れる (3) しい (4) る

7
(1) 惑 (2) 麗 (3) 傍 (4) 猛

4級 — 模擬試験

◇94〜97ページ◇

(一)
1 いふう
2 しんちょう
3 がしゅ
4 かんじゅ
5 きばつ
6 いくた
7 かがや
8 せいぎょ
9 せんく
10 つ
11 しきさい
12 さんじ
13 に
14 しゃくめい
15 またた
16 じゅんかい
17 とうとつ
18 えんじん
19 たず
20 ぜせい
21 あざ
22 はんも
23 へいさ
24 たくわ
25 のが
26 めいよ
27 ぜっぺき
28 そ
29 れっか
30 まど

(二)
1 **ク**
2 **カ**
3 **イ**
4 **オ**
5 **ア**

(三)
1 驚
2 姓
3 倒
4 環
5 眠
6 離
7 腕
8 兼
9 祈
10 途

(四)
1 畜・蓄
2 侵・浸
3 迫・泊
4 義・儀
5 映・影
6 穫・獲
7 奮・噴
8 億・憶
9 滴・摘
10 勧・歓

(五)
1 捕らえる
2 傾け
3 迎える
4 載せる
5 柔らかい

(六)
1 鈍
2 乾
3 般
4 及
5 脱
6 釈
7 俗
8 継
9 歳
10 妙

(七)
1 **エ**
2 **イ**
3 **ウ**
4 **ア**
5 **イ**
6 **エ**
7 **ウ**
8 **ウ**
9 **ア**
10 **イ**

(八)
1 **ア**
2 **イ**
3 **ウ**
4 **オ**
5 **エ**
6 **エ**
7 **イ**
8 **オ**
9 **ア**
10 **ウ**

(九)
1 **オ**
2 **ア**
3 **イ**
4 **オ**
5 **イ**
6 **エ**
7 **ア**
8 **ウ**
9 **エ**
10 **ウ**
11 **イ**
12 **エ**
13 **イ**
14 **オ**
15 **ア**

(十)
1 握
2 鼓動
3 依然
4 優越
5 禁煙
6 隠
7 押
8 監視
9 範囲
10 脈絡
11 依頼
12 軒
13 風刺
14 執念
15 斜
16 襲
17 躍進
18 振
19 訴
20 即売

3級―1

◇99ページ◇

(1) ひあい (2) いもん (3) ろうえい (4) まんえつ (5) こうえつ (6) えんじょう (7) しゅくえん (8) おうしゅう (9) なぐ (10) おつ (11) おろしね (12) たなおろし (13) おだ (14) かきょう (15) しょか (16) しょうか (17) はなよめ (18) きが (19) きかい (20) くや (21) だんかい (22) ふんがい (23) とうがい (24) がいよう (25) じょうかく

(26) かくり (27) しゅうかく (28) がくふ (29) こころが (30) かっくう (31) かんよう (32) おうかん (33) かんじょう (34) かんてつ (35) かんき (36) かんさん (37) かかん (38) かんきゅう (39) きぎょう (40) くわだ (41) きんき (42) じょうき (43) きはん (44) きこん (45) きし (46) ききゃく (47) きば (48) あざむ (49) ぎだ (50) しゅんぎく

◇100ページ◇

(1) 哀願 (2) 慰労 (3) 詠嘆 (4) 詠 (5) 悦楽 (6) 閲覧 (7) 炎症 (8) 宴会 (9) 欧米 (10) 殴打 (11) 乙 (12) 卸売 (13) 穏健 (14) 佳作 (15) 架空 (16) 豪華 (17) 転嫁 (18) 餓死 (19) 怪談 (20) 後悔 (21) 塊 (22) 感慨 (23) 該当 (24) 概念 (25) 輪郭 (26) 間隔 (27) 収穫

(28) 山岳 (29) 掛 (30) 円滑 (31) 肝心 (32) 栄冠 (33) 勘弁 (34) 貫通 (35) 喚声 (36) 交換 (37) 勇敢 (38) 緩和 (39) 緩 (40) 企画 (41) 一周 (42) 忌 忌 (43) 軌道 (44) 既成 (45) 将棋 (46) 廃棄 (47) 騎士 (48) 詐欺 (49) 犠牲 (50) 菊花

◇101ページ◇

1 (1) カ (2) イ (3) エ (4) ア

2 (1) C (2) A (3) B

3 (1) ウ (2) イ (3) ア

4 (1) 穏 (2) 肝 (3) 佳 (4) 悦

5 (1) オ (2) エ (3) イ (4) ア (5) カ

6 (1) 殴 (2) 哀 (3) 怪

7 (1) てる (2) らか (3) める (4) てる

3級―2

◇103ページ◇

(1) きっぽう (2) きっさ (3) ざんぎゃく (4) けんきょ (5) こくう (6) かいきょう (7) きょうはく (8) ぎょうし (9) いっきん (10) きんきゅう (11) きんぱく (12) ぐち (13) ぐうぜん (14) ゆうぐう (15) しょけい (16) けいやく (17) はいけい (18) けいよう (19) れんけい (20) しょうけい (21) ようけい (22) くじら (23) せっけん (24) けんめい (25) げんそう

(26) ここう (27) えんこ (28) かいこ (29) かいこ (30) ごらく (31) かいご (32) こうし (33) こうみょう (34) こうおつ (35) たんこう (36) こうりゅう (37) こうがい (38) こうそ (39) あわ (40) こうか (41) こうしゅ (42) こうりょう (43) こうぼ (44) こくめい (45) かんごく (46) かいこん (47) こんいろ (48) せいこん (49) こんでん (50) さいむ

◇104ページ◇

(1) 不吉 (2) 喫煙 (3) 虐待 (4) 虐 (5) 虚構 (6) 峡谷 (7) 脅威 (8) 凝縮 (9) 斤量 (10) 緊張 (11) 愚劣 (12) 偶像 (13) 待遇 (14) 刑事 (15) 契機 (16) 啓示 (17) 掲示 (18) 携帯 (19) 携 (20) 休憩 (21) 鶏 (22) 捕鯨 (23) 倹約 (24) 賢 (25) 幻滅 (26) 孤独 (27) 括弧

(28) 雇 (29) 顧問 (30) 娯楽 (31) 覚悟 (32) 鼻孔 (33) 技巧 (34) 甲板 (35) 坑道 (36) 拘束 (37) 近郊 (38) 控 (39) 恐慌 (40) 硬直 (41) 絞 (42) 手綱 (43) 酵素 (44) 克服 (45) 地獄 (46) 恨 (47) 濃紺 (48) 魂胆 (49) 開墾 (50) 負債

◇105ページ◇

1 (1) 扌―てへん (2) 刂―りっとう (3) 心―こころ (4) 阝―おおざと

2 (1) C (2) D (3) B

3 (1) ウ (2) イ (3) オ (4) ア

4 (1) 吉 (2) 獄 (3) 賢 (4) 偶

5 (1) 娯 (2) 巧 (3) 遇 (4) 酵 (5) 契 (6) 魂

6 (1) 孤 (2) 坑 (3) 啓

7 (1) る (2) かす (3) らす (4) む

3級—3

◆107ページ◆

(1)かいさい (2)てんさく (3)あっさく (4)こうさく (5)とくさつ (6)さっか (7)ざんてい (8)ふくし (9)じっし (10)はか (11)じじょ (12)じひ (13)ちじく (14)しっぷう (15)しっそう (16)しつど (17)ようしゃ (18)じゃすい (19)とくしゅ (20)ちょうじゅ (21)しつじゅん (22)じゅんぽう (23)とつじょ (24)じょじょ (25)きょしょう

(26)じょうしょう (27)しょうちゅう (28)がっしょう (29)けっしょう (30)しょうそう (31)しょうげき (32)けいしょう (33)じょうちょう (34)じょう (35)じょうざい (36)じょうほ (37)しょくぼう (38)ぶじょく (39)くっしん (40)しんぼう (41)しんぎ (42)すいはん (43)じゅんすい (44)ろうすい (45)ますい (46)みすい (47)いなほ (48)ずいぶん (49)こつずい (50)かわせ

◆108ページ◆

(1)催促 (2)催 (3)削除 (4)搾取 (5)錯覚 (6)撮影 (7)摩擦 (8)暫時 (9)福祉 (10)施設 (11)施 (12)諮問 (13)侍従 (14)慈善 (15)主軸 (16)疾患 (17)多湿 (18)恩赦 (19)邪道 (20)殊勝 (21)寿命 (22)利潤 (23)遵守（順守） (24)欠如 (25)徐行 (26)師匠

(27)昇格 (28)掌握 (29)水晶 (30)焦点 (31)衝突 (32)半鐘 (33)冗談 (34)令嬢 (35)手錠 (36)分譲 (37)委嘱 (38)屈辱 (39)伸 (40)辛口 (41)審判 (42)炊事 (43)抜粋 (44)衰 (45)心酔 (46)遂行 (47)出穂 (48)随筆 (49)神髄（真髄） (50)浅瀬

◆109ページ◆

1 (1)ウ (2)カ (3)エ (4)イ

2 (1)D (2)A (3)C

3 (1)イ (2)イ (3)ア

4 (1)殊 (2)施 (3)軸 (4)寿

5 (1)ウ (2)エ (3)キ (4)オ (5)ア

6 (1)徐 (2)衰 (3)髄

7 (1)る (2)びる (3)がす (4)い

3級—4

◆111ページ◆

(1)ぎせい (2)はなむこ (3)やすぶしん (4)はいせき (5)いっせき (6)あいせき (7)しょせき (8)せつり (9)せっせい (10)せんすい (11)えいぜん (12)そがい (13)きょそ (14)そや (15)きそ (16)そうほう (17)そうでん (18)そうじ (19)まいそう (20)そうぐう (21)あいぞう (22)そくせい (23)ぞくぐん (24)たいまん (25)じゅたい

(26)かみぶくろ (27)たいほ (28)じゅうたい (29)たきがわ (30)さいたく (31)しょくたく (32)たっきゅう (33)しんたく (34)かいだく (35)だっかい (36)ごうたん (37)たんきん (38)ぶんだん (39)ちせつ (40)かちく (41)ちっそく (42)ちゅうせん (43)かいちゅう (44)ちゅうりゅう (45)ちょうこく (46)ちょうぜん (47)ちょうか (48)ぼうちょう (49)ちんれつ (50)ちんこん

◆112ページ◆

(1)犠牲 (2)婿養子 (3)請求 (4)斥候 (5)片言隻句 (6)惜別 (7)戸籍 (8)摂取 (9)潜在 (10)修繕 (11)阻止 (12)措置 (13)粗末 (14)粗 (15)礎 (16)双子座 (17)桑畑 (18)清掃 (19)葬式 (20)遭難 (21)憎悪 (22)促進 (23)盗賊 (24)怠 (25)胎児 (26)有袋類

(27)逮捕 (28)滞在 (29)滝 (30)選択 (31)卓越 (32)委託 (33)承諾 (34)奪 (35)落胆 (36)鍛練（鍛錬） (37)花壇 (38)幼稚 (39)牧畜 (40)窒素 (41)抽象 (42)鋳造 (43)鋳型 (44)駐車 (45)木彫 (46)彫像 (47)超越 (48)視聴 (49)陳述 (50)鎮静

◆113ページ◆

1 (1)禾—のぎへん (2)土—つちへん (3)貝—かいへん (4)彡—さんづくり

2 (1)A (2)D (3)C

3 (1)エ (2)イ (3)オ (4)イ

4 (1)婿 (2)怠 (3)抽 (4)鎮

5 (1)択 (2)隻 (3)奪 (4)籍 (5)陳 (6)潜

6 (1)促 (2)胆 (3)牲

7 (1)える (2)る (3)う (4)く

3級—5

◆115ページ◆

(1) しっつい (2) ていせい (3) かいてい (4) ていやく (5) せんてつ (6) いっと (7) とそう (8) れいとう (9) とうすい (10) すいとう (11) いんとく (12) きとく (13) やきぶた (14) りにょう (15) ねんちゃく (16) ろうば (17) はいき (18) ばいせき (19) ほばく (20) さつばつ (21) しゅっぱん (22) ばんそう (23) かはん (24) ばくはん (25) なんばん

(26) ひくつ (27) ぼひ (28) ひにょう (29) おとひめ (30) ひょうはく (31) さなえ (32) おもむ (33) おんぷ (34) ふうしょ (35) そほう (36) こうふく (37) てんぷく (38) ふんしつ (39) まぎ (40) ふんぼ (41) けっぺき (42) おうぼ (43) しぼ (44) ぼき (45) ほうめい (46) ほんぽう (47) いほう (48) ぶぎょう (49) どうほう (50) なら

◆116ページ◆

(1) 墜落 (2) 帝国 (3) 訂正 (4) 締結 (5) 哲学 (6) 北斗 (7) 塗料 (8) 凍結 (9) 陶芸 (10) 天然痘 (11) 匿名 (12) 篤志 (13) 養豚 (14) 尿意 (15) 粘土 (16) 老婆心 (17) 排除 (18) 陪審 (19) 束縛 (20) 伐採 (21) 帆船 (22) 同伴 (23) 湖畔 (24) 藩主 (25) 野蛮 (26) 卑下 (27) 卑

(28) 石碑 (29) 分泌 (30) 姫君 (31) 漂 (32) 種苗 (33) 赴任 (34) 切符 (35) 封印 (36) 起伏 (37) 覆面 (38) 紛争 (39) 紛 (40) 古墳 (41) 口癖 (42) 募集 (43) 慕 (44) 名簿 (45) 芳香 (46) 芳 (47) 邦楽 (48) 奉仕 (49) 細胞 (50) 模倣

◆117ページ◆

1 (1) イ (2) ウ (3) カ

2 (1) エ (2) ア (3) キ (4) ウ (5) オ

3 (1) エ (2) ア (3) ウ

4 (1) エ (2) ア (3) イ

5 (1) 束縛 (2) 野蛮 (3) 排気 (4) 模倣

6 (1) 漂 (2) 紛 (3) 癖

7 (1) める (2) く (3) せる (4) う

3級—6

◆119ページ◆

(1) ほうぎょ (2) ほうわ (3) ほうごう (4) きゅうぼう (5) さまた (6) かんぼう (7) ひとふさ (8) ぼうこく (9) ふく (10) むほん (11) すいぼく (12) ぼっとう (13) ほんい (14) じゃま (15) まいぞう (16) かくまく (17) またが (18) みわく (19) げんめつ (20) めんじょ (21) ゆうげん (22) かんゆう (23) ゆうしゅう (24) はつよう (25) ゆ

(26) ようご (27) よくせい (28) らたい (29) らんぴ (30) のうり (31) こうりゅう (32) りょうかい (33) きんりょう (34) りょうけん (35) ごりょう (36) ひょうろう (37) りんもう (38) げきれい (39) れいらく (40) あくりょう (41) ぶんれつ (42) せいれん (43) れんせい (44) こうろ (45) はろう (46) ほうろう (47) がろう (48) ろうかく (49) いろう (50) わんきょく

◆120ページ◆

(1) 崩壊 (2) 飽 (3) 裁縫 (4) 欠乏 (5) 妨害 (6) 冷房 (7) 某所 (8) 膨大 (9) 陰謀 (10) 墨絵 (11) 没収 (12) 翻訳 (13) 翻 (14) 魔法 (15) 埋 (16) 粘膜 (17) 又 (18) 魅力 (19) 点滅 (20) 免許 (21) 幽霊 (22) 誘惑 (23) 憂慮 (24) 抑揚 (25) 揚 (26) 動揺 (27) 抱擁

(28) 抑圧 (29) 丸裸 (30) 濫用 (31) 官吏 (32) 隆起 (33) 終了 (34) 猟師 (35) 丘陵 (36) 食糧（食料） (37) 厘 (38) 励 (39) 零下 (40) 霊験 (41) 決裂 (42) 裂 (43) 廉価 (44) 錬 (45) 暖炉 (46) 浪費 (47) 廊下 (48) 鐘楼 (49) 漏 (50) 湾内

◆121ページ◆

1 (1) カ—ちから (2) 广—まだれ (3) 月—にくづき (4) 氵—さんずい

2 (1) ア (2) エ (3) イ

3 (1) ウ (2) ア (3) オ (4) オ (5) イ (6) ウ

4 (1) 乏 (2) 抑 (3) 没 (4) 廉

5 (1) イ (2) ウ (3) オ (4) キ (5) エ

6 (1) 謀 (2) 零 (3) 裂

7 (1) ます (2) らむ (3) らす (4) れる

3級 ― 模擬試験

◆122～125ページ◆

(一)
1 なぐさ
2 えつらん
3 かいこん
4 がいとう
5 つらぬ
6 まんきつ
7 しょうこん
8 たずさ
9 ほどこ
10 にょじつ
11 そうだつ
12 うなが
13 ちゅうしゅつ
14 ちんあつ
15 ねんちゃく
16 とりょう
17 ちんぷ
18 まぎ
19 しゅうへき
20 まいぼつ
21 あざむ
22 りゅうせい
23 とくじつ
24 ほんやく
25 かんば
26 せっしゅ
27 たいのう
28 ごうか
29 しぼ
30 さくご

(二)
1 ク
2 エ
3 イ
4 カ
5 キ

(三)
1 無縫
2 勉励
3 一騎
4 孤立
5 果敢
6 粗製
7 滅裂
8 巧言
9 内憂
10 大胆

(四)
1 慨・概
2 獲・穫
3 義・犠
4 狭・峡
5 検・倹
6 雇・顧
7 職・嘱
8 蓄・畜
9 俳・排
10 碑・卑

(五)
1 埋める
2 怠ける
3 揺れる
4 惜しむ
5 憎らしい

(六)
1 邪
2 硬
3 虚
4 粋
5 匠
6 哲
7 催
8 譲
9 潤
10 了

(七)
1 エ
2 イ
3 ア
4 エ
5 エ
6 ウ
7 ア
8 ウ
9 イ
10 ア

(八)
1 ウ
2 エ
3 イ
4 ア
5 エ
6 ア
7 オ
8 イ
9 オ
10 ウ

(九)
1 エ
2 イ
3 ア
4 ウ
5 ア
6 オ
7 イ
8 ウ
9 エ
10 ア
11 オ
12 ウ
13 イ
14 エ（ア）
15 オ

(十)
1 穏
2 崩
3 冠水
4 既製
5 覚悟
6 撮
7 穂
8 屈辱
9 慈悲
10 凍
11 福祉
12 潜
13 伸
14 国籍
15 基礎
16 託児
17 鍛
18 嫁
19 縛
20 妨害

準2級

◆129ページ◆

(1) ありゅう
(2) いつだつ
(3) めんえき
(4) はいえつ
(5) かふく
(6) てんがい
(7) こうかく
(8) いっかつ
(9) こかつ
(10) ちょっかつ
(11) かんぼつ
(12) ていかん
(13) かんさん
(14) へんかん
(15) がんきょう
(16) てきぎ
(17) きゅうめい
(18) きゅうきょく
(19) きょうじゅ
(20) きょうが
(21) めっきん
(22) きんしん
(23) くんぷう
(24) けっしゅつ
(25) けんじょう
(26) けんしょう
(27) けねん
(28) ねんぐ
(29) きんこう
(30) ごうちょく
(31) れいこく
(32) こんい
(33) さいしょう
(34) そうさく
(35) せんたくし
(36) しっこく
(37) ちょうだ
(38) ゆうしゅう
(39) あいしゅう
(40) おうしゅう
(41) しゅうあく
(42) ほじゅう
(43) じしゅく
(44) しゅんさい
(45) じゅんしょく
(46) いんじゅん
(47) じょうちょ（じょうしょ）
(48) じょじゅつ
(49) ふしょう
(50) こうしょう

◆134ページ◆

(1) すいしょう
(2) むしょう
(3) ふんじん
(4) すうよう
(5) すうはい
(6) こうせつ
(7) かせん
(8) せんぷう
(9) へんせん
(10) ぜんぞう
(11) そがい
(12) そぞう
(13) よくそう
(14) だけつ
(15) だせい
(16) たいへい
(17) ちくじ
(18) せっちゅう
(19) ちょうはつ
(20) ちょくめい
(21) たんてい
(22) うんでい
(23) あいとう
(24) とうじょう
(25) ぼうとう
(26) とくそく
(27) なんきん
(28) じっぱ
(29) はけん
(30) ばくぜん
(31) ぼんのう
(32) ひんきゃく（ひんかく）
(33) ふじょ
(34) あなど
(35) へいごう
(36) ごへい
(37) へんれき
(38) ほうしょう
(39) ぼくめつ
(40) しゅっぽん
(41) らんま
(42) まめつ
(43) いちまつ
(44) やっかい
(45) ゆうちょう
(46) ぼんよう
(47) もうら
(48) りこう
(49) りょしゅう
(50) わいろ

◆135ページ◆

(1) 余韻
(2) 渦中
(3) 懐
(4) 核心
(5) 渇
(6) 患
(7) 遺憾
(8) 偽物
(9) 拒
(10) 琴線
(11) 吟味
(12) 渓流
(13) 嫌悪
(14) 購入
(15) 砕
(16) 盆栽
(17) 遮断
(18) 珠玉
(19) 臭
(20) 渋滞
(21) 庶民
(22) 発祥
(23) 暗礁
(24) 浄化
(25) 斉唱
(26) 分析
(27) 実践
(28) 繊維
(29) 疎
(30) 勇壮
(31) 無駄
(32) 本棚
(33) 秩序
(34) 眺
(35) 露呈
(36) 撤去
(37) 封筒
(38) 媒介
(39) 伯仲
(40) 頻発
(41) 憤
(42) 貨幣
(43) 偏見
(44) 泡
(45) 素朴
(46) 感銘
(47) 消耗
(48) 愉快
(49) 累積
(50) 窓枠

2級—1

◆137ページ◆

(1)あいさつ
(2)あいまい
(3)あてさき
(4)すなあらし
(5)いけい
(6)いしゅく
(7)いす
(8)ごい
(9)いんこう
(10)いんこう
(11)ながうた
(12)ゆううつ
(13)えんこん
(14)おんねん
(15)ようえん
(16)いろつや
(17)おうせい
(18)おくびょう
(19)おれ
(20)かこく
(21)がじょう
(22)がかい
(23)かいしょ
(24)かいよう
(25)はいかい
(26)だんがい
(27)ふた
(28)しがい
(29)かき
(30)あご
(31)かっとう
(32)かま
(33)かま
(34)かんこく
(35)がんぐ
(36)かぶき
(37)きれつ
(38)きそん
(39)きんき
(40)だっきゅう
(41)きゅうかく
(42)ずきん
(43)きんさ
(44)わず
(45)にしきえ
(46)きぐ
(47)くし
(48)そうくつ
(49)さんけい
(50)しょうけい（どうけい）

◆138ページ◆

(1)挨拶
(2)曖昧
(3)宛先
(4)砂嵐
(5)畏敬
(6)萎縮
(7)椅子
(8)語彙
(9)咽喉
(10)淫行（淫行）
(11)長唄
(12)憂鬱
(13)怨恨
(14)怨念
(15)妖艶
(16)色艶
(17)旺盛
(18)臆病
(19)俺
(20)苛酷
(21)牙城（牙城）
(22)瓦解
(23)楷書
(24)潰
(25)俳諧
(26)断崖
(27)蓋
(28)死骸
(29)柿
(30)顎
(31)葛藤（葛藤）
(32)釜
(33)鎌
(34)韓国
(35)玩具
(36)歌舞伎
(37)亀裂
(38)毀損
(39)近畿
(40)脱臼
(41)嗅覚（嗅覚）
(42)頭巾
(43)僅差（僅差）
(44)僅（僅）
(45)錦絵
(46)危惧（危惧）
(47)串
(48)巣窟
(49)参詣
(50)憧憬

2級—2

◆140ページ◆

(1)こっけい
(2)かんげき
(3)けた
(4)けんじゅう
(5)こぶし
(6)けんばん
(7)うげん
(8)おおまた
(9)とら
(10)きんこ
(11)こうばい
(12)のうこうそく
(13)こうとう
(14)のど
(15)ご
(16)ごうまん
(17)ごま
(18)ころ
(19)こんせき
(20)さた
(21)とんざ
(22)かっさい
(23)さいはい
(24)へいそく
(25)ふさ
(26)てっさく
(27)こさつ
(28)あいさつ
(29)ざんしん
(30)しい
(31)しんし
(32)えじき
(33)しっせき
(34)しっと
(35)しゅよう
(36)じゅもん
(37)はんそで
(38)しゅうちしん
(39)いっしゅう
(40)け
(41)あこが
(42)ふっしょく
(43)めじり
(44)しん
(45)じんぞう
(46)ひっす
(47)すそ
(48)せいさん
(49)かくせい
(50)せきずい

◆141ページ◆

(1)滑稽（滑稽）
(2)隙間
(3)桁
(4)拳銃
(5)拳
(6)鍵
(7)右舷
(8)大股
(9)虎
(10)禁錮
(11)勾配
(12)脳梗塞
(13)喉頭
(14)喉
(15)乞
(16)傲慢
(17)駒
(18)頃
(19)痕跡
(20)沙汰
(21)頓挫
(22)喝采
(23)采配
(24)閉塞
(25)塞
(26)鉄柵
(27)古刹
(28)挨拶
(29)斬新
(30)恣意
(31)真摯
(32)餌食（餌食）
(33)叱責
(34)嫉妬
(35)腫瘍
(36)呪文
(37)半袖
(38)羞恥心
(39)蹴
(40)憧
(41)払拭
(42)尻込
(43)目尻
(44)芯
(45)腎臓
(46)必須
(47)裾
(48)凄惨
(49)覚醒
(50)脊髄

2級—3

◆143ページ◆

(1) しんせき
(2) せんちゃ
(3) せんぼう
(4) るいせん
(5) せんさく
(6) しょせん
(7) びんせん
(8) はいぜん
(9) そげき
(10) そじょう
(11) みぞう
(12) そうかい
(13) や
(14) しっそう
(15) ほそく
(16) けんそん
(17) さた
(18) まゆつば
(19) たいせき
(20) ちょうだい
(21) だれ
(22) いったん
(23) はたん
(24) ちみつ
(25) しょうちゅう
(26) ちょうふ(てんぷ)
(27) ちょうしょう
(28) しんちょく
(29) せきつい
(30) つめ
(31) つる
(32) ていかん
(33) あきら
(34) おぼ
(35) ほてん
(36) しっと
(37) ねた
(38) とばく
(39) ふじいろ
(40) どうこう
(41) せいとん
(42) どんよく
(43) どんぶり
(44) せつな
(45) なぞ
(46) なべ
(47) にお
(48) にじ
(49) ねんしゅつ
(50) ばせい

◆144ページ◆

(1) 親戚
(2) 煎茶（煎茶）
(3) 羨望
(4) 涙腺
(5) 詮索（詮索）
(6) 所詮（所詮）
(7) 便箋（便箋）
(8) 配膳
(9) 狙撃
(10) 遡上（遡上）
(11) 未曾有
(12) 爽快
(13) 痩
(14) 失踪
(15) 捕捉
(16) 謙遜（謙遜）
(17) 沙汰
(18) 眉唾
(19) 堆積
(20) 頂戴
(21) 誰
(22) 一旦
(23) 破綻
(24) 緻密
(25) 焼酎
(26) 貼付
(27) 嘲笑（嘲笑）
(28) 進捗（進捗）
(29) 脊椎
(30) 爪
(31) 鶴
(32) 諦観
(33) 諦
(34) 溺愛（溺愛）
(35) 補塡（補填）
(36) 嫉妬
(37) 妬
(38) 賭博（賭博）
(39) 藤色
(40) 瞳
(41) 頓着
(42) 貪
(43) 丼
(44) 刹那
(45) 謎（謎）
(46) 鍋
(47) 匂
(48) 虹
(49) 捻出
(50) 罵倒

2級—4

◆146ページ◆

(1) はくせい
(2) は
(3) はし
(4) はんらん
(5) はんよう
(6) はんてん
(7) まゆげ
(8) ひざ
(9) ひじ
(10) ふほう
(11) いんぺい
(12) しりもち
(13) かんぺき
(14) けいべつ
(15) ほにゅうるい
(16) ほうき
(17) へんぼう
(18) ほお(ほほ)
(19) しんぼく
(20) ぼっぱつ
(21) ざんまい
(22) まくら
(23) みつ
(24) みょうり
(25) めん
(26) とうや
(27) やよい
(28) くらやみ
(29) ひゆ
(30) ゆうしゅつ
(31) ようかい
(32) しゅよう
(33) ひよく
(34) らち
(35) らつわん
(36) しゅつらん
(37) じょうるり
(38) せんりつ
(39) はんりょ
(40) めいりょう
(41) るりいろ
(42) ふろ
(43) ごろ
(44) わいろ
(45) ぐろう
(46) ろうじょう
(47) かご
(48) さんろく
(49) わきばら
(50) りょうわき

◆147ページ◆

(1) 剝製（剥製）
(2) 剝（剥）
(3) 箸（箸）
(4) 氾濫
(5) 汎用
(6) 斑点
(7) 眉毛
(8) 膝
(9) 肘
(10) 訃報
(11) 隠蔽（隠蔽）
(12) 尻餅（尻餅）
(13) 完璧
(14) 軽蔑
(15) 哺乳類
(16) 蜂起
(17) 変貌
(18) 頰（頬）
(19) 親睦
(20) 勃発
(21) 三昧
(22) 枕
(23) 蜜
(24) 冥利
(25) 麺
(26) 陶冶
(27) 弥生
(28) 暗闇
(29) 比喩（比喩）
(30) 湧出
(31) 妖怪
(32) 腫瘍
(33) 肥沃
(34) 拉致
(35) 辛辣
(36) 藍染
(37) 浄瑠璃
(38) 慄然
(39) 伴侶
(40) 明瞭
(41) 瑠璃色
(42) 風呂
(43) 語呂
(44) 賄賂
(45) 翻弄
(46) 籠城
(47) 籠
(48) 山麓
(49) 脇腹
(50) 両脇

年　　組　　番	
年　　組　　番	
年　　組　　番	

A1XT

1回 漢字の読み①

組　番　名前

月　日

/20 点アップ!

次の——線の**漢字の読み**を**ひらがな**で書きなさい。（2点×10問）

① 大切な部分に**傍線**を引く。〔　　〕

② 地面が**隆起**する。〔　　〕

③ 道路の**凍結**を防ぐ工夫。〔　　〕

④ **福祉**施設を見学する。〔　　〕

⑤ レンズの**焦点**を調節する。〔　　〕

⑥ 午後の会議への参加を**促**す。〔　　す〕

⑦ 勢いよく水蒸気が**噴出**する。〔　　〕

⑧ 相手の要求を**受諾**する。〔　　〕

⑨ 橋の**欄干**に手をかける。〔　　〕

⑩ **憩**いの場を提供する。〔　　い〕

2回　漢字の読み②

組　番　名前

月　日

/20 点アップ!

次の——線の**漢字の読み**を**ひらがな**で書きなさい。（2点×10問）

① 都内**某所**の喫茶店。（　　）

② **野蛮**な行いを批判する。（　　）

③ 看板を真っ赤に**塗**る。（　　る）

④ **欧州**を巡る旅がしたい。（　　）

⑤ 自分に有利な**契約**を結ぶ。（　　）

⑥ 彼はいつも面白い**冗談**を言う。（　　）

⑦ **最先端**の技術を用いる。（　　）

⑧ 彼女は日本**舞踊**を習っている。（　　）

⑨ 大きな**壁**を乗り越える。（　　）

⑩ 新規事業を**企**てる。（　　てる）

とうほう　分野別　苦手克服　漢字テスト

3回 漢字の書き①

組　番　名前

月　日

/20 点アップ!

次の――線の**太字**を**漢字**に直しなさい。（2点×10問）

① **く**り返し練習する。（　り）

② **レンカ**版の商品を買う。（　）

③ 大阪の**イド**と経度。（　）

④ 屋根を**シュウゼン**する。（　）

⑤ **あせせ**で泳ぐ。（　）

⑥ 学校に**チコク**する。（　）

⑦ 雑草が**ハンモ**する。（　）

⑧ 巨大な**セキヒ**を発見する。（　）

⑨ **ショクタク**に花を飾る。（　）

⑩ 感動して**なみだ**を流す。（　）

4回 漢字の書き②

組　　番　　名前

月　　日

／20 点アップ!

次の――線の**太字**を**漢字**に直しなさい。（2点×10問）

① 大気中の**チッソ**の割合。（　　）

② 少量の**センザイ**を使う。（　　）

③ 長い**ロウカ**を歩く。（　　）

④ **いなサク**の歴史を知る。（　　）

⑤ 事実を**コチョウ**して話す。（　　）

⑥ **まぼろし**のような城だ。（　　）

⑦ 音楽会を**カイサイ**する。（　　）

⑧ **ハクシュ**で新入生を迎える。（　　）

⑨ 暑いので**ボウシ**を脱ぐ。（　　）

⑩ 町の**コウガイ**に家を建てる。（　　）

とうほう 分野別 苦手克服 漢字テスト

5回

漢字の部首・部首名

組　番　名前

月　日

／20 点アップ！

次の漢字の**部首**を（　）に、**部首名**を〔　〕に書きなさい。（各完答2点×10問）

	部首	部首名
① 覆	（　）	〔　〕
② 微	（　）	〔　〕
③ 邦	（　）	〔　〕
④ 盤	（　）	〔　〕
⑤ 秀	（　）	〔　〕
⑥ 匿	（　）	〔　〕
⑦ 殿	（　）	〔　〕
⑧ 越	（　）	〔　〕
⑨ 療	（　）	〔　〕
⑩ 藩	（　）	〔　〕

6回 熟語の構成

組　番　名前

月　日　／20 点アップ!

★熟語の構成のしかたには次のようなものがある。

ア　同じような意味の漢字を重ねたもの。（例…豊富）
イ　反対または対応の意味を表す字を重ねたもの。（例…開閉）
ウ　上の字が下の字を修飾しているもの。（例…速報）
エ　下の字が上の字の目的語、補語になっているもの。（例…読書）
オ　主語と述語の関係にあるもの。（例…人造）

次の熟語は右の**ア**～**オ**のどれにあたるか、**記号**で答えなさい。（2点×10問）

① 貯蓄 □
② 雷鳴 □
③ 徐行 □
④ 搾乳 □
⑤ 緩急 □
⑥ 乾杯 □
⑦ 喜怒 □
⑧ 即答 □
⑨ 日没 □
⑩ 慈愛 □

7回 対義語・類義語①

組　番　名前

月　日

/20 点アップ!

あとの□の中のひらがなを**漢字**に直して、**対義語**・**類義語**を書きなさい。□の中のひらがなは一度だけ使い、漢字一字を書きなさい。（2点×10問）

対義語

① 急性 ― □性
② 恒星 ― □星
③ 美食 ― □食
④ 過激 ― □健
⑤ 豊富 ― 欠□

類義語

⑥ 処罰 ― 懲□
⑦ 着実 ― □実
⑧ 架空 ― □構
⑨ 借金 ― 負□
⑩ 鼓舞 ― 激□

わく・けん・かい・きょ・れい
まん・ぼう・さい・そ・おん

① □ ② □ ③ □ ④ □ ⑤ □ ⑥ □ ⑦ □ ⑧ □ ⑨ □ ⑩ □

とうほう　分野別 苦手克服 漢字テスト

8回 対義語・類義語②

組　番　名前

月　日

/20 点アップ!

あとの□の中のひらがなを**漢字**に直して、**対義語・類義語**を書きなさい。
□の中のひらがなは一度だけ使い、漢字一字を書きなさい。（2点×10問）

対義語

① 吉報 ― □報
② 専業 ― □業
③ 合憲 ― □憲
④ 守備 ― 攻□
⑤ 濃厚 ― 希□

類義語

⑥ 名案 ― □案
⑦ 節約 ― □約
⑧ 功績 ― 手□
⑨ 大意 ― □要
⑩ 技量 ― 手□

けん・けん・げき・い・わん
がい・みょう・きょう・はく・がら

① □
② □
③ □
④ □
⑤ □
⑥ □
⑦ □
⑧ □
⑨ □
⑩ □

9回　三字熟語

組　　番　　名前

月　　日

／20
点アップ！

次の□にあてはまる**三字熟語**をあとの□から選び、**漢字**で書きなさい。（2点×10問）

① □から一言、言わせてもらう。
意味　気を遣って必要以上に世話を焼く気持ち。

② 新知事の□な試みが成功する。
意味　誰もしなかったことをする様子。

③ 受付時間に□間に合った。
意味　時間や事態が非常に差し迫っていること。

④ 資源は□にあるわけではない。
意味　限りなくあること。

⑤ これは□の商人が心を入れ替える物語だ。
意味　財を蓄えるのに熱心な、けちな人。

⑥ 上司とはいえ□な言い方をすべきではない。
意味　押さえつけ、おどすような様子。

⑦ この試験は一流料理人への□だ。
意味　出世や成功のための関門。

⑧ まるで□のような美しい風景だ。
意味　俗世間を離れた理想の地。

⑨ 現代文学の□となる作品だ。
意味　後世に残る、大きく優れた仕事。

⑩ 戦国時代は□の世の中だ。
意味　下位の者が上位の者をしのぎ、勢力をふるうこと。

カンイッパツ　ゲコクジョウ　ロウバシン　キンジトウ
シュセンド　ムジンゾウ　トウリュウモン　イタケダカ
ハテンコウ　トウゲンキョウ

10回　四字熟語①

組　番　名前

月　日

/20 点アップ!

次の□にあてはまる**四字熟語**をあとの□から選び、**漢字**で書きなさい。（２点×10問）

① □の地で休暇を過ごす。
意味　自然の景色が美しいこと。

② □な文章に飽きる。
意味　趣やおもしろみにかけること。

③ □な日々に感謝する。
意味　おだやかでかわりのないこと。

④ 優勝チームが□と行進する。
意味　得意で元気いっぱいな様子。

⑤ 議案が□で可決した。
意味　その場の全員の意見が同じになること。

⑥ 多数派に□する傾向がある。
意味　やたら他人の意見に同調すること。

⑦ □の彼の行動が笑いを誘う。
意味　自由自在に現れたり隠れたりすること。

⑧ 勝ち負けに□しない。
意味　状況により喜んだり悲しんだりすること。

⑨ 悲しい時でも□な行動は慎むべきだ。
意味　自分を粗末にし、投げやりになること。

⑩ 彼は□な人柄で慕われている。
意味　おだやかでやさしく、誠実なこと。

オンコウトクジツ　サンシスイメイ　マンジョウイッチ
フワライドウ　ヘイオンブジ　シンシュツキボツ
ムミカンソウ　イキヨウヨウ　ジボウジキ　イッキイチユウ

11回　四字熟語②

組　　番　　名前

月　　日

/20 点アップ!

次の□にあてはまる**四字熟語**をあとの□から選び、**漢字**で書きなさい。（2点×10問）

① 彼の話に□する。
意味　はらをかかえて大笑いすること。

② 目的達成のため□に飛び回る。
意味　こつこつと苦労を重ね努力すること。

③ 話が□で訳がわからない。
意味　まとまりがなくめちゃくちゃなこと。

④ 研究の道は□である。
意味　やり方が多すぎて迷ってしまうこと。

⑤ 情報を□して、発表用にまとめる。
意味　良いものはえらび、悪いものはすてること。

⑥ 敵をおびき寄せて□にする。
意味　一度に一味のものを全部とらえること。

⑦ □の島に探検隊が入る。
意味　人がまだ足をふみいれたことがないこと。

⑧ 平家の□の物語。
意味　さかえたりおとろえたりすること。

⑨ このコンクールは□の好機になる。
意味　めったにないよい機会。

⑩ 彼の□な態度に、皆眉をひそめた。
意味　周囲を気にせず、勝手にふるまうこと。

タキボウヨウ　　イチモウダジン　　エイコセイスイ　　シリメツレツ
ホウフクゼットウ　　ボウジャクブジン　　シュシャセンタク
リュウリュウシンク　　センザイイチグウ　　ジンセキミトウ

12回　送りがな①

組　番　名前

月　日

／20　点アップ！

次の——線のカタカナを**漢字一字と送りがな（ひらがな）**で書きなさい。（2点×10問）

① 砂糖入りの**アマイ**紅茶を飲む。〔　　〕

② 参加者は百人を**コエル**。〔　　〕

③ 品物を大切に**アツカウ**。〔　　〕

④ 容器から水が**モレル**。〔　　〕

⑤ 汗をかき、服が**シメル**。〔　　〕

⑥ エプロンを油で**ヨゴス**。〔　　〕

⑦ 大統領が夫人を**トモナウ**。〔　　〕

⑧ 古くなった時計が**コワレル**。〔　　〕

⑨ 会議の進行を**サマタゲル**。〔　　〕

⑩ 楽器の音が**クルウ**。〔　　〕

13回 送りがな②

組　番　名前

月　日

/20 点アップ!

次の——線のカタカナを**漢字一字と送りがな（ひらがな）**で書きなさい。（2点×10問）

① 人員不足で作業が**トドコオル**。〔　　〕

② 交番で道順を**タズネル**。〔　　〕

③ 去年より売り上げが**ノビル**。〔　　〕

④ 古いベンチが**カタムク**。〔　　〕

⑤ 池の水が**ニゴル**。〔　　〕

⑥ 後輩を**ハゲマス**。〔　　〕

⑦ 新聞に広告を**ノセル**。〔　　〕

⑧ イルカは**カシコイ**動物だ。〔　　〕

⑨ 猫のひげを**サワル**。〔　　〕

⑩ **マギラワシイ**言い方を避ける。〔　　〕

14回 同音異字①

組　番　名前

月　日

／20 点アップ!

次の——線の**カタカナ**を**漢字**に直しなさい。（2点×10問）

① **キョ**大な岩を登る。〔　　〕

② 駅までの**キョ**離を測る。〔　　〕

③ 氏名と年**レイ**を記入する。〔　　〕

④ **レイ**下三十度を記録する。〔　　〕

⑤ ヒトもサルも**レイ**長類だ。〔　　〕

⑥ 部員を**ボ**集する。〔　　〕

⑦ 憧れの人に**ボ**情を打ち明ける。〔　　〕

⑧ **シン**判の判定に従う。〔　　〕

⑨ **シン**重な性格。〔　　〕

⑩ 敵の**シン**略を止める。〔　　〕

15回 同音異字②

組　番　名前

月　日

/20 点アップ!

次の――線のカタカナを漢字に直しなさい。（2点×10問）

① 肩に水**テキ**が落ちる。（　　）

② 間違いを指**テキ**される。（　　）

③ 谷間に声が反**キョウ**する。（　　）

④ スポーツの実**キョウ**放送。（　　）

⑤ 海**キョウ**を船で渡る。（　　）

⑥ 礼**ギ**正しい青年だ。（　　）

⑦ 多くの**ギ**牲を払う。（　　）

⑧ **ホウ**仕活動をする。（　　）

⑨ 有名な作品を模**ホウ**する。（　　）

⑩ 人口が**ホウ**和状態になる。（　　）

16回 同訓異字①

組　番　名前

月　日

／20 点アップ！

次の――線の**カタカナ**を**漢字**に直しなさい。（2点×10問）

① 家来が主人のかたきを**ウ**つ。〔　　〕

② いのししを銃で**ウ**つ。〔　　〕

③ 新しい帯を**シ**める。〔　　〕

④ 女性が多数を**シ**める。〔　　〕

⑤ 自分で自分の首を**シ**める。〔　　〕

⑥ 緊張で表情が**カタ**くなる。〔　　〕

⑦ 紙粘土が乾いて**カタ**まる。〔　　〕

⑧ 壁に時計を**カ**ける。〔　　〕

⑨ 川に橋を**カ**ける。〔　　〕

⑩ 野原で馬が**カ**ける。〔　　〕

17回 同訓異字②

組　番　名前

月　日

/20 点アップ!

次の――線の**カタカナ**を**漢字**に直しなさい。（2点×10問）

① 入会の手続きが**ス**む。〔　　〕

② 池の水が**ス**む。〔　　〕

③ 作家が筆を**ト**る。〔　　〕

④ 風景を写真に**ト**る。〔　　〕

⑤ わなを張って害獣を**ト**る。〔　　〕

⑥ 輪になって**オド**る。〔　　〕

⑦ 思わぬ贈り物に心が**オド**る。〔　　〕

⑧ 政敵の失脚を**ハカ**る。〔　　〕

⑨ 提案について会議に**ハカ**る。〔　　〕

⑩ 知人に便宜を**ハカ**る。〔　　〕

18回　力だめし①〈現代文〉

組　番　名前

月　日

/20 点アップ!

次の文章中の――線のカタカナを漢字に直しなさい。（2点×10問）

　ある日の暮れ方の事である。一人の下人が、羅生門の下で雨やみを待っていた。

　広い門の下には、この男のほかに①ダレもいない。ただ、所々②ニ③ヌりの④ハげた、大きな円柱に、きりぎりすが一匹とまっている。羅生門が、朱雀(すざく)大路にある以上は、この男のほかにも、雨やみをする市女笠(いちめがさ)や揉烏帽子(もみえぼし)が、もう二、三人はありそうなものである。それが、この男のほかにはダレもいない。

　なぜかというと、この二、三年、京都には、⑤ジシンとか辻風(つじかぜ)とか火事とか飢饉(ききん)とか云う災(さい)が続いて起こった。そこで洛中(らくちゅう)のさびれ方はひととおりではない。旧記によると、仏像や仏具を打ち⑥クダいて、そのにがついたり、金銀の箔(はく)がついたりした木を、⑦ミチバタに積み重ねて、⑧タキギの料(しろ)に売っていたということである。洛中がその始末であるから、羅生門の修理などは、もとよりダレも捨てて⑨カエリみる者がなかった。するとその⑩アれ果てたのをよいことにして、狐狸(こり)が棲(す)む。盗人(ぬすびと)が棲む。とうとうしまいには、引き取り手のない死人を、この門へ持ってきて、捨てて行くという習慣さえできた。そこで、日の目が見えなくなると、ダレでも気味を悪がって、この門の近所へは足踏みをしないことになってしまったのである。


（芥川龍之介(あくたがわりゅうのすけ)『羅生門』による）

①〔　　〕
②〔　　〕
③〔　　り〕
④〔　　げ〕
⑤〔　　〕
⑥〔　　い〕
⑦〔　　〕
⑧〔　　〕
⑨〔　　みる〕
⑩〔　　れ〕

とうほう 分野別 苦手克服 漢字テスト

19回 力だめし②〈評論文〉

組　番　名前

月　日

/20 点アップ!

次の――線のカタカナを漢字に直し、□に書きなさい。（2点×10問）

① チュウショウ
意味 多くの物事に共通する事実をぬき出して考えること。

② キョゾウ
意味 実際の姿とは異なる、作られた姿や形。

③ フヘン
意味 全ての物に共通して当てはまること。

④ ムジュン
意味 二つの理屈のつじつまが合わないこと。

⑤ ユウゴウ
意味 二つ以上の物が、一つに溶け合うこと。

⑥ カンゲン
意味 物事の形や性質を、元に戻すこと。

⑦ キノウ
意味 複数の事例から、一般的な法則や決まりを得ること。

⑧ ショウチョウ
意味 チュウショウ的なものを表すための具体的なもの。

⑨ サクイ
意味 自分の意志で行うこと。不自然さを指すこともある。

⑩ モサク
意味 はっきりとしない物事を探し求めること。

20回　力だめし③〈時事〉

組　番　名前

月　日

/20 点アップ！

次の――線のカタカナを漢字に直し、□に書きなさい。（2点×10問）

① 集団的ジエイ権
意味 攻撃を受けていない国が、攻撃された他国の防衛を行う権利。

② 経済レンケイ協定（ＥＰＡ）
意味 関税などを撤廃し、貿易の拡大を目指す協定。

③ 歴史ニンシキ論争
意味 国や民族の間で歴史解釈の差から起こる論争。

④ 主要国シュノウ会議（Ｇ７）
意味 日本を含む主要七か国のリーダーが集まる国際的な会議。

⑤ 同性ケッコン
参考 法的に認められる国が増えている。

⑥ イリョウ費問題
参考 高齢化による増加を抑制する政策がとられている。

⑦ オウシュウ連合（ＥＵ）
参考 一九九三年に設立。超国家的なヨーロッパの地域統合体。

⑧ 金融カンワ政策
意味 日本銀行が通貨の供給量を増やす景気対策の政策。

⑨ 日本の調査ホゲイ
参考 この活動について、他国から批判や妨害を受けている。

⑩ コヨウ創出の取り組み
意味 仕事に就く機会を新たに作り出すこと。

分野別 苦手克服 漢字テスト 解答①

1回

① ぼうせん
② りゅうき
③ とうけつ
④ ふくし
⑤ しょうてん
⑥ うながす
⑦ ふんしゅつ
⑧ じゅだく
⑨ らんかん
⑩ いこ

2回

① ぼうしょ
② やばん
③ ぬ
④ おうしゅう
⑤ けいやく
⑥ じょうだん
⑦ さいせんたん
⑧ ぶよう
⑨ かべ
⑩ くわだ

3回

① 繰
② 廉価
③ 緯度
④ 修繕
⑤ 浅瀬
⑥ 遅刻
⑦ 繁茂
⑧ 石碑
⑨ 食卓
⑩ 涙

4回

① 窒素
② 洗剤
③ 廊下
④ 稲作
⑤ 誇張
⑥ 幻
⑦ 開催
⑧ 拍手
⑨ 帽子
⑩ 郊外

5回

① 覀 おおいかんむり
② 彳 ぎょうにんべん
③ 阝 おおざと
④ 皿 さら
⑤ 禾 のぎ
⑥ 匚 かくしがまえ
⑦ 殳 るまた・ほこづくり
⑧ 走 そうにょう
⑨ 疒 やまいだれ
⑩ 艹 くさかんむり

6回

① ア
② オ
③ ウ
④ エ
⑤ イ
⑥ エ
⑦ イ
⑧ ウ
⑨ オ
⑩ ア

7回

① 慢
② 惑
③ 粗
④ 穏
⑤ 乏
⑥ 戒
⑦ 堅
⑧ 虚
⑨ 債
⑩ 励

8回

① 凶
② 兼
③ 違
④ 撃
⑤ 薄
⑥ 妙
⑦ 倹
⑧ 柄
⑨ 概
⑩ 腕

9回

① 老婆心
② 破天荒
③ 間一髪
④ 無尽蔵
⑤ 守銭奴
⑥ 居(威)丈高
⑦ 登竜門
⑧ 桃源郷(境)
⑨ 金字塔
⑩ 下克(剋)上

10回

① 山紫水明
② 無味乾燥
③ 平穏無事
④ 意気揚揚(々)
⑤ 満場一致
⑥ 付和雷同
⑦ 神出鬼没
⑧ 一喜一憂
⑨ 自暴自棄
⑩ 温厚篤実

分野別　苦手克服　漢字テスト　解答②

11回

① 抱腹絶倒
② 粒粒(々)辛苦
③ 支離滅裂
④ 多岐亡羊
⑤ 取捨選択
⑥ 一網打尽
⑦ 人跡未踏
⑧ 栄枯盛衰
⑨ 千載一遇
⑩ 傍若無人

12回

① 甘い
② 超える
③ 扱う
④ 漏れる
⑤ 湿る
⑥ 汚す
⑦ 伴う
⑧ 壊れる
⑨ 妨げる
⑩ 狂う

13回

① 滞る
② 尋ねる
③ 伸びる
④ 傾く
⑤ 濁る
⑥ 励ます
⑦ 載せる
⑧ 賢い
⑨ 触る
⑩ 紛らわしい

14回

① 巨
② 距
③ 齢
④ 零
⑤ 霊
⑥ 募
⑦ 慕
⑧ 審
⑨ 慎
⑩ 侵

15回

① 滴
② 摘
③ 響
④ 況
⑤ 峡
⑥ 儀
⑦ 犠
⑧ 奉
⑨ 倣
⑩ 飽

16回

① 討
② 撃
③ 締
④ 占
⑤ 絞
⑥ 硬
⑦ 固
⑧ 掛
⑨ 架
⑩ 駆

17回

① 済
② 澄
③ 執
④ 撮
⑤ 捕
⑥ 踊
⑦ 躍
⑧ 謀
⑨ 諮
⑩ 図

18回

① 誰
② 丹
③ 塗
④ 剝(剥)
⑤ 地震
⑥ 砕
⑦ 道端
⑧ 薪
⑨ 顧
⑩ 荒

19回

① 抽象
② 虚像
③ 普遍
④ 矛盾
⑤ 融合
⑥ 還元
⑦ 帰納
⑧ 象徴
⑨ 作為
⑩ 模索

20回

① 自衛
② 連携
③ 認識
④ 首脳
⑤ 結婚
⑥ 医療
⑦ 欧州
⑧ 緩和
⑨ 捕鯨
⑩ 雇用

組　番　名前

月　日

組	番	名前	

月　日